KB267455

너무 희미한 존재들

표지 설명

　　진한 검정색 바탕 위에 회색빛의 옅은 망점이 깔려 있다. 배경 위에는
크기가 작고 가장자리가 흐릿한 흰색 사각형들이 산발적으로 흩어져 있으며,
사각형이 지나간 자리에 남은 흔적처럼 잔상이 보인다. 군데군데 불이 켜진
건물의 정면을 연상시키는 사각형들은 미약하게 서로 맞닿아 있어서 일부가
사라진 테트리스 블럭이 흩뿌려진 모습처럼 보이기도 한다. 오른쪽 상단에는
가장자리를 따라 점점 아래로 내려오는 계단 형태로 제목 '너무 희미한
존재들'이 세로로 배치되어 있다. 왼쪽 하단에는 부제 '언제 사라져도 이상하지
않은, 고립되고 지친 이 세대에 관하여'가 가로로 쓰여 있다. 왼쪽 상단에는
'김고은 지음'이 작게 표기되어 있으며, 오른쪽 하단에는 '동녘' 출판사 로고가
위치해 있다.

너무 희미한 존재들

언제 사라져도 이상하지 않은, 고립되고 지친 이 세대에 관하여

초판 1쇄 펴낸날　2026년 2월 10일

지은이 김고은　　　　　　　**편집** 김현정 김혜윤 이심지 이정신 이지원 홍주은
펴낸이 이건복　　　　　　　**디자인** 김태호
펴낸곳 도서출판 동녘　　　　**마케팅** 신연경 임세현
　　　　　　　　　　　　　　　관리 서숙희 이주원

만든 사람들
편집 김혜윤　　**디자인** 빈잔

인쇄·제본 영신사　　**라미네이팅** 북웨어　　**종이** 한서지업사

등록 제311-1980-01호 1980년 3월 25일
주소 (10881) 경기도 파주시 회동길 77-26
전화 영업 031-955-3000　편집 031-955-3005　**팩스** 031-955-3009
홈페이지 www.dongnyok.com　**전자우편** editor@dongnyok.com
페이스북·인스타그램 @dongnyokpub

ISBN 978-89-7297-202-0 (03330)

김고은
지음

너무 희미한 존재들

언제 사라져도 이상하지 않은,
고립되고 지친
이 세대에 관하여

동녘

속 깊고 따뜻한

정의롭고 용감한

너무 예쁘고 멋진 우리의

개구리 덕분에

저와 이 책이 지금 여기에 있습니다.

들어가며: 너의 혼맹을 만나며 09

1장 점

그냥 세상에 없는 존재이고 싶어 42

혼맹 44

이미 죽은 사람들 60

삶에 브레이크를 걸다 97

개인이라는 허상 110

죽기 대신 버티기 155

2장 선

초라하고 장엄한 움직임 166

애쓰지 않으려 노력한다 167

다시 태어나기 168

끝끝내 움직이지 않을 것 같지만 179

영원히 제자리일 것 같지만 215

한국이 싫은 이유 235

조금도 변화하지 않을 것 같지만 243

혼자가 아니라는 느낌 281

3장 면

과도기 286

재혼맹의 두려움 288

불화 296

연결 325

4장 입체

베이글과 눈동자 367

전환 381

나가며: 나의 혼맹에 관하여 388

책 속 인터뷰이들의 이름은 가명이며,
모든 일화는 익명성을 보호하기 위해 변형했다.

일러두기

책 속 인터뷰이들의 이름은 가명이며,
모든 일화는 익명성을 보호하기 위해 변형했다.

너의 혼맹을 만나며

'발바닥에서 땀이 나고 있다. 가만, 발바닥에 땀샘이 있나? 발냄새라는 단어가 있는 걸 보면 있겠지. 그런데 진짜 땀이 나고 있는 걸까? 양말은 안 젖은 것 같은데…… 등이 서늘해지는 것처럼 발바닥만 서늘해질 수도 있나?'

괜한 잡생각이 와글거린다. 몸은 제자리인데 마음은 내달리고 있어서 인지 부조화가 온 것 같다. 약속 시간은 이미 지났다. 차선이 10개가 넘는 국도인데도 버스가 느리다. 이대로면 30분은 더 타고 가야 할 테다. 평일 오후 경기도 시내에서도 이렇게 차가 막힐 수 있다는 걸 몰랐다. 버스에서 내리자마자 가파르게 경사진 골목을 내달려 땀범벅이 된 채 강의실에 도착했다.

10년 넘게 소속돼 있었던 인문학 공동체 문탁네트워크에서 나와 프리랜서가 된 직후였다. 공부는 계속하고 있었지만 더 이상 공동체 생활은 하지 않았다. 홀로 시장에 내쳐진 것 같아 두려워하고 있었지만, 그 순간만큼은 차라리 프리랜서라서 다행이라고 생각했다. 공동체 선생님들이 내가 지각했다는 사실을 아셨다면 어떻게 됐을지 상상만으로도 끔찍하다. 공동체의 명예를 훼손했다는 죄책감에 시달리는 것은 물론이고 최소 2주 동안 선생님들에게 돌아가며 꾸지람을 듣게 될 터였다. 그렇다고 프리랜서가 된 지금이 더 낫다고 말할 수는 없었다. 공동체의 후광이 사라진 뒤로 나라는 '개인'은 너무나도 쉽게 신뢰를 잃을 수 있게 됐기 때문이다.

아무래도 여기서 이야기를 잠깐 멈추고 나에 관해 소개해야 할 것 같다. 나는 대학을 자퇴하고 20대 내내 인문학 공동체 문탁네트워크에서 공부를 했다. 내가 전공으로 삼은 공부는 동양철학이었다. 공동체에서 동양철학을 공부하는 나날은 수련에 가까웠다. 나는 책과 사람에게서 지혜를 원없이 길어올리는 법을 배웠다. 공부한 것들을 바탕으로 인문학 세미나를 열거나 강의를 했고, 청년 인문학 단체 '길드다'를 만들어 5년간 운영하기도 했다. 단체 운영을 마친 뒤 다른 현장에도 가보고 싶어져 프리랜서로 전향했다.

공동체에서 사회로 나오던 시기에 가장 많이 느꼈던 감정은 자유로움이 아니라 불안함이었다. 공동체에서는 혼자서 존재 가치를 증명할 필요도, 일을 단독으로 책임져야 할 필요도 없었다. 내가 늦은 친구나 선생님을 대신

해서 밥상을 차리고, 쓰기 어려워하는 글을 같이 봐주고, 공부하며 생기는 문제나 고민을 풀 수 있게 뒷받쳐줬던 것처럼 나 역시 모두에게 기대어 지냈다. 내가 차린 밥상, 내가 배운 공부, 내가 쓴 글은 여러 사람들과 함께 낸 것이었다. 반면 프리랜서가 되면 그 모든 것이 혼자만의 몫이 될 것 같았고, 쉽게 외로워질 것 같았고, 책임감과 부담감에 압사할 것 같았다.

공동체를 나오며 겪은 또 다른 문제는 내게 그럴싸한 자격증이나 이력서에 쓸 말이 없었다는 것이었다. 나는 한 자릿수의 책을 썼고, 두 자릿수의 강의를 했고, 세 자릿수의 세미나와 프로그램을 진행한 상태였지만 스스로를 무경력자라고 생각했다. 내가 공동체에서 배우고 갈고 닦았던 것들이 사회에서는 유의미하지 않을 거라고 생각했기 때문이다. 공동체에서 보낸 10년의 시간이 내게 커다란 자산이자 뿌리라는 건 그로부터 몇 년이 지난 지금, 최근에서야 알게 된 사실이다. 그래서 '존재클럽'의 강의 요청을 덥석 받았는지도 모른다. 당시에는 자각하지 못했지만, 존재클럽 운영진들이라면 내가 보낸 지난 10년을 쓸모없다고 보지 않으리라 느꼈던 것 같다.

존재클럽을 만나다

공동체에서 청년 인문학 단체를 운영하던 때 나는 대학 밖에서 공부를 삶의 중심으로 삼은 여러 단체들을 초대해 3년 동안 '비학술적 학술제'를 열었다. 우리가 정의 내린 '공부한다'는 삶을 공부하는 태도로 살아가는 상태를 뜻했다. 자연스레 '비학술적 학술제'에는 제도권 밖에서 삶의 현장을 공부의 장으로 삼는 이들이 모였다. '존재클럽'을 운영하는 지식순환협동조합의 멤버들을 처음 만난 것도 이때다. 내가 무턱대고 찾아가 초대했을 때 "어떻게 저희를 찾으셨어요?" 하고 놀라면서도 몹시 반가워하던 얼굴들이 아직도 눈에 선하다. 그로부터 약 5년 뒤, 존재클럽의 운영진들이 내게 덜컥 연락을 해왔고 나 또한 놀랍고도 반가운 마음으로 초대에 응했다("어떻게 저를 찾을 생각을 하셨어요?").

그 날은 존재클럽에서 요청한 인터뷰 강의를 하러 가는 날이었다. 존재클럽은 전문가가 아니라 당사자가 서로를 도울 수 있다는 믿음으로 은둔고립청년 지원을 이어나가고 있는 커뮤니티다. 강의의 대상은 존재클럽의 은둔고립청년 당사자이자 동시에 활동가인 이들이었다. 인터뷰 강의는 당사자들이 서로를 인터뷰하며 '전문가'를 거치지 않고도 함께 목소리를 내보는 수업이었다. 내게는 4회 동안 사람들의 실습을 도우며 마지막엔 인터뷰와 글까지 완성해야 하는 빡빡한 과업이 주어져 있었다. 그런데 첫날부터 대지각을 했으니⋯⋯. 시장에서 시간은 곧 돈이자 신뢰의 척도다. 프리랜서에게 시간 약속이 기본 중의 기본인 이유다. 첫날부터 시간 약속도 제대로 지키지 못하는 강사를 얼마나 믿고 신뢰할 수 있을까 ('아, 시작도 하기 전에 프리랜서 커리어가 이렇게 끝나는구나!').

그런데 상황은 내 걱정과 딴판으로 흘러갔다. 지금 다시 생각해 봐도 처음부터 모든 게 이상했다. 마치 영화에서 새로운 세계로 들어가기 직전, 주인공이 일상에서 비일상적인 상황을 마주하는 장면 같았다. 지난 10년 동안 이런저런 강의와 발표를 해왔지만, 이렇게나 대놓고 늦은 건 이때가 처음이자 마지막이었다. 내가 그렇게 늦었다는 것도 믿을 수 없었지만, 더 의아했던 건 운영진과 참여자들이 나를 태연하게 맞이했다는 사실이었다. 나를 잠시 화장실에 다녀오느라 자리를 비웠던 사람쯤으로 생각하고 있는 것 같았다. 강사를 신뢰할지 말지에 관한 고민은 시작조차 않고 있었던 것이다.

그러나 이보다 더 이상한 일이 강의가 진행되면서 벌어졌다. 매 회차마다 참여자 여럿이 울먹거렸고 꼭 한 명씩 눈물을 보였다. 나는 강의에서 사람을 울려야겠다고도, 울릴 수 있을 거라고도 생각한 적 없었다. 오히려 내 글이나 말이 건조하다고 생각했기에 윤기 나는 언어를 구사하는 작가나 강사들 사이에서 살아남을 수 있을까 걱정하곤 했었다. '왜 이 사람들이 우는 거지? 나도 드디어 서정적이고 화려한 언어를 구사할 수 있게 된 걸까?' 약간 상기된 기분으로 강의를 돌이켜봤지만 아무래도 그런 것 같지는 않았다. 무슨 일이 벌어지고 있는지 알 수 없었던 나는 동료답게 함께 울지도 못했고, 강사답게 울렸다는 사실을 기뻐하지도 못했다. 공감 능력이 부족한 사람처럼 그저 멀뚱멀뚱 바라보고 있을 뿐이었다(이 자리를 빌려 다시 한번 참여자들에게 심심한 사과의 말을 전한다).

사건의 전모는 강의 마지막 시간이 되어서야 비로소 알게 됐다. 마무리를 하며 누군가 이렇게 말했다. "인터뷰란 곧 관계구나 싶었어요." 그 말을 듣는 순간 지난 한 달 동안 무슨 일이 벌어졌던 것인지 깨달았다. 내가 이 사람들을 울린 게 아니었다. 이 사람들이 무언가 찾아낸 거였다. 인터뷰는 짧은 기간 동안 벌어지는 강렬한 만남이기 때문에 인터뷰이도 인터뷰어도 서로에게 상처를 입힐 수 있다. 인터뷰 과정이 위험한 것은 그 때문이다. 나는 강의에서 인터뷰어는 늘 그 가능성을 염두에 두며 사람을 만나야 한다고 말했다. 존재클럽 멤버들은 그 말을 들으며 관계가 얼마나 어려운지 그러나 동시에 얼마나 힘이 되는지, 얼마나 위험한지 그러나 동시에 얼마나 필요한지를 단박에 포착해냈다. 이들은 관계의 힘을 알았다. 그냥 아는 정도가 아니라 온몸으로 느꼈다. 참여자들의 울먹임과 눈물은 그 사실을 드러내는 단서였다.

얼마나 많은 사람들이, 특히 읽고 쓰는 게 업인 사람들이 입으로만 "관계가 중요하다"고 말하는지 모른다. 그때는 나 역시도 그런 사람이 아닐까 의심하던 참이었다. 하지만 존재클럽에서 만난 사람들은 아무도 "관계가 중요하다"는 말을 하지 않았다. 대신 울음으로 자신들의 감각을 드러냈다. 나는 강의가 끝난 뒤 집으로 돌아가며 생각했다. '아, 여기에 내가 배울 뭔가가 있다.'

감사하게도 존재클럽 운영진들은 이곳에서 더 시간을 보내고 싶다는 내 바람을 들어주었다. 이후로 나는 글쓰기 강사가 되기도 했고, 멘토가 되기도 했으며, 북토크 진행자, 당사자가 진행하는 프로그램의 참여자나 관객, 입학식이나 졸업식 같은 행사의 구성원 등이 될 수 있었다.

존재클럽은 지식순환협동조합의 대안대학 출신 운영진이 꾸려가고 있어서 그런지, 프로그램 운영 방식만 보면 대안학교처럼 느껴지기도 했다. 1년 단위로 운영되며 원하는 메인 수업에 수강신청을 할 수 있다. 메인 수업은 글쓰기, 연극, 밥 해먹기, 일상 나누기 등의 인문·예술 프로그램으로 짜여졌다. 멘토와 강사는 담임 선생님과 비슷한 것 같기도 하다. 당사자를 만나는 '전문가'라기보다는 수업 시간과 상담 시간, 활동 시간에도 함께하며 계속 살피는 페이스메이커에 더 가깝다.

존재클럽의 특별한 점은 두 가지다. 첫 번째는 지원이나 수혜를 제공하는 단체가 아니라 커뮤니티, 즉 공동

너의 혼맹을 단나며

체를 지향한다는 것이다. 개인에 초점을 맞추기보다는 공동체 및 관계 형성에 집중한다. 메인 프로그램도 공동 작업을 중요한 과제로 두거나 서로 주고받는 피드백을 중심으로 진행하는 경우가 많다. 참여자들이 스스로 모임을 열 수 있도록 독려하고 자발적인 모임이 많이 생기기도 한다. 두 번째는 운영진인 매니저와 강사, 멘토 모두가 당사자성을 갖고 있다는 것이다. 이들은 은둔고립이 사실상 자신의 일이자 모두의 일이라고 생각하고 있다. 그래서 좋은 프로그램이 있다면 운영진도 함께 듣고, 프로그램을 진행하며 공명하는 순간이 찾아올 때는 함께 울기도 한다.

세 번째는 당사자 지원뿐만 아니라 당사자를 활동가로 양성하는 동료 조력자 과정에 공을 들이고 있다는 것이다. 동료 조력자들은 여름 동안 주말 중 하루를 수업을 듣는 데 할애하고 가을이 되면 각자의 특징을 살린 조력자 프로그램을 연다. 당사자로 존재클럽을 찾아왔다가 동료 조력자 과정까지 이수하는 경우도 많고, 조력자 프로그램을 통해서 당사자들과 끈끈한 관계를 맺게 되는 경우도 있다. 이 책에서는 당사자와 동료 조력자를 따로 분리하지 않고 적었다. 해가 지나며 맡게 되는 역할에 차이가 생겼지만, 당사자 역시 동료를 조력하고 동료 조력자 역시 당사자로서 지지관계를 얻게 된다는 점은 비슷하기 때문이다.

그간 우리에겐 너무 많은 이름이 붙여져왔다. 백수, N포세대, 니트, 잉여, 무중력청년, 초식남, 이대남, 일철청년……. 때로는 당사자의 목소리가 더 필요하다는 자성의 이야기가 나왔고, 이름에 대한 전복을 시도한 적도 있었다. 그러나 이 이름들이 붙여진 것도 전복을 시도한 것도 사실은 같은 이유에서였다. 존재에 대한 지탄, 질책, 실망, 아쉬움, 안타까움이 이 명칭에 내포되어 있기 때문이었다. 2010년대 광장의 주역으로 불리던 '촛불소녀'의 영광은 이미 사라진 지 오래. 다 자란 촛불소녀-청년들은 세상에 관심이 너무 없다는, 정치적으로 두각을 드러내지 못한다는, 일조차 제대로 하지 않는다는, 무책임하다는 눈총을 받았다.

'은둔고립청년'이라는 명칭은 어떤가? 아마도 이 용어를 들은 많은 사람들은 골방에 틀어박혀 컴퓨터나 하는 한심하며 무력하고 덜떨어진 존재를 상상할 것이다. '은둔'은 일본의 히키코모리引き籠もり 사례를 번역한 이름이다. 히키코모리는 집이나 방 밖을 나가지 않는 사람들을 뜻한다. 처음에는 청소년 세대부터 시작된 사회문제였는데, 그 청소년들이 자라나 지금은 장년층 문제로까지 이어지고 있다고 한다. 80대 부모가 50대 히키코모리 자녀를 부양하는 '8050문제'가 그 대표적인 예다. 한국에서 '고립'은 이전까지 복지적인 맥락에서 많이 사용됐고, 주로 노년층의 고립이 사회문제로 대두돼왔다. 아직까지 한

국에서 '은둔고립'에 관한 정의는 합의가 이뤄지지 않았다. 기관에 따라 서로 다른 정의를 내리기도 하지만, 공통적으로 '은둔'과 '고립'은 연장선상에서 사용되고 있다. 거칠게 말하자면 덜하면 '고립'이고 더하면 '은둔'이라는 식으로 말이다.

윤석열 정부는 은둔고립청년 문제가 심각하다고 판단하고 대대적으로 일을 벌였다. 보건복지부, 여성가족부, 문화체육관광부가 나서서 뭔가를 시도했다. 이것에 관해 내가 할 수 있는 말은 거의 없다. 나는 내가 만난 현장에 대해서만 말할 수 있을 뿐이다. 당사자, 연구자, 조직 운영자 중에 이런 접근법과 명칭에 크게 불만을 표하는 이들이 있었다. 은둔고립청년이라는 명칭이 우리 존재를 무력하고 불쌍해 보이게 한다고 했다. 하나의 이름으로 여러 결의 삶을 뭉뚱그리고, 그것을 임의로 나눠서 유형화하는 것이 대상화처럼 느껴진다고도 했다.

청년이란 존재에 이름을 부여하고 대상화하는 시도들이 계속 이어지는 것을 어떻게 이해하면 좋을까? 나는 이런 시도 자체가 기존 제도권의 방식으로 쉽게 포착되지 않는 존재들이 있음을, 그것도 아주 많이 있음을 말해준다고 생각한다. 당연히 시장경제적인 방식으로 이해 불가능한, 그래서 적합한 문제 해결법을 발견하기가 어려운 존재는 있을 수 있다. 그러나 미숙하고 모자라기만 한, 무력하고 불쌍하기만 한 존재는 있을 수 없다. 이 세상 그 어

　　　　　　　　　　　　　　　　들어가며

떤 존재도 그런 방식으로만 존재하지 않는다. 이 명칭들은 오히려 명칭을 붙인 이들의 무력함을 나타낸다. 어떤 '존재'를 미숙하고 모자란, 무력하고 불쌍해 보이는 방식으로 그릴 수밖에 없는 두려움 말이다.

현장은 늘 부여받은 이름 그 이상이기 마련이다. 은둔고립이라는 명칭이 무력하게 청년을 그려내고 있음에도, 은둔고립이란 이름 아래 모인 사람들은 이 용어를 꽤 적극적으로 사용하고 있다. 이름을 부여받는 것과 부여받은 이름을 전유해 사용하는 것은 전혀 다른 일이다. 그래서 나도 그들을 따라 은둔고립이라는 명칭을 부정하지 않기로 했다. 통상적으로 사용되는 맥락을 따르기도 할 것이고, 현장에서는 은둔고립이라는 용어를 어떤 식으로 사용하고 있는지를 설명하려고도 할 것이다. 더불어 '죽음', '혼맹'과 같은 언어로 이해해보려고도 시도할 것이다.

'학이시습지'라는 방법에 관하여

본격적으로 시작하기에 앞서 이 책이 학제적인 연구 방법을 통해 쓰이지 않았다는 사실을 이야기해야 할 것 같다. 나는 연구 가설과 방법을 세우고, 선행 연구를 살펴본 뒤 인터뷰이들을 섭외해 이야기를 듣는 '연구방법'을 공부한 적이 없다. 내가 좋은 건 인문학 공동체에서 선생님과

너의 혼맹을 만나며

친구들, 그리고 책을 통한 배움이었다. 공부 혹은 철학은 고원高遠한 일이 아니라 일상의 일이라는 배움 말이다. 조금 더 풀어서 말하자면 공부란 일상에서 세상을 만나는 일이고, 그것을 내 일상 안으로 가져와 곱씹으며 익히는 일이며, 그랬을 때 인간이 맛볼 수 있는 최고의 행복에 이를 수 있게 되는 일이라는 것이다. 학이시습지 불역열호學而時習之 不亦說乎*. 이것이 내가 훈련받았고, 지금도 가지고 있다고 할 수 있는 유일한 방법론이다.

존재클럽의 일상에 함께하려고 노력했던 것은 그 때문이었다. 연구는 처음부터 질문을 설정함으로써 밝혀내려는 바를 명확하게 하지만, 공부는 무엇을 알게 될지 알 수 없다. 연구는 대상을 만날 때 일정 거리를 유지한 상태에서 시선을 날카롭게 벼려내는 것이 중요하지만, 공부는 거리감을 좁힘으로써 나의 세계를 바꾸고 가꿔나가는 것이 중요하다. 존재클럽에서 나는 다층적인 관계와 맥락에 녹아들고 그것을 내 삶 위로 가져와 만나려고 노력했다. 나는 존재클럽의 튜터이자 강사이기도 했지만, 프로그램의 참여자이기도 했고 당사자이기도 했으며 당사자의 친구이기도 했다. 멤버들과 운영진과 함께 울었고 웃었고, 뿌듯해하고 괴로워했고, 계속 머물고 싶었고 또 도망치고도 싶었다.

* 《논어》의 가장 처음에 등장하는 구절로, 공자가 한 말이다. 학이시습지는 "공부하여 때때로 익히면"이라는 뜻이고, 불역열호는 "즐겁지 아니한가"라는 뜻이다.

들어가며

그 부침들을 소화하기 위해 내가 동원할 수 있는 모든 것을 이용했다. 친밀한 관계를 의지처 삼아 스스로를 한계까지 밀어붙였고, 읽은 책과 읽고 있는 책에 질척거렸으며, 온갖 기억을 현재로 불러들여 내 앞에 세워뒀다. '나'라는 관계망 자체가 실험의 장이 되어버린 셈이다. 이 자리를 빌려 위험천만한 실험에 참여해준 이들 모두에게 고맙고 미안하다는 말을 전하고 싶다.

글을 쓰며 질척거렸던 책 중 상당수는 내가 공부했던 동양철학, 특히 유교의 경전이었다. 내가 사용하는 방법론도 유교의 대표 저작인 《논어》로부터 나온 것이다. 어딘가에서는 은둔고립청년 문제가 '유교 문화'라 불리는 것과 긴밀한 관계가 있다는 이야기가 들려온다. 그중 대부분은 '개인주의 시대에 유교의 공동체주의가 문제다' 같은 뉘앙스를 띤다. 나처럼 개인주의에 그다지 호감을 갖고 있지 않은 사람에게는 차라리 반가운 이야기다. 정확하게 어떤 식으로 작동하는지 모르겠지만, '유교 문화'라 불리는 것이 개인주의와 불화하고 있는 듯하니 말이다.

물론 내가 이 글을 쓰며 질척였던 유학은 조금 다른 맥락이기는 하다. 지루하고 고리타분해 보이는 문장들을 읽다 보면 화들짝 놀랄 때가 많다. 내가 가장 미련하다고 생각하는 부분이자 그렇기 때문에 좋아하는 부분은 유가가 사람을 너무 믿는다는 점이다. 세상이 망해가는 것 같을 때, 엉망진창인 세계에서 어떻게 살아남아야 좋을지

너의 흔맹을 만나며

고민하던 사람들 중 어떤 이들은 법이라는 체제에 의존하기도 했고(법가), 세속을 떠나기도 했다(장자). 그 와중에 볼 꼴 못 볼 꼴 다 봐가면서도 사람들 틈에 남아서 사람의 힘을 믿어보려고 하는 사람들도 있었으니, 그들이 바로 유가다. 내가 서 있는 이 땅을 함부로 떠나지 않는 것. 앞서 판단하거나 통제하려는 대신 조화롭게 살아갈 방법을 고민하는 것. 이 무모한 도전이 나를 위태롭게 만들 수 있음을 알면서도 되는 데까지 최선을 다해보는 것. 이것이 내가 유가에게 배운 것이다.

책 쓸 준비를 하며 샹뱌오項飆라는 중국 인류학자에게 꽂혔던 건 우연이 아닐 것이다. 샹뱌오는 베이징에서 10년 동안 원저우 상인 집거지 '저장촌'을 만나왔던 학자다. 저장촌에 관한 논문이 서구 학계에서 인정을 받아 미국과 유럽에서 대학 교수와 연구소 소장직도 맡았지만, 그는 끝내 '지식인'과 거리를 두었다. 샹바오는 스스로 이론적 기초가 약하다고 인정하고, 현실과 동떨어진 채 논리를 전개해가는 글을 좋아하지도 않는다. 그의 논문은 서구에서 새바람을 불러일으켰는데, 그의 스타일이 기존의 이론과는 다른 결을 가지고 있었기 때문이다. 샹뱌오는 대담집《주변의 상실》에서 자기가 '향신鄕紳'적 기질을 가지고 있다고 반복해서 이야기한다. 향신은 과거 중국의 지방 관리를 뜻한다. 공부와 정치 참여가 별개의 일이 아니었던 과거에 향신은 학자이자 지역 살림꾼이기도 했다. 그들은 '현대의 지식인'을 좋아하지 않는다. 지식을 위한 지식을 쌓지도, 체제 관리를 위한 조사를 하지도 않기 때문이다. 향신에게 외부의 인정보다 중요한 것은 자신의 소우주, 자신의 작은 세계에 관해 명확하게 말할 수 있는지다. 샹뱌오는 각 지역마다 내재적 서술을 만들어낼 수 있었기 때문에 과거 전통 유가 문화가 거대 국가를 꾸릴 수 있었던 것이라고 말하기도 했다.

샹바오가 말하는 '현대의 지식인'과 향신의 차이를 내 나름대로 정리해보자면 이렇다. 현대의 지식인은 기본적으로 공동체와 거리를 유지하는 것이 매우 중요하다. 외부에서 만들어진 논리를 통해 내부를 분석하는 일이 현대 지식인의 주요 임무이다. 이때 내부의 언어는 동원 혹은 이용된다. 현지 밖의 언어로 현지를 설명하려고 하다 보니 발생하는 일이다. 그러나 향신은 공동체의 일원이자 공동체 살림을 위해 고민하고 행동하는 사람이다. 이들에게는 공동체 살림을 잘 꾸리기 위해 현지의 언어로 공동체의 사정을 설명하는 것이 중요하다. 향신의 임무는 내재적인 서술을 하는 것이다. 현실을 정확하게 설명하고 내재된 미래의 방향을 파악한다는 뜻이다. '내재성'은 동양철학 전반에 걸쳐서 확인할 수 있는 매우 중요한 감각이다.

왜 현대의 지식인에게는 거리를 유지하고 논리적으로 분석하는 일이 중요할까? 가치 중립을 지키고 객관성과 과학적 지위를 확보할 필요가 있기 때문이다. 현대의 지식인이 향하는 곳은 '진리'나 '권위'와 같은 공동체의 외부다. 그렇기 때문에 사실 관계를 정확하게 파악하는 일, 맞고 틀림을 확실하게 판단하는 일을 수행하게 되는 것이다. 그러나 향신이 바라보고 고민하고 움직이는 곳은 공동체 자체다. 외부의 인정을 받거나 특정 지위를 획득하는 데는 그다지 관심이 없고, 지금 공동체가 조화로운지를 궁금해하고 사람들이 함께 잘 살고 있는지를 살핀다. 이때 향신이 포착하는 것은 사람들의 구체적인 생활, 땅의 실질적인 살림살이일 수밖에 없다.

현대의 지식인이 외부에서 접근할 수 있는 것은 '개인'이라는 정체성을 확보했기 때문일 가능성이 높다. 비교적 근래 들어 탄생한 '개인'은 권리와 의무 관계를 명확히 할 수 있고, 그 덕분에 관계에서 경계를 뚜렷하게 세우는 것이 가능하다. 공사 구분이 가능한 것도, 한 세계와 자신의 거리감을 벌리는 일이 가능한 것도 같은 이유 때문이다. 그러나 향신은 '개인'이라는 자각을 분명히 하지 않고 있을 가능성이 높다. 오늘날 광범위하게 통용되는 공과 사의 뚜렷한 대립은 '개인'이라는 개념과 함께 수입된 것이 아닌가 싶다. 동양철학에서 사용돼온 공과 사는 대립적이지도 않고 분리가 가능하지도 않다. 향신은 공사를 명확하게 분리하는 감각을 사용하는 대신, 친소親疏에 따른 동심원적 사회감각을 체화하고 있다.

상뱌오는 현장에 가면서도 오랫동안 이론적인 글을

써내지 못했다고 한다. 뭘 해야 할지 모르는 채로 매일 찾아가서 사람들이 옷 만드는 것을 지켜보고, 그러다가 질문을 하나 하면 매번 비슷한 류의 대답을 들었다. 나는 이러한 일화가 향신의 기질을 잘 보여준다고 생각한다. 향신은 영리하게 자신이 아는 것을 꺼내들어, 그것을 경유해 사람이나 현장 혹은 사건을 해석하지 않는다. 향신의 업무는 내부의 매커니즘을 일상적으로 습득하며 내부와 실질적인 관계를 맺고 있는 상태에서 내부의 언어로 이야기를 해내는 것이다. 이것이 바로 윤리적이고 내재적인 서술이다. 그러기 위해 때로는 무식할 정도로 아무 일도 하지 않으며 가만히 앉아 있거나, 내부에서 자신의 쓸모를 찾기 위해 방황하는 지난한 시간이 필요할 수도 있다. 공동체에서 관계를 쌓는다는 것은 자리와 역할을 찾는 일이기도 하고, 내부의 언어를 쓸 수 있게 된다는 것은 그만한 공동체 훈련이 되었다는 말이기도 하다. 실제로 샹뱌오는 햇수가 쌓이며 향신처럼 내부에서 직함을 얻게 됐고, 사람들을 중재하는 역할을 맡게 되기도 했다.

샹뱌오는 가만히 있거나 이론적으로 소득이 없는 나날이 오랜 기간 계속되었음에도 10년 동안 연구를 지속할 수 있었던 것은 이 활동 자체를 사회적 활동으로 봤기 때문이라고 말했다. 향신이 수도에 가서 관직을 맡는 걸 꼭 기뻐하지만은 않는다는 설명도 같은 맥락에서 이해할 수 있다. 향신에게 정말 중요한 것은 자신의 공동체이다. 나와 타자를 명확하게 분리할 수 있다는 생각은 아예 하지 않는다. 체제 관리를 위한 조사를 하거나 지식인의 권위를 탐하지도 않는다. 맞고 틀린지를 판단하기보다 공동체적으로 조화로운 상황인지를 살피려고 한다. 구체적인 모습을 살피고 구체적인 이야기를 해나간다. 그렇기 때문에 향신이 하는 일은 공동체를 꾸리고 가꿔나가는 일, 즉 일종의 사회운동에 가깝다.

샹바오의 이야기에 기대어 나의 방법론을 조금 더 보충해보려고 한다. 학이시습지의 방법론을 사용하는 사람은 '전문가'보다는 향신에 더 가깝다. 보통 전문가는 현장 운영 그룹(중재자)을 통해 연구 참여자(당사자)를 만난다. 이때 전문가에게는 당사자와의 거리감이 필수이기 때문에 연구를 하며 당사자를 착취하게 된다는 윤리적 성찰로 이어지기도 한다. 좋은 전문가가 되기 위해 당사자와의 차이를 좁히거나 윤리적 기준을 명확하게 세우는 것은 그 때문일 것이다. 전문가는 '윤리적'으로 접근하기 위해서, '윤리적'이 되기 위해서 고민한다.

그러나 공부하는 사람은 당사자이자 운영자이자 중재자이기에 전문가와 달리 현장과 거리감 자체를 인지하지 못할 가능성이 높다. '메타 인지'를 못한다는 말이 아니다. 전문가가 볼 수 있는 것과 공부하는 사람이 볼 수 있는 것에는 분명한 차이가 있다는 말이다. 공부를 하는 사람은 살림을 꾸려가며 이에 관해 설명이나 언어화가 필요하다는 것을 느끼게 된다. 전문가가 연구에서 시작해 현장에 당도한다면, 공부하는 사람은 현장에서 저작해 말과 글에 당도한다. 공부는 기본적으로 내가 함께 살고 있는 사람들과 잘 사는 법을 고민하는 것이고, 살림을 꾸리고 구체적인 일상과 관계를 돌보는 일이다. 따라서 공부에는 윤리적 접근 방식을 도입해야 한다는 급박한 과제가 포함되지 않는다. 공부 자체가 윤리적인 행위이기 때문이다. 세계를 배우고 꾸리고 가꿔가는 윤리적인 삶이 바로 공부하는 삶이다.

내가 존재클럽을 만난 방식을 두고 혼란에 빠졌을 때, 이걸 어떻게 설명하고 스스로 이해하면 좋을지 몰라 헤매던 때, 혹시나 내가 윤리적으로 너무나 큰 잘못을 저지른 것이면 어떡하나 두려워하던 때, 나는 샹뱌오의 향신적 기질을 만나며 알 수 있었다. 적어도 지금 나는 삶의 현장과 거리를 두는 '현대의 지식인' 혹은 '전문가'가 될 수 없다. 공동체에서 동양철학을 공부해왔기 때문일 것이다. 나와 타자를 명확하게 구분하고 그 간극을 어떻게 좁힐 수 있을지 고민하는 것은 내가 할 수 있는 일이 아니다. 내가 외부인으로서 어떤 폭력을 저지를 수 있는지를 걱정하고 염려하는 것 역시 내가 잘할 수 있는 일이 아니다. 나는 경계를 뚜렷하게 세우는 감각을 충분히 훈련받지 못했다.

그래서 나의 접근 방식과 고민 지점은 '전문가'와는

너의 혼맹을 만나며

반대로 흘러간다. 공동체를 인식하고 일상에서 이 공동체의 특이성을 배워나가기, 거기에 녹아들어 공동체와 분리가 불가능해지기, 관계 안에서 내 자리를 만들어보기, 어떻게 하면 이 공동체를 잘 가꿀 수 있을지 고민하고 시도하기. 그와 동시에 공동체를 가꾸기 위해서 공동체 이야기를 하기로 결심하기, 나와 분리가 불가능한 공동체 이야기를 어떻게 할 수 있을지 고민하기, 그러기 위해서는 내가 이 공동체에서 어떤 영향을 주고받았는지 알아야 한다는 것을 깨닫기, 뒤늦게 어떻게든 나를 분리해보려고 애쓰다가 잘 안 돼서 당황하며 어쩔 줄 몰라하기, 결국 순도 100퍼센트의 내 이야기도 아니고 나와 동떨어진 공동체 이야기도 아닌 애매한 이야기를 써버리기. 이 책은 그렇게 쓰여졌다. 글자를 적어나가기 시작하면서야 어중간한 분리 시도가 이뤄졌고 완벽하게 해내지 못한 채로 마무리됐다.

　　나의 방법론과 공동체를 가꾸는 일에 어떤 관계가 있는지 묻고 싶은 사람이 있을지도 모르겠다. 나는 공부란 일상에서 공동체를 가꿔가는 일이기도 하다고 배웠다. 아무리 세미나 글 마감이 코앞에 있어도 공동체 밥 당번을 뺄 수 없었다. 내 코가 석 자여도 공간에 찾아오는 사람을 환대하는 일을 미룰 수는 없었다. 중차대한 일이 생기더라도 공동체를 돌보고 함께 고민하는 일을 게을리할 수 없었다. 왜냐하면 책을 읽고 글을 쓰는 것은 내가 풍요롭게 살기 위해서고, 내가 풍요롭게 살기 위해서는 공동체가 풍요로워야 하기 때문이다. 나의 한문 선생님은 책을 읽겠다고 집안일을 등한시하는 사람은 공부에 끼워주시지도 않았다. 내가 함께하는 여러 층위의 공동체들을 일상에서 잘 가꾸는 일이 학이시습지이기도 할 것이다. 그렇게 공동체가, 더불어 나의 삶이 풍요로워지는 것은 불역열호라고 할 수도 있을 것이다.

존재클럽에 멤버로 합류한 후 공식적인 자리에서 목적을 밝히기는 했다. 당신들에게 배우러 왔고, 글을 써보려고 한다고. 그렇게 선포까지 했음에도 불구하고 실제로 내게 더 중요했던 일은 글을 쓰는 게 아니라 존재클럽이라는 공동체를 가꾸는 일이었다. 인터뷰는 존재클럽의 바쁜 시즌이 지나고서야 할 수 있었고, 글쓰기는 밀리고 밀리다가 존재클럽이 방학하고 나서야 시작할 수 있었다. 인터뷰는 글쓰기를 위한 도구였고, 글쓰기는 내가 느끼고 배운 것을 전달하기 위한 도구였다. 내가 쓴 것은 인터뷰를 통해 알아낸 것이 아니라 존재클럽이라는 공동체를 가꾸며 배운 것이었다.

존재클럽에서 배운 것을 요약하자면 크게 세 가지로 추려볼 수 있을 것 같다. 첫 번째는 은둔고립청년 문제가 일종의 시대적인, 세대적인 문제라는 것이다. 고립 문제를 시대나 세대와 결부시켜 이론화하려는 것이 아니다. 나는 그보다는 훨씬 더 실용적인 동기로 움직였다. 무력

너의 혼맹을 만나며

감, 절망, 불안, 고립, 자괴감 내지 혐오감을 통과하지 않고는 나와 나의 친구들을 만나는 것이 사실상 불가능하다. 이것은 감각의 변화라기보다는 신체의 변화에 더 가깝기 때문이다. 이 책에서는 나와 나의 친구가 이미 다른 신체를 가지게 되었음을 점, 선, 면, 입체라는 형태의 도움을 받아서 전개하려고 한다. 언제 어디서 어떻게 찍힌지도 모르는 점 하나가 어떻게 시공간의 변화, 즉 신체의 변화(입체)를 이뤄내게 되는지 말이다.

두 번째로 배운 것은 부정적으로 보이는 단어들이 늘 네거티브하게 작동하는 건 아니라는 점이다.[*] 나는 존재클럽에서 보낸 시간들을 통해서 실패, 우울, 고립, 비교, 도망 같은 것들이 파지티브하게 작동하는 모습을 만났다. 존재클럽 멤버 중 한 명이 한 해를 마무리하는 날 나에게 이런 쪽지를 전해줬다. '약함을 강함으로 바꾸는 그 힘 변치 않길.' 아직까지 내가 이 쪽지를 소중하게 간직하고 있는 건 비단 칭찬을 받았기 때문만은 아니다. 네거티브한 것처럼 보이는 단어의 파지티브함을 발견하는 일이 필요하다고 느낀다. 부정적으로 보이는 것을 네거티브하게 해석하는 것보다 파지티브하게 해석하는 것이 지금으로서는 더 적절한 이해일지도 모른다는 생각도 한다. 일부 은

---

[*] '파지티브'와 '네거티브'라는 용어는 미셸 푸코에게서 빌려왔다. '파지티브'는 생산적인 작동 방식을 의미하고, '네거티브'는 생산을 막아서는 작동 방식을 의미한다.

둔고립청년 지원사업은 고립된 사람의 고립 경험도 어딘가에는 쓸모가 있다고 말한다. 그런데, 애초에 고립된 것 자체가 능력이라고도 말할 수 있을까? 두려워하고 불안해하는 것을 힘이라고 볼 수 있을까? 나는 그렇다고 말하기 위해서 이 책을 쓰고 있다.

　　세 번째로 배운 것은 나에게도 나의 친구들에게도 다른 언어가 필요하다는 것이다. 각자의 자리에서 최선을 다하고 있는 순간에도 우리는 그것을 잘 인정해주지 않는다. 내가 나의 몫을 봐주는 것은, 서로가 서로의 몫을 봐주는 것은 혼자 할 수 있는 일이 아니다. 몫을 봐줄 수 있고 그와 호응해줄 수 있는 다른 언어가 필요하다. 우리 세대가 경험한 일종의 공통 감각이라고 할 수 있는 은둔고립 문제를 마주하고, 그것에 내재한 가능성을 확인하고, 그에 관해 이야기를 함께 나누고 싶다. 그럴 때 이 책이 누군가에게 도움이 되었으면, 기댈 수 있는 곳이 되었으면 한다. 나는 서로를 봐주는 말들이 돌고 돌아서 마침내 나에게로도 당도하기를 기다리고 있다. 내가 이 배움을 통해 욕심내게 된 것을 감추고 싶지 않다. 진심으로 내가 나의 몫을 봐주고, 옆 사람들의 몫을 봐줄 수 있는 시간이 내게도 찾아오기를 바란다는 욕심 말이다.

마음을 저당잡히다

　책에 등장하는 은둔고립청년들의 이름은 실제로 그들이 사용하는 별명이 아니라는 점도 알려야 할 것 같다. 어떤 이들은 자신의 본명이나 활동명을 밝혀도 된다고 먼저 제안해주기도 했다. 그럴 때면 어찌나 기뻤는지 모른다. 그 말은 나를 믿는다는 의미기도 했고, 이 활동에 대한 강한 자부심을 드러내는 행위이기도 했다. 그래서 때로는 그 말을 해주기를 내심 바란 적도 있었다.

　하지만 고민 끝에 인터뷰이들의 본명이나 별명을 사용하지 않기로 했다. 두 가지 이유가 있다. 하나는 몇몇 사람들에게 밝힌 표면상의 이유다. 모든 사람이 본명이나 진짜 별명을 사용하겠다고 말하지 않았기 때문이다. 인물이 특정되는 것을 피하기 위해 이야기를 각색하기도 했고, 어떤 부분은 고의적으로 숨기기도 했다. 나는 늘 어떤 마음으로 사람을 만날지에만 몰두해왔는데, 이 과정을 통해 어디서부터 어떻게 이야기를 담을 수 있을지에 대해서도 고민해볼 수 있었다. 언젠가 이에 관해서 더 이야기할 수 있는 날이 올 것이라 생각한다.

　그러나 이들의 진짜 이름을 밝히지 않기로 한 결정적인 이유는 사실 다른 데 있었다. 이것을 이해하고 인정하는 데 시간이 필요했기에 멤버들을 만나던 당시에는 그 이유에 관해 말할 수 없었다.

　　　　　　　　　　　　　　　　　　들어가며

나는 20대 초반부터 어떤 세계에 영영 가닿을 수 없을 것 같다는 두려움을 느껴왔다. 아무리 가까이 가려고 노력해도 결코 가까이 갈 수 없는 세계가 있다고 말이다. 다만 영원한 거리감에 갇히지 않기 위해, 그 때문에 영영 길을 잃지 않기 위해 노력했다. 프랑스의 철학자 조르주 디디 위베르만Georges Didi-Huberman은 아우슈비츠 절멸수용소 내부에서 찍힌 형체 불명의 사진 4장을 가지고 그 세계에 다가갔다. 나 역시 내가 만난 시간이 아무리 흐릿하더라도 그것을 성실히 더듬어보기 위해 노력하고 있다.

그러나, 그럼에도 누락되는 것들이 분명 생긴다. 나를 포함한 모두가 혼란스러운 상태였기 때문에 대부분의 말이 형체가 불분명했다. 한 주제 안에서 상충되는 감정과 문장이 연달아 나왔다. 오늘 했던 말이 내일 뒤집히고, 어제 했던 말이 너무 쉽게 의미를 잃었다. 가장 많이 들은 말은 "모르겠다"였다. 거의 유일하게 형태가 있는 언어는 심리상담사가 대신 만들어준 해석이었다. 그마저도 계속 듣다 보면 현 지점과 미묘하게 어긋났고, 명확한 해석 저편에 무언가 더 있다는 게 느껴졌다. 만나면 만날수록 더 많은 빈칸이 생겨났고, 나는 그곳을 채우거나 이어야 했다. 내가 그걸 얼마나 잘 해냈는지는 책이 나온 다음에야 알 수 있을 것이다. 혹은 덫 년이 더 걸릴 수도 있고, 어쩌면 아예 영영 모를 수도 있다.

원래는 이런 방식으로 글을 쓸 생각이 아니었다. 지난

    너의 혼맹을 만나며

이삼 년간 다른 책을 쓰며 해왔던 것처럼 인터뷰 형식으로 사람들의 목소리를 담아내고 싶었다. 그런데 막상 글을 쓰기 시작하니 기존에 쓰던 방식으로는 써지지 않았다. 글이 안 나와서 머리를 쥐어뜯다가 깨달았다. 내가 여태까지 만나왔던 이들은 자신의 삶을 발화하고 해석할 기회가 있었던 활동가들이었다. 그래서 나는 그들의 일상 속 행동과 말을 공부하는 것만으로도 글을 쓸 수 있었다. 그런데 은둔고립청년을 만나면서는 그 방법을 사용할 수가 없었다. 그들의 이야기는 수면 깊이 묻혀 있다. 정부 차원의 사업이 큰 단위로 시작됐음에도 제도권에서는 공식적인 해석의 방향이 정해지지 않았고, 비제도권에서도 당사자의 목소리가 담긴 담론을 찾기가 쉽지 않았다. 그래서 나는 드러난 말이나 행동 대신 다른 걸 공부해야 했다.

　내가 할 수 없는 것과 할 줄 아는 것은 꽤 분명했다. 일상에서 공부를 한다고 해서, 공동체를 가꾸며 나의 삶을 풍요롭게 만든다고 해서 이론 공부를 잘하게 되는 건 아니었다. 나는 이론을 정교화하는 대신 거친 말과 행동 한복판에서, 어려움과 불편함과 속상함을 한가득 끌어안고, 명확한 것처럼 보이는 사건을 뒤집어보는 훈련을 해왔다. 10년이란 시간은 이해할 수 없는 사람들과 이해할 수 없는 사건을 해결해야 했던 하루들이기도 했다. 그렇게 해야만 누군가를 맹신하거나 혐오하는 대신 좋아하면서 미워하고, 미워하면서 좋아할 수 있었다. 게다가 내가

　　　　　　　　　　　　　　　　　　　　　　들어가며

배운 곳은 강단의 전통과 거리가 멀었고, 어쩔 수 없이 이 것과 저것을 정신없이 오가는 공부를 해왔다. 내가 할 수 있는 일은 분명해 보이는 것을 뒤집고, 온갖 것을 뒤섞는 일이었다.

　나는 인터뷰이들에게 이 작업에 관해서 아무것도 보장할 수 없다고, 내가 작업을 얼마나 잘 해낼지, 책이 세상에 얼마나 읽힐지 약속할 수 없다고 말했다. 하지만 내가 약속할 수 있는 것이 딱 한 가지 있는데, 그것은 내 마음이라고 덧붙였다. 인터뷰이들이 자신의 세계를 내게 활짝 열어줬기 때문에 나는 내가 할 수 있는 최고의 답례를 하는 수밖에 없었다. 그런데 가명을 쓰기로 결정하고 나니 이런 생각이 들었다. '내가 만난 이들의 이야기를 그대로 옮기는 대신 뒤엎고 마구 섞어버린 지금, 그들의 손에 쥐어진 나의 마음은 안전한가?', '나의 서투른 이 작업이 내가 만난 이들의 목소리를 빼앗거나 앞서가는 건 아닌가?', '혹시 나도 모르게 내 마음을 팔아버린 건 아닌가?'

　그래서 처음부터 끝까지 위험과 두려움 속에서, 스스로에 대한 의심을 거두지 않은 상태로 작업을 해나갔다. 믿지 못하는 글을 쓰고 믿지 못하는 말을 하고 있다는 뜻이 아니다. 나는 내 인터뷰이들을 의심하면서 동시에 믿고, 이 작업을 의심하면서 동시에 믿는다. 내 시도가 실패할 수도 있다고 생각하기에 이 작업이 완벽하게 성공하리라고는 감히 바랄 수 없다. 그럼에도 인터뷰이의 손에 맡

겨둔 내 마음, 그리고 내게 맡겨둔 인터뷰이 세계의 안전
은 어떻게든 사수해야만 한다고 생각한다. 이것이 이 책
에서 가명을 사용하는 두 번째 이유다. 어쩌면 내가 작업
하며 느낀 위험과 두려움을 이런 방식으로 비겁하게 무마
하는 것일지도 모른다. 그래도 다른 방법이 없기 때문에
우선은 이렇게라도 써야 했다. 내가 보고 들은 이야기를
글로 쓰지 않는다면, 그때는 정말로 내가 위태로울 것이
기 때문이다.

보통 내가 해왔던 현장의 목소리를 담는 작업은 늘
인터뷰이에게 의존해왔다. 하지만 이번에는 그 이상이 필
요하다고 느꼈다. 몇 가지 장치를 만들어 의미를 부여했
다. 노트에 이 작업을 응원하고 기운을 채워줄 만화《바람
계곡의 나우시카》의 나우시카 그림이나 나무와 땅 사진을
자료 사이에 끼워뒀다. 인터뷰이들에게 채소 별명을 붙인
것도 그런 장치 중 하나였다. 현재 내가 비건이고 채소를
좋아하기 때문만은 아니다. 채소를 길러내는 땅의 생명력
에 기대고 싶었다. 어떤 채소 이름은 인터뷰이와 함께 고
심해서 선정하기도 했다. 한 가지 예외가 있다. 최대한 구
체적인 목소리를 전하고 싶어서 이 글에 등장하는 이들의
글이나 그림도 넣었는데, 이미 발표된 작품에는 본명으로
표기했다.

당사자들을 만나면서 나는 미처 들여다보지 않고 있
었던 감각과 감정들을 만나고 부딪히는 시간을 가졌다.

  들어가며

그 과정에서 극심한 고립감을 느끼기도 했고, 한동안 은 둔하기도 했다. 은둔고립청년을 지원하는 강사이자 멘토가 고립과 은둔을 경험한다니 좀 이상해 보일 것 같다. 나도 한때 그렇게 생각했지만, 지금은 자연스러운 일이라고 받아들이게 됐다. 이에 관한 이야기는 가장 마지막 장에 자세하게 적어뒀다. 재미있는 점은 나의 그러한 상태를 은둔고립 상태인 멤버들이 견뎌주고 지지해준다는 것을 알게 됐다는 것이다. 존재클럽의 당사자 멤버들은 은둔했던 나를 함께 기다려줬고, 마침내 밖으로 나온 나를 힘껏 안아줬으며, 책임을 외면했던 일에 대해 쓴소리도 해줬다.

　　존재클럽 멤버들과 진행했던 글쓰기 클럽에서 우리는 공동체를 꾸리기 위해 서로 얼마나 노력하고 있는지를 확인했고, 그 일환으로 경청하는 법에 관해서도 멋진 대화를 나누었다. 은둔고립에 관한 글을 읽고 쓰기 시작한 건 그 다음이었다. 같이 읽은 글 중에는 이 책의 일부분도 있었는데, 처음에는 내 글이라는 것을 밝히지 않았다. 멤버들은 원고를 읽고 이야기가 너무 와닿는다고, 그래서 마음이 편해진다고, 집에 가져가서 몇 번이고 다시 읽어보고 싶다고 이야기를 해줬다. 그날 저녁, 나는 집으로 돌아가서 곧장 두 달 동안 보지 않고 있었던 이 원고의 파일을 다시 열어봤다. 이미 다 쓴 상태였지만 자신감이 없어서 덮어두고 있던 터였다. 글을 쓰는 내내 홀로 허허벌판에 서 있는 기분이 들었다. 아마 이 글이 기댈 수 있는 마땅한

너의 혼맹을 만나며

곳이 없었기 때문일 것이다. 전통 있는 방법론을 따른 것도, 입증된 관점을 차용한 것도 아니었다. 어디서 빌려올 수 있는 권위 또한 없었다. 학위도 없고, 선배도 없고, 명예도 없는 나의 처지가 여실하게 드러나는 시간이었다.

하지만 그래서 얻게 된 것도 있었다. 부정적으로 보이는 은둔고립청년의 처지가 파지티브한 힘을 가질 수 있듯이, 나의 조건들이 나와 글을 위태롭게 흔들었기 때문에 존재클럽 멤버들의 반응에 강하게 밀착될 수 있었다. 멤버들이 서로를 땅으로 삼아 발을 디딜 수 있었듯이, 이 글 역시 멤버들과 함께한 시간을 땅으로 삼게 됐다. 어떤 학회의 포럼 자리를 빌려 존재클럽 운영진 앞에서 책 내용 일부를 발표했던 시간도 마찬가지였다. 내가 허튼 소리를 하고 있지 않다는 것, 우리가 함께 보낸 시간에 이런 의미가 있다는 것, 이 공동체를 같이 꾸려왔다는 것을 그 자리에서 느낄 수 있었다. 돌이켜보면 이 원고가 어떤 권위나 이론에도 기댈 수 없었던 것은 차라리 행운인 것 같기도 하다. 그 덕분에 존재클럽 멤버들에게 기대어 서고, 함께 이 글이 설 땅을 다질 수 있었다.

원고가 존재클럽 멤버들을 만나며 천천히, 그러나 단단하게 두 발을 땅에 딛던 반년 동안 나에게도 같은 일이 일어났다. 아직 뭐라 표현하기 섣부르지만, 그럼에도 굳이 이야기해보자면 이 책을 쓰기 전의 나와 쓴 후의 나는 다른 사람인 것 같다. 이곳에 올 수 있어서, 이 세계를 만

들어가며

날 수 있어서 행운이라고 생각한다. 만약 내가 이 책에 쓴 것을 모르는 채로 살아갔다면 나라는 사람은 너무나 보잘 것없는 존재가 됐을 것이다. 괴롭기만 하지도 아름답기만 하지도 않은 세계를 내게 내어줬던 많은 친구들에게, 또 내가 만난 세계를 소화하고 글 위로 풀어놓는 여정을 함 께해주신 많은 분들에게 감사하다.

(1장)

점

그냥 세상에 없는 존재이고 싶어

난 너랑 달라. 날 '정상인'으로 대하지 말아줘. 난 네가 알던 내가 아냐. 모든 게 다 나를 막는 것 같아. 나도 내가 힘겨워. 사소한 것 하나하나가 스트레스고 날아드는 돌멩이 같아. 스스로 먹이는 것도 겨우 해. 씻는 건 더 최악이지. 이런데 뭘 기대할 수 있어. 나한테 기대하지 마. 기대지 마. 날 휘저어놓지 마. 자기방어도 자기변명도 힘들어. 나를 설명하는 것도 힘들어. 혼자 있으면 좋겠어. 그냥 세상에 없는 존재이고 싶어.

    '정신이 들어?'
    '목욕 한 번 하는 건 어때?'

—오이의 일기

그림 1   두 손바닥을 유리창에 대고,
위쪽에서 아래를 바라보며
말을 거는 사람이 그려져 있다.

혼맹

점 하나를 찍으며 이야기를 시작하려고 한다. 곧이어 한 개의 점이 더 찍힐 것이고 선이 그어질 것이며 면으로 변화했다가 입체가 될 것이다. 그러나 우선은 하나의 점만으로도 충분하다.

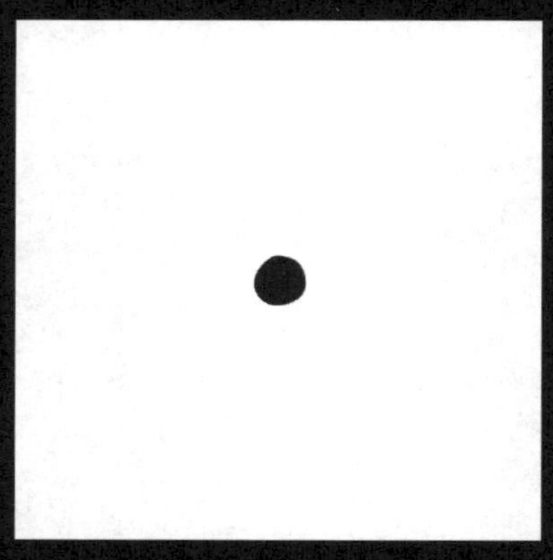

그림 2   점이 하나 찍혀 있다.

마치 흰옷 위의 미세한 얼룩처럼, 이 점은 어느 날 갑자기 발견된다. 어쩌다가 생긴 건지, 누구한테서 온 건지 내가 찍은 건지, 언제 찍혔는지도 알 수 없다. 오래 전, 나도 모르는 사이에 이미 자리를 잡은 게 분명하다. 점의 존재를 알아차리게 된 경위는 다양하다. 누군가는 정부 발표나 뉴스를 듣고, 또 누군가는 가족이나 지원기관에 의해 발견하고, 또 어떤 이는 스스로 알아챘을 것이다.

많은 사람들이 이 점을 '고립은둔'이라고 부른다. 때에 따라 '은둔고립'이라 부르기도 하고, '고립'이라고 부르는 경우도 있다. 이 용어들 중에서는 '은둔고립'이 가장 마음에 들기 때문에 그렇게 부르려고 한다. 예전에는 이보다 더 다양한 이름이 있었는데 지금은 얼추 정리가 된 모양이다. 그럼에도 여전히 명칭부터 정의, 해석까지 모호한 부분이 많다. 지금 시점에서 분명한 것은 하나. 아주 많은 청년들이 이 점을 가지고 있다는 것이다.

비단 정부가 이들의 수가 몇십만 명이라고 발표했기 때문만은 아니다. 나는 이 점을 가진 또래 친구들이 그보다 더 많을 거라고 생각한다. 한국의 자살률이 높은 것도, 코로나19와 함께 여성청년의 자살시도율이 이슈가 된 것도 이미 오래된 이야기다. 전자는 너무 당연해졌고 후자에 대한 관심은 팬데믹이 잠잠해지면서 함께 사그라들었다. 이후 등장한 은둔고립이란 용어는 그보다 더 광범위한 대상을 포괄하려는 것처럼 보인다. 자살이나 자살시도뿐만 아니라 그 방향으로 나아가려는 사람들 모두를, 여성뿐만 아니라 어떤 성별이든 모두를 포착하고 싶어 한다.

어떤 곳에서는 청년이 취약계층이라는 것을 열심히 설득하고, 어떤 곳에서는 '진짜 성인'이 되지 못한 미성숙함을 발전시켜보자고 설득한다. 쉼이 필요하다고, 회복할 기회를 줘야 한다고, 성장할 수 있게 도와야 한다고 말한다. 누군가의 아픔에 공감하며 성과 열을 다하는 사람들의 이야기는 마음을 울리기 마련이다. 나는 때로 그 이야기들을 들으며 눈물을 흘리기도 했다. 그러나 다 울고 나면 정신이 번쩍 들었다. 나와 친구들을 미성숙한 존재라고 말하는 이야기를 받아들이기가 쉽지 않았다.

또래 청년들을 인터뷰하며 만나고 다닌 지 5년째다. 아마 내가 그간 만났던 이들은 대부분의 지원사업에서 '은둔고립청년'으로 선정되지 못할 것이다. 밖으로 나오고, 친구가 있고, 돈을 벌거나 단체활동을 하고, 필요할 때 도움을 요청할 곳이 있는 사람들이다. 그럼에도 나는 대부분의 또래 친구들이―그것을 뭐라고 부르든 간에―자기 삶에 이 점이 찍혀 있다고 말하는 것을 봐왔다. 우리는 모두 직감적으로 무슨 일이 일어나고 있다고 느낀다. 최근 여성청년의 자살시도율이 높다는 이야기가 앞다투어 보도됐고, 경우에 따라서는 자료 해석에 허점이 생기는 경우도 있었다. 그러나 자료나 해석의 엄밀성은 그다지 중요하게 여겨지지 않았다. 그 이슈는 '역시, 나만 그렇게 느낀 게 아니었어' 하는 감각이 공유되는 것으로 충분히 제 몫을 다했기 때문이다. 통계나 조사 결과가 말해주지 않더라도 사람들이 '이미' 알고 있는 것들이 있다.

　지금으로부터 약 10년 전에 내 친구 개구리가 자살했다. 그때 내 주변 사람들은 모두 나를 어떻게 대해야 할지 몰랐다. 내가 친구 사별자가 되고 약 3년 뒤쯤, 나의 친한 친구들이 하나같이 내게 사과했다. 그때 손 내밀지 못해서 미안하다고, 그게 어떤 건지 몰라서 어찌해야 좋을지 몰랐다고 말했다. 나는 그 마음들을 고맙게 받고는 은근슬쩍 대화 주제를 돌렸다. 그건 사과할 일이 아니었다. 나라도 그랬을 것이다. 당시엔 내 나이에 가까운 친구가 자살하는 게 흔한 일이 아니었다. 나 역시 내가 겪기 전까지는 그게 어떤 것인지 잘 몰랐다.

　그런데 지금은 어떠한가? 친구 중에 자살한 이가 한 명만 있는 경우도 운이 좋다고 말할 수 있다. 주위에 친구 사별자가 된 친구를 한 명만 알고 있어도 이 또한 운이 좋다고 말할 수 있다. 누군가가 친구를 떠나보냈다는 소식이 들려와도 크게 놀라지 않는다. 능숙하게 친구 사별자를 챙기고 그들의 마음을 살필 줄 알게 된 이들이 늘고 있다. 마치 장년이 부모를 떠나보내듯 청년은 친구를 떠나보낸다. 전자에게 죽음은 자연의 섭리고 후자에게 죽음은 시대의 섭리다. 시대의 섭리란 것이 있을 수 있다면 말이다.

　그러니까 우리는, 어떤 숫자들과 무관하게 우리 세계에 이 점이 찍혀 있다는 것을 안다. 그리고 어떤 이들은 유독 이 점을 더 잘 느낀다.

당근　　그런 힘든 마음이 고조되면 없어지고 싶어요. 그냥 죽는 건 아프고 무서우니까 '증발되고 싶다', 이런 얘기를 참 많이 했어요. 정말 많이 했어요, 속으로. '증발되고 싶다.'

산책 프로그램을 진행한 팀 '다시나는새' 구성원
프로그램에서 '그림자 개가 나타났다, 그림자 개는 세상과 연결이 약해질 때 나타나는 개다'라는 이야기를 같이 만들었어요. 그런데 한 분이 그렇게 얘기하셨어요. '나는 선택하지 않을래. 선택해도 내 인생은 변하지 않아. 이 말을 들은 그림자 개는 너무 의기소침하여 세상에서 희미해져 버렸다.'

이 점을 어떻게 이해해야 할까? 뭐라고 불러야 할까? 고립, 은둔, 단절, 증발, 상실, 희미해짐, 유기됨, 존재론적 위기, 죽음, 뿌리 없음……. 그러나 아무리 생각해 봐도 '혼맹魂盲'만큼 잘 어울리는 단어는 없는 것 같다. 혼맹은 내가 친구를 떠나보내고 괴로워했던 나날을 이해하는 데 큰 도움이 된 단어다.

오이는 은둔했다가 나와서 그때를 다시 되돌아보면 마치 꿈을 꿨던 것 같다고 말했다. 그리고 그게 반복되면 자의식이 분리되는 것 같은 느낌이 든다고 덧붙였다. 이야기를 듣고 나니 내게도 그런 순간이 있었다는 걸 깨달았다.

친구 개구리가 죽고 약 1년 동안 나는 꿈속에서 사는 것처럼 지냈다. 모든 것이 희뿌옇게 느껴졌다. 시간이 어떻게 가는지 전혀 몰랐다. 아니, 시간이라는 것이 존재하는지조차 몰랐다. 뭘 보고 누굴 만나도 모든 것이 납작하게 느껴질 뿐이었다. 어떤 순간도 입체적이지 않고, 어떤 존재도 구분되지 않으며, 어디에서도 색과 향이 느껴지지 않았다. 세계라는 것이 아예 존재하지 않고, 그렇기 때문에 나라는 사람도 존재하지 않게 돼버린 느낌.

존재클럽에 합류했던 초기에 나는 당사자들의 이야기를 들으며 무척 혼란스러웠다. 그보다 더 초반에는 어떻게 이해해야 좋을지 몰라 조금 무서워했던 것 같기도 하다. 항상 바쁘고 일이 많았던 나와는 너무 다른 삶을 사는 사람들인 것처럼 느껴졌기 때문이다. 그런데 오이의 이야기를 듣고 나의 경험이 생각나자, 비로소 마구 뒤섞여 주변에서 웅웅거리고 있었던 이야기들이 내 안으로 들어오기 시작했다. 곧이어 혼맹이라는 개념이 떠올랐고, 내 경험만으로는 충분히 이해하지 못하고 있었던 혼맹을 더 잘 이해할 수 있게 되었다.

혼맹은《숲은 생각한다》에서 인류학자 에두아르도 콘 Eduardo Kohn이 적극적으로 해석해낸 용어다. 영어로는 'Soul blindness'라고 한다. 혼이란 한 존재가 그의 신체나 언어를 넘어서 관계 위에 존재하는 방식이다. 이를테면 나의 혼은 내 신체에나 이름에만 존재하지 않고 친구들과의 관계

속에서, 친구의 삶 위에서 실존한다. 혼은 경계를 넘나들며 온갖 곳에서 생성되고 변화한다. 즉 나를 초과해서 존재하고 생성되는 나인 셈이다. 우리는 모두 혼을 가지고 있으며 동시에 혼을 인식할 능력도 가지고 있다. 그 덕분에 관계를 맺을 수 있으며, 서로를 마주할 수 있다. 이것은 존재가 가지고 있는 기본적인 능력이다.

그런데 만약 혼을 잃는다면, 혼을 마주할 능력을 잃는다면 어떻게 될까? 그러니까 다른 존재를 마주할 수 없고, 교류할 수 없고, 관계에 참여할 수 없다면 어떻게 될까? 다른 존재를 마주할 능력을 잃었다는 것은 내가 다른 이들의 삶 속에 실존할 수 없다는 뜻이고, 다른 이들이 내 삶 위에 실존할 수 없다는 뜻이다. 나는 누구도 인식할 수 없고, 상대도 나를 인식할 수 없으며, 관계는 원래 존재하지도 않았다는 듯이 사라진다. 세계로부터 격리되는 것이다. 이것이 혼맹이다. 세계의 관계망에서 떨어져나와 고립되는 것, 혼을 잃어버린 탓에 나도 남도 나를 인지할 수 없게 되는 것, 그래서 존재 자체가 실질적인 위험에 처하게 되는 것 말이다.

그렇다면 오늘날 은둔고립청년들은 어떻게 혼맹에 빠지게 됐을까? 왜 그런 일이 벌어졌을까? 종종 은둔고립청년은 '나'를 잃어버린 사람들이라고 묘사된다. 혼맹이 발생하게 된 경위를 잘 보여주는 표현이다. 이런 수사는 '나'를 공고히 하면 문제가 해결될 것처럼 느껴지게 한다.

나라는 존재가 오로지 '나'뿐이라는 사고방식은 혼맹이
발생하는 메커니즘과 같은 방식으로 작동한다. 혼은 언제
나 나를 초과하여 존재할 수밖에 없는데도 한 사람의 존
재가 '나'로 축소되고, 한 사람의 세계가 '나'로 한정되는
것이다.

　친구가 죽고 난 뒤 내게 자살은 너무 쉬운 일처럼 느
껴졌다. 혼맹에 빠져 있는 순간에는 자신을 마주할 수 없
고, 그래서 죽음을 제대로 경험할 수 없었기 때문이다. 인
문학 공동체 건물의 계단을 오르며, 20대 내내 한 번도 더
가본 적 없었던 위층까지 올라 그대로 옥상에서 떨어질 수
있었다. 친구들과 놀러 간 속초의 숙소 발코니에서 바다를
보기 위해 몸을 숙이다가 그대로 조금 더 숙인 끝에 완전
히 고꾸라질 수 있었다. 거기에는 어떤 두려움이나 망설임
이 끼어들 이유가 없었고, 나는 죽음에 이르게 되는 그 순
간까지도 죽음을 자각할 수 없었을 테다. 자살시도라 불릴
수 있는 모든 일이 숨을 계속해서 쉬는 일과 같다고 느꼈
다. 그저 조금 더 걷고, 조금 더 몸을 구부리는 일일 뿐이
었다.

　처음에는 이 경험 때문에 죽음으로 가는 길에 있는
인터뷰이들의 경험에 주목했다. 나를 비롯한 은둔고립청
년들은 언제 죽어도 이상하지 않은, 언젠가는 죽어버릴지
도 모르는 상태이리라 생각한 것이다. 그런데 존재클럽에
서 이야기를 계속 듣다 보니 문득 내가 이들의 경험과 나

의 경험을, 더불어 아예 혼맹 자체를 잘못 이해하고 있다는 생각이 들었다.

은둔고립청년은 다음과 같은 방식으로 혼맹을 경험했다.

---

① 나를 마주할 수 없다

고구마　나를 좀 알고 싶어요. 내가 이런 사람이라는 걸 확실하게 알고 싶어요. 남들이 보는 대로가 아니라 제가 저를 겪으면서요. '나는 이런 걸 싫어하고 좋아하는구나'를요. 지금은 '그런가……?' 싶기만 해요.

남은 나를 알 수 없고 나만이 나를 알 수 있다는 통념은 사실이 아니다. 사람은 세계의 구체적인 관계를 통해서만 존재한다. 그러나 혼맹에 빠진 사람은 혼을 마주하는 일이 불가능하기 때문에, 그러니까 자신을 마주할 수 없기 때문에 자기가 누구이고 어떤 존재인지 알 수 없다. 남들이 자신에 대해 하는 이야기가 정확하지 않다고 느끼는 것도 당연한 일이다. 혼을 잃어버렸기 때문에 자신이 다른 존재를 인식할 수 없는 것처럼, 다른 존재들도 이 사람을 인식할 수 없게 된다.

② 관계에 참여할 수 없다

오이　　제가 은둔하던 기간에 저와 데이트하고 있었던 친구는 완전 지옥이었던 거예요. 제가 연락을 다시 해서 만났는데 너무 힘들었다, 안 될 것 같다, 헤어지면 좋겠다고 얘기하더라고요. 너무 미안했어요. 너무 미안한데 내가 어떻게 할 수도 없고. 나도 나를 설명할 수 없고. 그러니까 잡지도 못하겠어서 그냥 보내고. (정적) 그러고나서 후폭풍이 왔죠. 그때 내렸던 결론은 '나는 친밀한 관계를 만들면 안 되는 사람이야'.

내가 누구인지도, 지금 무슨 상황인지도 알 수 없는 상태. 혼을 잃어버렸기 때문에 다른 이들도 나를 인지하거나 만날 수가 없는 상태. 이런 상황에 대해 나도 설명할 수 없고 상대도 포착할 수 없다. 서로가 서로를 이해할 수 없는 상황에서 오이가 내릴 수 있는 결론은 자신이 관계에 참여할 수 없는 존재라는 것이었다. 오이가 관계 위에 존재할 수 없기 때문에 느낀 좌절과 절망은 자기 존재에 대한 좌절과 절망, 혐오로 이어진다.

시금치 배가 고프긴 한데 어느 순간부터 밥 먹는 게 귀찮더라고요. 모든 게 다 귀찮아져서 하루 종일 유튜브만 봤던 것 같아요. 아니면 잠들거나. 수염도 안 깎고 그냥 집에만 있어요. 그때는 아무 생각도 안 났어요. 아무 생각도요.

머무는 공간이 방 혹은 집으로 한정된다는 것은 그 사람이 얼마나 음침한지를 보여주는 게 아니다. 방 혹은 집은 아무런 일도 일어나지 않는 곳, 어떤 관계망에도 영향받지 않는 곳, 그래서 내가 존재하지 않을 수 있는 곳이다. 설령 동거하는 이가 있다 하더라도 이 사실은 변하지 않는다. 검은콩은 집에 있는 동안 신체 기능이 거의 정지됐다고 말했다. 뇌 활동과 소화 활동을 비롯해 모든 신체 활동이 멈춰 있었다는 것이다. 일상이 방치되는 것은 삶의 질이 얼마나 낮은지를 보여주는 지표가 아니다. 음식을 제대로 먹지 않는 것, 수면 시간이 불규칙한 것은 이 사람이 이 세계와 아무런 관련도 없는 존재임을 보여준다. 이 사람에게는 어떤 위치-공간도 없다.

마　　은둔고립을 얼마나 했는지도 정확하게 기억이 안 나요. 너무 오래 했으니까. 거의 18살 때부터 했던 것 같아요. 너무 긴 시간이니까 그사이에 뭘 했는지……. 하루를 장작 때우듯 살아갔으니 기억에 남는 일이 거의 없는 거예요. 기억에 남는 일이 하나도 없어.

당시 기억을 되짚어보면 말 그대로 사고하는 뇌의 기능이 없어진 느낌이었습니다. 당시 일이 잘 기억도 나지 않고요.
—오이의 글

공간이 존재하지 않는 것과 시간이 흐르지 않는 것은 동시적으로 일어난다. 마와 오이는 현재 30대이고 은둔고립했던 시간은 10년이 넘었지만, 마치 그 시간이 사라진 것처럼 혹은 존재하지 않았던 것처럼 느낀다. 시간은 오래도록 흐르지 않았는데 시계는 움직인다. 시간 속에 유기된 것이다. 공간도 시간도 존재하지 않는 사람에게는 삶이 존재하지 않는다.

⑤ 삶보다 물리적 죽음이 더 가깝다

오이 미래에 관해 떠오르는 이미지가 있기는 한데, 그게 정말 내가 원하는 것인지 사회적으로 영향 받아 형성된 것인지 확신이 안 들어요. 오히려 죽는 모습이 더 구체적으로 그려져요. '이상적으로 죽기 위해서는 돈을 벌어야 하는데' 하는 생각을 하죠.

구체적으로 원하는 본인의 미래 모습이 있냐고 묻자 오이는 구체적인 죽음에 관해 답했다. 위치가 사라지고 시간이 흐르지 않는 사람들에게 미래란 상상할 수 없는 것이다. 삶보다 물리적인 죽음이 더 가깝게 느껴진다. 꿈 같은 삶 속에서 물리적 죽음의 가능성이야말로 자신이 존재하고 있음을 보여주는 유일한 단서이기 때문이다. 삶은 멀지만 죽음은 가깝다. 삶은 꿈이지만 죽음은 현실이다. 삶은 나를 존재하지 않게 하지만 죽음은 나를 존재하게 한다. 관계는 비현실적이지만 모든 관계와 단절되는 것은 현실적이다. 그렇다면 차라리 물리적 죽음은 우주적 관계에 참여하는, 혼맹을 벗어날 방법일 수도 있다. 그러나 이 책은 자살에 관한 책은 아니기 때문에 이에 대한 이야기는 자세하게 하지 않을 것이다.

---

⑥ 눈을 마주할 수 없다

'어디를 봐야 하지? 너무 눈만 쳐다보고 있는 건 아닐까? 내가 눈을 못 마주쳐서 저 사람이 나를 이상하게 생각하지는 않을까?' 사람과 마주 보고 이야기를 나눌 때면 대화에 집중하기가 어렵다. 마지막으로 대화가 즐겁다고 느꼈던 게 언제였는지 기억도 나지 않는다. 예전에는 상대의 눈을 브고 있다는 생각을 해본 적이 없었던 것 같은데, 언젠가부터 지나치게 의식하고 있다. 그럴수록 나를 탓하게 된다. 나를 탓하면 경직돼버리니까 사람들과는 더 어색해진다. 악순환이다. ─배추의 글

눈을 맞추는 일은 서로를 인지하고 마주하는 일이다. 그러나 혼맹에 빠지면 다른 존재도 자기 자신도 인식할 수 없기 때문에 자연스레 상대의 눈을 쳐다보는 것이 불가능해진다. 많은 은둔고립청년이 다른 사람의 이름을 잘 부르지 않는다. 다른 혼을 인식하고 있지 못해서 벌어지는 일들이다. 어떤 꽃이 피었는지 전혀 보지 못한다거나 주변 환경이 바뀌고 있는 것을 눈치채지 못하는 것도 같은 맥락이다.

존재클럽 멘토 무수　쉬는 시간에 밖에 나가자고 했는데 아무도 안 나가는 거예요. 그래서 혼자 산책을 다녀와 이것저것 사진을 보여줬어요. 능소화 사진을 보여줬

는데, 아무도 꽃 이름을 모르더라고요. 애초에 평소에 궁금해하지도 않았던 느낌이었어요. 능소화는 크고 화려해서 여름이면 한눈에 보이는 꽃인데, 이들한테는 보이지 않았구나. 고립이라는 게 사람과 사람 간의 관계가 단절된 것이기도 하지만, 세상과 자연, 그런 것들이 다 단절된 상황인 것 같다는 생각이 들었어요.

나는 내가 반쯤 죽었다고, 죽을 뻔했다고, 죽을 위기에 처했었다고 생각했다. 그런데 은둔고립청년을 만나며 그게 아닐지도 모르겠다는 생각이 들었다. 죽음에 다양한 스펙트럼이 있다고 말할 수 있을까? 물리적·신체적 소멸만을 죽음이라고 부르지 않아도 괜찮을까? 만약 그럴 수 있다면 혼맹은 죽기 직전인 상태가 아니라, 이미 죽은 상태다. 이 세계에 참여할 수 없는 존재, 관계 위에서 창발創發* 될 수 없는 존재, 고립되어 실존할 수 없는 존재, 시간도 흐르지 않고 위치도 불분명한 존재는 사실상 죽은 것이다.

물론 혼맹 중에 물리적 죽음에 이를 수도 있지만, 혼맹은 단순히 그 과정으로만 치부되어서는 안 된다. 혼맹은 죽음으로 향하는 과정이나 길목에 놓인 중간 지점이 아니다. 그것은 이미 그 자체로 죽음이다. 사회적인 죽음, 즉

---

* 창조와 비슷하지만, 전혀 없는 것으로부터 생성되는 게 아니라 내재된 것에서 발화한다는 의미를 갖고 있다.

사회적 배제와도 다르다. 혼맹은 온 세계에서 소외된, 인간을 포함해 이 세계로부터 쫓겨난 우주적인 죽음이다.

　그러니까 내가 하고 싶은 말은 은둔고립청년은 죽고 싶다는 충동을 느끼는 게 아니라, 일종의 죽은 상태 혹은 죽음을 경험한 상태라는 것이다. 아직 취약하거나 부족하기 때문에, 죽게 될지도 모르기 때문에 도움을 받아야 하는 존재가 아니라, 이미 죽었기 때문에 이 '점'에서부터―혼맹 혹은 죽음에서부터 이야기를 시작해야 한다는 것이다. 점은 나도 모르는 사이에 이미 찍혔다.

이미 죽은 사람들

나를 봐줘

혼맹이 시작된다는 것, 그러니까 점이 찍힌다는 것은 이제부터 모든 게 시작될 거라는 의미다. 그렇다고 혼맹이 한 지점에서 시작돼 또 다른 한 지점에서 끝난다는 뜻은 아니다. 종이에 잉크가 한 방울 떨어지면 그 주위로 농담이 생긴다. 일정하게 연해지는 게 아니라 어느 경계를 기점으로 급격히 색이 빠진다. 디지털 툴과 달리 현실에는 종이가 있기 때문이다. 한 점 안에서도 잉크가 진한 영역과 흐린 영역에는 큰 차이가 생긴다. 완전히 혼맹에 빠진 상태에서는 자신에 대한 자각도 타자에 대한 자각도 없으므로 혼맹에 빠져 있다는 인식도 없다. 그러나 잉크의 농도가 옅어지면, 완전한 혼맹에서는 살짝 빗겨났으나 여전히 혼맹에서 벗어나지 못한 상태가 되면 갑자기 혼맹이, 그에 수반되는 일이, 앞으로 이 책에 나올 모든 것이 순식간에 덮쳐온다.

고립된 상태보다 은둔한 상태에서 더 높은 삶의 만족감을 느낀다는 조사 결과가 나온 것은 이 때문일 것이다.[*] 은둔한 사람들 중 어떤 이들은 아마 정말 단순히 늘어지고 쉬어갈 시간이 필요했을지도 모른다. 그게 아니라면 은둔할 정도로 완전히 혼맹에 들었기 때문에, 어떤 것도 마주할 수 없으므로 괴로움 또한 잘 느끼지 못했을 수도 있다. 은둔 중에는 자신이 어떤 상태인지 알아채기 어렵다. 혼맹은 완전히 혼맹에 든 순간에는 절대로 알아차릴 수 없기 때문이다.

잉크의 농담이 옅어졌을 때 생기는 가장 큰 변화는 자신이 혼맹에 들었다는 사실을 알 수 있게 된다는 것이다. 그러한 사실을 보여주는 여러 신호 중 가장 절박하게 드러나는 신호는 이것이다. 혼맹이라는 것을 아주 직접적으로 드러내는 신호, 내보이거나 표현하지 않을 수도 있지만 사실은 입안에서 계속 맴돌고 있는 말, 내가 만났던 모든 은둔고립청년이 말하거나 온몸으로 내뿜었고 내가 친구를 잃었을 때도 늘 속으로 되뇄던 이야기.

<hr>

[*] 경기복지재단에서 실시한 〈2024 경기도 고립·은둔 청년 실태조사〉에 따르면 '은둔 청년'이 '고립 고위험군 청년'보다 삶의 만족도가 높은 것으로 나타났다. 해당 연구에서는 '은둔 청년'을 보통 집에 있지만 필요에 의해 외출하는 이들로, '고립 고위험군 청년'은 사람을 만나기 위해 또는 일을 위해 가끔 외출하는 이들로 서술하고 있다. 즉 '은둔 청년'은 최소한의 생명 유지를 위한 경우를 제외하고는 거의 외출을 하지 않는 상황으로, '고립 고위험군 청년'은 '은둔 청년'과 달리 사회적 관계가 완전히 단절됐다고 보기 어려운 상황으로 이해할 수 있다.

이미 죽은 사람들

'나를 좀 봐줘.'

'내 얘기를 들어줘.'

'아무도 나에게 관심이 없어.'

'그 누구도 내 말을 들으려고 하지 않아.'

'내가 이렇게 힘든데 아무도 몰라줘.'

당근　（자신을 3인칭으로 지칭하며） 당근이가 겪고 있을 그 고통. 감당 못 할 무게에 짓눌려 있는 애. 그 애 상태가 어떤지 좀 살펴봐야 되지 않나요? 겉으로 보면 모르잖아요. 어떤 사연이 있고 무슨 생각을 하고 속에 무슨 감정이 흘러가고 있는지. 아무도 내가 어떤지 들여다보지를 않아요. 이게 사람살이라는 건가? 너무 야속한 거예요. 아기들은 그냥 뭐든 다 표출하잖아요. 배가 고프면 "으앙" 하고 울어버리잖아요. 딱 그래버리고 싶었어요.

내 혼맹은 친구 개구리가 죽었다는 전화를 받고 버스에서 내렸을 때부터 시작됐던 것 같다. 인문학 공동체로 향하던 아침, 늘 누군가와 마주치곤 했었는데 그날따라 길거리에 아무도 없었다. 나는 엉엉 울며 누군가 나를 봐주기를, 내게 무슨 일이냐고 물어봐주기를 간절하게 바랐다. 그 뒤로도 1년 내내 누군가 내게 괜찮냐고 물어봐줬으면, 지금 마음이 어떤지 들여다봐줬으면 했다. 하지만 아무도 그러지 않았다. 내가 소중한 사람을 그렇게 떠나보냈는데도 사람들은 내게 무심하기만 했다. 아무도 나를 신경써주지 않았고, 나를 빼고도 세상은 잘만 돌아갔다.

내가 혼자인 이유는 아무도 나를 개의치 않기 때문이다. 누구에게도 도움을 청할 수 없는 이유는 내게 관심을 갖는 이가 없기 때문이다. 고립될 수밖에 없는 이유는 내 이야기에 관심을 기울여주는 사람이 없기 때문이다. 아무도 나를 봐주지 않기 때문에 나는 이 세계에 속할 수가 없다.

고구마　가족들에게 주려고 지난 시간에 받은 탄산음료를 집에 가져갔어요. 그런데 오는 동안 가방이 흔들려서 캔을 땄더니 터진 거예요. 다들 이걸 왜 가져왔냐고 타박하더라고요. 막상 음료수는 맛있게 먹으면서요. 가져다줘서 고맙다는 말은 안 하고. 저는 늘 마음으로 가족들을 위하는데, 고맙다는 최소한의 말도 안 돌아와요. 가족들이 나를 봐주기를 바랐는데 점점 바라는 게 없어져요. 집에서 냉정한 척 연기를 하죠.

고구마는 집에서 대부분의 시간을 보낸다. 언니 오빠는 자신을 빼고 밥을 먹으러 가거나 더블데이트를 하고 해외여행도 다닌다. 자신에게는 한 번도 같이 가자고 한 적이 없다. 뜨개질을 해서 작은 선물을 해도 반응은 냉랭하다. 그의 마음은 언니 오빠의 방 한구석에 무심히 내던져

　　　　　　　　　　　　　　이미 죽은 사람들

진다. 남매 사이에서 왕따를 당하는 것이 확실하다. 자신을 꺼내달라는 무언의 신호를 보내는데도 아무도 알아봐주지 않는다. 마음을 들여다봐주지 않는다. 가족들의 냉담한 반응을 이해해보려고 하지만, 사실은 이해할 수 없다.

고구마는 내 앞에서 영영 마르지 않을 것 같은 눈물을 닦으며 서러움을 끝도 없이 털어놓았다. 인터뷰를 끝내기로 했던 시간이 다 돼가는데도 고구마는 계속해서 티슈를 뽑았다. 이미 다음 스케줄에도 한참을 늦은 참이었다. 나는 다음 달에 더 이야기 나누자며 그의 눈물을 여몄다. 고구마를 배웅하며 사과하고, 다음 일정에 도착해서도 사과를 했다.

그 뒤로 존재클럽 프로그램에서 고구마와 몇 번을 마주쳤다. 나는 프로그램에 참석한 그의 이야기를 경청했다. 하지만 쉬는 시간만 되면 우리는 서로를 의식하며 꽤 어색해했다. 나는 끝도 없이 쏟아지는 고구마의 눈물을 맞이할 마음의 준비를 하고 있었다. '다음 인터뷰 뒤에는 일정을 잡지 말아야지. 티슈를 잔뜩 준비해야겠다. 우리에게는 아직 반년이 넘게 남아 있으니까, 계속 듣다 보면 언젠간 눈물이 조금은 마를 수도 있지 않을까?' 하지만 고구마는 다음 일정을 잡지 않았다. 차일피일 미루다가 다른 일로 바쁘다며 존재클럽 프로그램에도 나오지 않았고, 언젠가부터는 더 이상 연락도 되지 않았다.

우리가 어색하게 마주친 한두 번의 시간은 우리에게

공식적으로 주어진 시간 중 극히 일부였다. 그러나 고구마에게는 억겁의 시간이었을지도 모른다. 물론 그에게 정말 바쁜 일이 있었거나 다른 문제가 있었을 수도 있다. 그러나 적어도 나와의 관계에서 그는 빠르게 마음의 문을 열었고, 그보다 곱절은 빠른 속도로 마음의 문을 닫았다. 나는 상처받았고 오랫동안 자책했다. 우리는 서로를 이해할 기회를, 서로를 마주할 기회를 갖지 못했다.

고구마의 이야기를 처음 들을 때는 이렇게 무정한 가족이 있을 수 있나, 하고 생각했다. '무심한 사람들 틈에서 얼마나 힘들까? 이 사회는 서로에게 귀를 기울이지 않는구나.' 그런데 마지막 만남에서 고구마가 모든 상황 속에서 모든 존재에게 소외되고 있다는 이야기를 끝없이 되풀이하자 나는 그의 말을 완전히 믿지 않게 되었다. 정확하게는 고구마의 말을 믿음과 동시에 믿지 않았다. 나는 고구마가 그걸 알아챘을 거라고 생각한다. 죄책감을 갖는 것은 그 때문이다. 그를 전적으로 믿지 않는다는 것을 고구마에게 들켰고, 그와 관련해서 서로를 더 이해할 시간을 갖지 못했다.

이것은 은둔고립청년, 그러니까 혼맹에 빠진 사람을 만날 때 겪게 되는 어려움 중 하나다. 예상치 못한 순간 갑작스레 관계가 끊기고 사라지는 것은 오히려 그 어려움에 수반되는 결과에 가깝다. 진짜 곤란함은 혼을 잃어버린 사람과 눈을 마주쳐야 한다는 데에서, 귀를 맞대야 한다는

　　　　　　　　　　　　　　　　이미 죽은 사람들

데에서, 손을 맞잡아야 한다는 데에서 온다. 자기 자신을 포함한 그 누군가를 마주할 능력이 사라진 사람과 어떻게 마주할 수 있단 말인가? 아무도 마주할 수 없는 사람의 말을 어떻게 이해해야 한단 말인가?

내 경우를 생각해봐도 그렇다. 내가 혼맹에 빠져 있었을 때 나의 말은 분명한 사실이었다. 나는 정말로 혼자였고 누구도 나를 봐주지 않았다. 하지만 그로부터 시간이 꽤 흐른 지금, 나는 그때 내가 했던 말들을 믿지만 동시에 믿지 않는다. 누구도 나를 신경 쓰지 않는다는 것은 사실이지만 사실이 아니었다. 부모님은 늘 내가 잠들었는지 확인하고 잠에 들었다고 했다. 많은 사람들이 나의 눈치를 보고 나를 살피고 있었지만 나는 전혀 몰랐다. 나는 누구도 인식할 수가 없었고, 나를 살피려던 사람들 역시 나를 인식할 수 없었을 것이다. 그래서 우리는 마주할 수 없었다.

아무리 그래도 세상의 모든 존재가 나를 무시할 수는 없다고 믿는다. 그래서 고구마의 상황을 정확하게 알 수 없었음에도 그의 말을 완전히 믿을 수 없었던 것이다. 아무리 물리적으로 만나는 사람이 적고, 운이 나쁘고, 사회가 척박하더라도 온 세상으로부터 무시를 당할 수는 없다. 우리 몸의 근간이 되는 세포들은 계속해서 새로운 물질을 받아들이고 만나며 삶을 지속해간다. 구체적으로는 내가 먹는 쌀을 일군 농부가 있고, 농부의 땅을 일군 미생물과 곤충들이 있다. 그런데도 온 세계로부터 무시당한다고 느끼는 것이다. 어떤 사람은 이들이 인정욕구가 강하기 때문이라고 말할 것이고, 또 어떤 사람들은 어린 시절 채워지지 않은 결핍이 있기 때문이라고 말할 것이다. 그러나 나는 이것이 혼맹의 명백한 증거라고 느낀다.

마　　　절실했었죠. 근데 내 얘기를 들어줄 수 있는, 나와 수다를 나눠줄 수 있는 사람이 없더라고요. 나에게 관심 있는 사람도 없고. 좀 들어주다가도 본인도 친구들이 있으니까 가버려요. 저는 일단 집에 있는 가족들에게 털어놓으려고 시도했는데, 듣기 싫어서 안 듣고 가버리는 것 같아요. 각자의 생활이 있으니까 이해해보려고 하긴 했는데요. 상처를 좀 받았죠. 그래서 혼자 잘 있어야 한다는 것에 더 집착했어요.

내 이야기를 무한정으로, 있는 그대로 들어줄 수 있는 사람은 없다. 어떤 면에서 그런 일은 일어나선 안 된다. 서로에게 한계가 있고 차이가 있기 때문에 대화가 성립할 수 있고 이야기에 의미가 있을 수 있다. 관계의 역동은 거기서 발생한다. 나를 무한정으로 받아줄 수 있는 존재는 나의 복제뿐이다(아마 그래서 많은 은둔고립청년들이 AI와 대화를 나누는 것일지도 모르겠다. AI는 말투부터 원하는 내용까지 내 마음대로 커스터마이징이 가능하다).

이야기를 무한정 들어주는 이가 없다는 것은 문제가

　　　　　　　　　　　　　　　이미 죽은 사람들

되지 않는다. 진짜 문제는 이들이 자기 이야기를 들어주는 사람이 전혀 없다고 '느끼는 것'이다. 그리고 그것은 사실이 아니지만, 동시에 사실이다. 누구도 자신을 봐주지 않는다는 말은 과장이나 거짓말이 아니다. 분명 어떤 존재가 온 세계에서 무시당할 수는 없는데, 이들은 정말로 그런 일을 겪고 있다. 옆에 있는 사람부터 하늘, 땅, 바람의 변화까지도 이들과 마주하지 않는다. 그 어떤 존재도 이들을 불러주지 않고 응답해주지 않는다.

마와 고구마가 가족이 자신을 외면한다는 이야기를 한 것은 가족이 문제의 근본적인 원인이어서가 아니라 오늘날 사회가 핵가족 사회이고 이들이 그나마 만날 수 있는 존재가 가족이기 때문이다. 가족만큼이나 종종 언급되는 대상은 로맨스 상대가 될 수 있는 이성이다.

고구마　제 남매들에게는 어떤 모습이든 지지해주는 애인이 있다는 게 부러워요. 제가 만난 사람들은 다 저의 외모나 몸매 얘기만 했거든요. 그래서 자꾸 로맨스 상대가 될 수 있는지 상대를 시험하게 돼요. 일부러 못난 모습까지 보여주는 거죠. 내가 이런데 이런 나까지 받아줄 사람이 있을까요? 아니, 사실은 누가 나를 좀 받아줬으면 좋겠어요. 내가 나를 못 받아들여서 더 시험하나 봐요.

이성애중심적이자 로맨스가 이상적인 관계로 상정되는 사회에서 이성 연인은 '구세주'가 될 수 있다. 드라마나 영화 속에서 이성은 모든 문제를 해결해주는 역할로 많이 등장한다. 외롭고 괴롭고 인정받지 못하는 나를 따스하게 안아줄 이는 바로 나의 이성 짝꿍이라는 환상이 반복적으로 재현된다. 그러나 당연히 이성 연인이 근본적인 문제를 해결해주지는 않는다. 오히려 '정상가족' 판타지나 이성애중심적 로맨스 판타지는 고립을 불러일으키는 사회 구조의 중심부에 위치한다.

여기서 이야기하고 싶은 것은 어떤 존재도 다른 존재를 100퍼센트 무시하며 혹은 무시당하며 살 수 없는데, 그런 일은 정말로 일어날 수가 없는데, 어떤 이들에게는 일어나고 있다는 것이다. 그러니까 고구마와 마의 이야기는 사실일 수 없는데 사실이다. 나는 그 이야기를 믿을 수 없지만 믿는다. 그들이 엄살을 피우기 때문도 아니고 나약하기 때문도 아니다. 역지사지할 줄 모르는 윤리적 미흡함 때문도 아니다. 혼맹에 빠진 순간에는 정말 아무도 나를 바라봐주지 않고, 무시당하고 지워지기 때문이다.

존재하기의 공포

혼맹에 빠진 사람은 어떤 감정을 느끼게 될까? 무기력이나 외로움이 은둔고립청년의 대표적인 상태로 손꼽히지만, 나는 그보다 공포가 더 앞설 것이라고 생각한다. 물론 은둔고립청년과 공포를 엮어서 이야기하는 것을 피하려는 시도가 있다는 것을 알고 있다. 은둔고립청년 존재 자체를 사회부적응자나 잠재적 범죄자로 호도하는 시각이 있고, 최근에는 그에 대한 반발로 은둔고립청년의 무기력이나 외로움을 주로 이야기함으로써 이미지 변화를 시도하고 있는 것처럼 보인다. 쉽게 포착되지 않는 존재는 언제나 두렵게 그려지기 마련이다. 은둔고립청년이 두려운 존재로 그려지는 것은 우리가 그에 관해 얼마나 무지한지를 보여준다. 그들이 기존의 질서로 얼마나 포착하기가 어려운 존재인지, 무슨 일이 벌어지고 있고 우리가 얼마나 제대로 알고 있지 못한지를 말이다.

반면 은둔고립청년을 무력한 존재로만 그리는 것은 우리가 이 존재를 얼마나 장악하고 컨트롤하고 싶어 하는지를 보여준다. 이 과정에서 은둔고립청년은 무력하기 때문에 사회가 품고 보듬고 보호해야 할 존재로 전락한다. 무력함이 두려움보다 낫다고 단언할 수 있을까? 한국의 장애인들은 '장애우'라는 동정 어린 이름으로 불리는 것을 거부했고, 장애 당사자 작가 일라이 클레어Elie Clare는 '프릭

Freak'이라는 장애인 비하 명칭을 재전유하며 장애인을 동정적이고 수혜적인 대상으로 바라보는 것이 얼마나 이상한 일인지를 드러냈다. 포착할 수 없는 존재를 무력한 존재로 탈바꿈시키는 것은 상대를 대상화해 입맛에 맞게 개조하고 무력화시키는 것이다.

은둔고립청년이 느끼는 공포를 오점이라며 덮어두거나 중요하지 않은 것으로 만드는 일도 마찬가지다. 은둔고립청년이 느끼는 공포는 혼명이 가져오는 중요한 특성이다.

당근　겁이 좀 많죠. 지금처럼 안전한 분위기면 괜찮아요. 그런데 평소에 저는 울렁증을 넘어서 공포증처럼……. 사람을 바로 앞에서 대면하는 게, 사회적 상황에 처하는 게 공포스러운 지경인 거죠.

혼맹 상태인 사람이 느끼는 공포는 일종의 생존에 관한 공포다. 살아 있지만 동시에 죽은 존재가 겪게 되는 생존에 대한 공포. 혼을 마주하지 못하는 것은 몹시 무서운 일이다. 내가 꾼 최악의 악몽은 혼을 마주하지 못하는 꿈이었다. 사람을 죽이거나 내가 살해당하거나, 도망가거나 떨어지거나 집이 불에 타거나, 영화 〈혹성탈출〉을 본 뒤에 꾼 유인원에 의해 지구가 정복당하는 꿈은 그에 비하면 아무것도 아니었다.

꿈속에서 나는 가위눌리는 꿈에서 막 깨어난 상태였

　　　　　　　　　　　　　　　　　　이미 죽은 사람들

다. 너무 괴로웠기 때문에 엄마를 깨우려 계속 건드렸다. 엄마는 잠자리가 예민한 사람인데도 끝까지 깨어나지 않았다. 엄마는 살아 있었지만 내 손길을 느끼지 못했고 내 혼을 인식할 수 없었다. 마치 내가 없는 사람인 것처럼, 나란 존재가 인식될 수 없는 것처럼. 꿈속에서 나는 살아 있었지만 완벽하게 사라진 상태로 엄마 옆에 나란히 누워서 깰 수도 움직일 수도 없는 상태로 갇혀 있었다.

우리가 식당에서 밥을 먹을 수 있는 것은 여기에 독이 들지 않았다고 생각하기 때문이다. 도보 위를 걸을 수 있는 것은 땅 속에 폭탄이 설치돼 있지 않다고 생각하기 때문이다. 만약 독이 어디 들어 있을지 알 수 없고, 폭탄이 어디 설치돼 있을지 알 수 없다면 먹는 것도 걷는 것도 모두 공포스러워진다. 세상을 마주할 수 없다는 것은, 나도 다른 존재도 인식할 수 없다는 것은 어떤 존재든 나를 해칠 수 있다고 느끼는 것이기도 하다. 혼맹에 빠져서 생명이 물리적으로 위태로워지는 것은 이러한 상황과 밀접한 관련이 있다. 누가 나를 해칠지 알 수 없기 때문에, 혼을 돌려줄 수 없기 때문에 물리적 죽음에 이르게 될 가능성도 생긴다. 그렇기 때문에 은둔고립청년이 느끼는 공포가 허황되다거나 환상에 가깝다고만 말할 수는 없다. 《숲은 생각한다》의 저자 에두아르도 콘은 시선을 돌려주지 못하는 상황의 위험을 언급하며 이렇게 책을 시작한다.

수마코 화산 기슭에 있는 사냥 캠프의 초가지붕 아래서 엎드려 누워 있는데, 후아니쿠가 내게 다가와 경고했다. '반듯이 누워 자! 그래야 재규어가 왔을 때 그 녀석을 마주 볼 수 있어. 재규어는 그걸 알아보고 너를 괴롭히지 않을 거야. 엎드려 자면 재규어는 너를 아이차(먹잇감)로 여기고 공격한다고.[*]

물론 한국은 아마존이 아니니, 자다가 재규어를 만날 일은 없을 것이다. 그렇다고 삶 속에 죽음이 내재돼 있지 않은 건 아니다. 형태는 아마존과 다를지 몰라도 죽음의 위험은 우리 주위에도 산재해 있으며, 위험은 인과론적·논리적으로 이해할 수 없는 방식으로 나타나 우리를 압도한다. 그렇기 때문에 혼을 주고받을 수 없다면, 내가 발 딛고 있는 땅과 분리되며 곤경에 처하게 되는 것이다. 혼맹을 자각한 사람은 자신이 그러한 상태에 있다는 걸 알고 있다.

마　　집에만 있던 시기가 길어지니까 모든 게 무섭고 온몸에 날이 서 있었어요. 안으로도 밖으로도. 으랜만에 친척들을 만나면 그렇게 어렵고 무섭더라고요. "너는 일 안 해?", "앞으로 뭐 할 거야?" 그 말들이 너무 무섭고 스스로가 수치스러웠어요.

---

[*]　에두아르도 콘, 《숲은 생각한다》, 차은정 옮김, 사월의책, 2018, 11쪽

듣기 싫은 잔소리에 짜증을 내거나 질색을 하는 게
아니라 공포를 느낀다. 마에게 친척들의 일하지 않느냐는
말, 앞으로 뭘 할 거냐는 말은 거의 칼부림이나 다름이 없
었다. 모든 존재는 적이 될 수 있고, 그들의 언행은 나의
존재를 위태롭게 하는 공격이 될 수 있다. 이 공격을 피해
마는 일자리를 구했지만, 이내 친척에게 받았던 공격보다
더 큰 공격을 받게 됐다.

마　　빨리 돈을 벌어야 한다고 생각해서 일자리를
찾았어요. 어렵게 구한 일을 하는데, 사람들은 제가 생
각한 대로 행동해주지 않잖아요. '내가 집에서 상상했던
타인은 저런 모습이 아니었는데?' 거기서 오는 공포. 일
을 하다가도 조금만 안 좋은 소리를 들으면 내 눈앞에
있는 사람이 나를 죽일 것 같은 느낌? 그래서 다시 집안
으로 숨어서 안 나가고 핸드폰만 했어요.

마는 언제라도 물리적으로 죽임당할지 모른다는 위
협을 느낀다. 나를 언제라도 죽일 수 있는, 죽이고 싶어 하
는 듯한 존재들이 사방에 도사린다. 누가 무슨 말을 했는
지는 부차적인 문제다. 타인의 존재 자체가 나의 존재를
위태롭게 한다. 이것은 망상도 아니고 현실도피도 아니다.
현실이다. 이 세계에 참여할 수 없고 관계 위에서 실존할
수 없는 존재는 생존하는 것만으로도 공포를 느낀다. 혼자

　　　　　　　　　　　　　　　　　　　　　　

가 되면 좀 나을까? 세계로부터 떨어져나와, 어떤 존재도 만나지 않으면 좀 나을까?

마 혼자 있을 때도 좀 불편한 게, 제가 상상을 많이 해요. 그 상상들이 계속 따라다녀요. 혼자 있는 시간이 거의 없는 거죠.

함께할 수 없다면 혼자가 될 수도 없다. 다른 존재를 인식할 수 없다면 나를 인식할 수도 없다. 타자를 피해 숨어도 공포는 사라지지 않는다. 이들에게 아무런 일도 일어나지 않는 것처럼 보일지라도 실제로는 어떤 일이 끊임없이 벌어지고 있다.

청경채 "나 서운해", "이런 점 불편해" 같은 말을 못 해요. 버림받을까 봐. 상대방이 이렇게 말할 것 같아요. '나한테 왜 그렇게 말해? 너 손절.' 사실 그럴 일은 거의 없잖아요. 그런데도 버려질 것 같은 두려움이 너무 커요.

청경채는 사람들이 자신을 언제든 떠날 것이라고 생각한다. 그래서 아무 일도 일어나지 않더라도 버려질 거라는 생존의 위기가 일상을 장악한다. 솔직한 이야기를 한다고 해서 갑자기 사람들이 떠나는 건 아니라고 되뇌 봐도 공포는 늘 청경채의 옆자리를 꿰차고 있다. 이들이 마주하고 있는 세상은 무색무취의 무해한 곳이 아니다. 아무렇게나 늘어져 있어도 괜찮은 안전한 곳도 아니다. 설령 겉으로 보기에 은둔고립청년이 방 안에서 안락하고 편안하게 지내는 것처럼 보일지라도 실상은 그렇지 못하다.

청경채 '왠지 저 사람이 나를 떠날 것 같아.' 이런 의심이 많아요. 상처받을까 봐 제가 먼저 도망가고 관계를 단절시켰어요. 아무한테도 상처받고 싶지 않아. 아무한테도 버려지고 싶지 않아. 다 끊어버렸어요. 스스로를 지키려고 고립을 한 거예요.

은둔고립청년들은 자신을 지키기 위해 은둔고립을 했다는 이야기를 많이 했다. 이 말은 일상에 내재한 생존의 위협으로부터 안전하고 싶다는 뜻이다. 은둔고립청년이 집이나 문 밖을 나가기 어려워하는 것도 같은 맥락에서 이해할 수 있다. 집이나 방은 그나마 덜 공포스러운 공간이다. 그러나 문을 나서면 나를 위협하는 존재들이 득실거린다. 세계는 너무 위협적인데 나는 너무나 나약하다. 나는 먹이사슬 가장 끄트머리에 위치한 존재, 세상에서 가장 약하다고 불리는 이들에게도 생존을 위협당하는 존재인 게 분명하다.

당근 놀리면 놀리는 대로 당하고, 괴롭히면 괴롭히는 대로 당하고. 기숙사 같은 방을 쓰는 동생에게 불 한 번 꺼달라는 말 한마디도 제대로 못 하는 그런 놈이구나. 정말 약하구나. 나는 이제 정말 못 살겠구나. 그런 공포 때문이었을까요? 걷다가 쭈그려 앉아서 무슨 짓을 했냐면, 자살 예방 콜센터에 전화를 했어요.

마　　　“나는 ‘강약약약’이야”라고 말하곤 하거든요. 먹이사슬 제일 밑바닥에 있는 사람 같다는 생각을 많이 해요. 무서워서 화를 못 내고 눈치를 봐요. 저 사람이 나한테 해코지를 하면 어덕하지. 그게 모든 사람한테 해당돼요. 가족들도 마찬가지고요.

얼핏 보기에 괜찮아 보일지라도 은둔고립청년은 실존적인 위험에 처해 있는 경우가 많다. 당근은 학창시절로 돌아가서 괴롭힘당하는 꿈을 자주 꾸는데, 그럴 때마다 매번 겁에 질려서 깬다. 깨고 나서도 한동안은 꿈과 현실은 명확하게 구분하지 못한다. 당근을 괴롭히는 꿈은 그에게 현실이다. 그의 일상에는 그 꿈에 대한 공포가 스며들어 있다. 당근이 꿈 이야기를 하다가 주먹으로 자신의 가슴을 퍽퍽 때린 건 아마도 그 때문일 것이다. 그가 앉은 의자의 바퀴가 뒤로 빠르게 굴러간다. 자기 자신을 때리는 당근의 팔에는 반동이 하나도 브이지 않는다. 오로지 퍽퍽 내리치는 힘만으로 스스로를 뒤로 밀어내고 있다.

　　　　　　　　　　　　　　이미 죽은 사람들

마 역시 자신의 가슴을 때린 적이 있다고 말했다.

마 어느 날은 누워 있는데 가슴이 너무 답답한 거예요. 숨을 쉬어도 잘 쉬어지지 않고. 그래서 주먹으로 가슴을 세게 치면서 숨을 쉬려고 했던 순간이 기억나요.

'가슴을 친다'는 관용구는 답답한 심리 상태를 나타낼 때 사용한다. 그러나 치는 것과 때리는 것은 느낌이 다르다. 가슴은 중요하게 보호돼야 하는 부위 중 하나다. 심장이 그 부근에 있어 생명과 직결돼 있기 때문이다. 당근은 물리적으로 죽을 수 있겠다는 공포를 느낄 때 가슴을 때렸다. 자기 가슴을 때리는 당근의 몸은 마치 벼랑 끝으로 밀리는 것처럼 끝없이 뒤로 밀려났고, 나는 그가 정말로 부서질지도 모르겠다고 생각했다. 마는 숨이 쉬어지지 않을 때 가슴을 때렸고 숨을 토하기 위해 몸부림쳤다. 그러면서 동시에 아직 자신이 살아 있다는 것을 확인했다.

존재를 위협하는 것은 물리적 죽음의 위협, 그러니까 병이나 전쟁 혹은 자연재해뿐만이 아니다. 삶에는 다양한 죽음이 내재돼 있다. 우리는 일상에서 다양한 층위의 죽음을 맞이할 수 있다. 그러나 은둔고립청년이 맞이하는 죽음에는 분명 특이한 점이 있다. 사실상 죽어 있다는 것. 그런데도 또 거의 매 순간 죽음을 맞이한다는 것. 존재 위기의 공포가 일상에 이미 고정된 값이라는 것.

세계에 대한 믿음 부재

시금치는 군대에서 따돌림을 당했다. 시금치가 제식 훈련을 잘 따라가지 못하자 그가 속한 조 전체가 혼나게 됐고, 그때부터 괴롭힘이 시작됐다.

시금치　제 번호가 122번이었거든요. 전 소대에 소문이 났어요. 122번 이상한 놈이다, 모자란 놈이다. 아직도 기억이 나는 순간이 있는데, 훈련 끝마치고 계단을 올라가고 있었어요. 제 앞에 있는 사람이 길을 막고 서 있는 거예요. 비키라고 얘기를 못 하겠더라고요. 근데 뒤에서는 저한테 왜 안 가냐고 욕을 하면서 "뒤질래?" 하는 거예요. 둘이 짠 것 같더라고요. 또 어느 날은 초봄이었는데, 밤이랑 아침에는 기온이 낮았어요. 그때 제가 너무 말라서 추위를 많이 타다 보니까 속에 깔깔이를 입고 있었거든요. 어떤 사람이 "야, 너 깔깔이 입었어?"라고 해서 입었다고 했더니, 갑자기 소리를 지르면서 "야, 얘 봐봐. 얘 이렇게 더운데 깔깔이 입고 있어. 또라이 아니야?" 하는 거예요. 저는 그 사람이 좋은 마음으로 말 걸어준 줄 알았거든요.

시금치가 가지고 있었던 믿음은 이런 것이었다. '사람들이 어떤 행동, 어떤 말을 하든 고의로 나를 파괴하려 하

　이미 죽은 사람들

지는 않을 것이다. 오해가 있을 수 있을지언정 그것은 소통하려는 시도일 것이다.' 그러나 계단 사건과 깔깔이 사건은 시금치의 믿음을 배반했다. 그는 판단을 유보하며 기다렸지만 끝까지 화답은 돌아오지 않았다. 그때까지는 버틸 수 있었다. 동기들과 틀어졌을지라도 훈련소에는 다른 이들, 이를테면 무리를 통솔하는 교관이 남아 있었다. 그래도 어딘가에는 나의 호의에 화답해주는 존재가 있을 거라는 믿음을 잃지 않을 수 있었던 것이다.

그래서 교관마저 그를 고의적으로 괴롭혔다는 확신이 생기자 시금치는 빠르게 무너져버렸다.

시금치 사격 시험을 보고 나면 탄피를 회수해서 반납해야 돼요. 교관이 하나씩 세서 주거든요. [교관에게 받아서] 탄피를 가져갔더니 [책임자가] 개수가 적다고 쌍욕이란 쌍욕은 다 하시는 거예요. 애들 다 있는 데서 소리를 꽥꽥 지르면서요. 특전사 나오셔서 되게 엄한 분이셨거든요. 안 그래도 122번 모자라다고 소문 나 있는데……. 제가 마음 아팠던 건, 아무리 그래도 교관이니까 저를 좀 챙겨줘야 하는데 저 엿 먹으라고 탄피를 몰래 숨겨놨던 거예요. 분명 교관은 탄피 개수가 적다는 걸 알았을 거예요. 아무 말도 안 하시고 주기에 저는 갖다 냈던 거죠. 당시에는 몰랐는데 생각해보니까 그렇더라고요. 저는 교관은 믿었거든요. 저를 약올리지는 않았으니까요. 그런데 교관마저 저한테 그렇게 했다는 것에 충격을 받아서……. 그때부터 사람한테 다가가는 게 무서워진 것 같아요.

시금치는 훈련소의 모든 사람이, 그러니까 그가 속한 세계의 거의 모든 존재가 그를 따돌린다고 느끼기 시작했다. 이 세계에 참여할 수 있다는 믿음을 잃어버린 채 혼맹애 빠져버리고 만 것이다.

세계에 대한 믿음은 얼마나 중요할까? 공자는 당시 공동체를 지키기 위해 필요했던 군대, 식량, 믿음 중에서 단 두 개만 골라야 한다면 무얼 고르겠냐는 제자의 질문에 식량과 믿음을 골랐다. 제자가 다시 둘 중에서 하나를 남겨야 한다면 무얼 남기겠냐고 묻자 공자는 이렇게 답했다.

식량을 버려야 한다. 예로부터 죽음이 있을지언정 사람은 믿음이 없으면 설 수 없다去食 自古皆有死 民無信不立. —《논어》 12편 7장

하루가 멀다하고 전쟁이 나던 시절, 군대와 식량보다 믿음이 더 중요하다는 공자의 말은 지금 봐도 파격적이다. 군대야 전쟁을 공자가 몹시 반대했으니 그럴 수 있다고 쳐도, 식량은 그가 정치에서 가장 중요하다고 여겼던 것 중 하나이기도 했다. 그런데 왜 식량을 먼저 버리라고

　　　　　　　　　　　　　이미 죽은 사람들

했을까? 인간의 삶에 먹고사는 것보다 더 필수적인 게 있다고 생각했기 때문이다. 물리적 죽음은 피할 수 없는 일, 사람이라면 언젠가는 겪게 될 일이다. 그러나 믿음은 문제가 다르다. 사람은 믿음이 없다면 설ㅍ 수 없다. '선다'는 것은 세계의 구성원이 된다는 뜻이다. 믿음이 없다면 우리는 세계에 참여할 수 없다. 존재가 전적으로 부정당하고 쉽게 비참해진다. 살아도 산 것이라고 할 수 없다. 믿음 없이 사는 삶이 물리적인 죽음보다 낫다고 말할 수 없는 것이다.

만약 구체적인 관계 속에서 세계에 참여할 수 없다면, 그러니까 땅 위에 설 수 없다면, 그 발 아래에는 무엇이 있을까? 끝을 가늠조차 할 수 없이 깊은 구멍, 발 딛지 못해서 사라진 시공간, 계속해서 추락하기만 하는 경험, 그러니까 아마도 심연.

[그림 3]은 인터뷰이 중 한 명이 만든 은둔고립 경험을 담은 그림책《ㄴ +》의 첫 페이지다. 그림 속 사람은 두 발을 땅에 단단히 딛다 못해 뿌리를 내렸다. 한자 '立'은 사람이 땅에 두 발을 딛고 서 있는 모습이다. 이 그림 속 사람은 조금 옆으로 기운 '立' 모양이라고 할 수 있다. 하늘에서는 번개가 치고, 사람을 쓰러뜨릴 만큼 강한 비바람이 불고 있다. 그런데도 그림 속 사람은 기뻐하며 이 상황을 즐기고 있다. 그림 위에는 "너는 꽤나 강하고 튼튼해"라고 적혀 있다.

'강하고 튼튼한 나'란 무엇일까? 그림 속 사람은 고요

그림 3 땅에 두 발을 뿌리 내린 사람이 폭풍우 속에서
웃음을 짓고 있다. ⓒ김성진

하고 평화로운 나날을 바라는 것이 아니다. 폭풍우가 잦아
들기를 바라는 것도 아니다. 그가 바라는 것은 마땅히 흔
들려야 할 때 흔들리는 것이다. 이 땅에 설 수 있어야, 발
을 디딜 수 있어야 흔들릴 수도 있고 괴로워할 수도 있고
변화도 느낄 수 있다. 그래야 공간-위치가 생기기 때문이
다. 그래야 시간이 흐르기 때문이며, 공기가 움직이겨 바
람이 일고 물이 기화하며 비구름이 만들어지기 때문이다.
내 세계에 비도 내리고 바람도 불고 번개도 치려면, 흔들
려야 할 것에 마땅히 흔들리려면, 세계의 변화 속에 참여
하려면, 일상적인 하루를 살아가려면 반드시 땅 위에 설
수 있어야 한다.

그렇다면 세계에 믿음이 부재한 세계, 땅 위에 설 수
없고 까마득한 심연만을 발 아래로 내다보는 세계는 어떤
모양일까? 분노를 자아내는 세계다. 누구와도 연결되지

  이미 죽은 사람들

못한 채, 자기 안으로 파고드는 일 외에는 할 수 없을 때, 이 사람은 어떤 자신과 마주할까? 혐오스러운 자신이다.

오이　요즘 분노가 심해졌어요. 화가 커진 것 같아요. 올해 들어서 어머니와 붙어 살기 시작했거든요. 그 영향이 있나 봐요. 아무래도 타인의 평가가 생기니까요. 운동으로든 뭐로든 잘 풀어야겠다는 생각이 들어요. 이 감정이 터지면 주변 사람들이 고통받을 수 있잖아요.

당시 오이는 감정이 폭발하는 것이 고민이었다. 이 폭발은 어머니와 오이가 서로 이해하고 부딪히고 조율하는 사이가 아니라 평가하고 간섭하는 사이이기 때문에 발생했다. 평가하는 사람과 평가당하는 사람, 화를 터뜨리는 사람과 화풀이의 대상이 되는 사람 사이에는 관계라고 부를 만한 것이 없다. 구체적인 관계를 이룰 수 없다면 마주침은 일개의 평가나 낙인으로 전락하기 때문이다. 관계를 맺는 대신 상대의 눈치만 보게 된다.

내가 배우기로 동양철학에서 눈치 보기란 부정적인 일이 아니다. 오히려 말로 드러나는 것, 대놓고 보이는 것 외의 맥락을 알아차리고 대처하는 것은 엄청난 능력이다. 이와 같은 눈치 보기는 일상적인 수양을 통해 길러야 할 역량으로 여겨지기도 한다. 그러나 은둔고립청년은 대부분 눈치 보는 자신의 행동을 부정적으로 인식했다. 왜 일까? 세계에 대한 어떠한 믿음도 없는 상태에서 눈치를 봐야 하기 때문이다.

나도 남도 믿지 못하는 상태에서는 어떤 것도 형태를 이룰 수 없고, 기준이 될 수 없고, 내가 발 디딜 땅이 되어주지 않는다. 타인을 만나면 만날수록, 눈치를 보면 볼수록 세계는 붕괴된다. 당연히 자신도 함께 붕괴된다. 이 경우 눈치 보기란 그저 생존 위기로부터 벗어나기 위한 발버둥에 지나지 않는다. 지금 저 사람이 나를 쳐다보는 데 나쁜 의도가 없다는 것을 어떻게 알 수 있지? 아니, 그 이전에 내가 그걸 알 수나 있나? 나는 나를 믿을 수 있나?

오이 하고 싶은 게 뭔지 모르겠어요. 어딜 가든 잘 해내는 편이었는데, 진짜 하고 싶은 건지 아니면 외부적인 요인 때문에 마음이 움직인 건지 확신이 안 서더라고요. 그러다 보니까 결국 아무것도 안 하게 되는 거예요.

한 사람의 기반이 무너졌다. 땅 위에 서 있지 않기 때문에 지금 서쪽으로 가고 있는 중인지 동쪽으로 가고 있는 중인지, 질퍽한 흙을 밟는 중인지 건조한 아스팔트를 밟는 중인지 알 수가 없다. 사실 어떤 길을 걷더라도 누군가와는—그게 개미일지라도—반드시 함께 걷기 마련이지만, 서 있는 것 자체가 불가능한 상황에서 걷는 것은 언감생심이다. 누군가가 함께 걸으려는 시도는 '외부의 방해' 혹은

　　　　　　　　　　　　　　　　이미 죽은 사람들

'타인의 평가'로만 영원히 축소되고, 그러다 보니 더욱더
움직일 수가 없게 된다. 나의 기반이 서지 않았기 때문에
나도 설 수 없고, 내가 설 수 없기 때문에 기반도 설 수 없
다. 자신을 향해 의심과 불신이 끝없이 이어지는 것은 당
연한 수순이다.

고구마　누가 칭찬을 해줘도 쉽게 믿지 못해요. 저 자
신을 믿지 못하겠어요. 단점은 10개도 적겠는데 장점은
하나도 못 적어요. 장점을 적으려면 눈치를 보게 돼요.
남이 봤을 때는 아닐까 봐요. 그래서 아예 스스로에게
선택지를 안 주려고 해요. 잘 모르겠고 혼란스러워요.
뭘 힘들어하는지도 모르겠어요. 확신이 없고 흔들려요.
누가 뭐라고 얘기하면 '아, 그래?' 하기만 하죠.

'내게 무슨 장점이 있는지 모르겠다.'
'내게 무슨 능력이 있는지 모르겠다.'
'내가 어떤 상태인지 모르겠다.'
'내가 뭘 좋아하는지 모르겠다.'
'내가 왜 이런지 모르겠다.'
'내가 누군지 모르겠다.'

물리적으로 아직 살아 있기 때문에 장례를 치르지 않
았지만, 사회적으로 죽음을 맞이한 것도 아니지만 이것은

분명 죽음이다. 세계에 대한 믿음이 붕괴하고 시공간이 사라진 것은 분명 죽음이다.

당근　　　이 감정이 막 치달을 때는 내가 내가 아닌 것 같은 느낌이 들어요. 거울을 보는데 나 자신이 아닌 것 같은 느낌도 들고. 가끔은 힘없이 누워 있는데 지금까지 겪었던 그 모든 사건기 내 일 같지가 않고, 겪었던 모든 감정이 내 감정 같지가 않고. 그냥 하얀 공간에 덩그러니 놓여져 있는 영혼. 그러니까 아무것도 아닌 존재가 돼서…… '나 뭐지?' 말 그대로 진짜 모르겠는 거예요. 없는 거예요. 무의 상태인 거예요. 이대로 증발해도 이상할 게 없다.

내가 만났던 이들과의 인터뷰를 다시 읽다 보면 마음이 아리기도 하거니와, 슴이 잘 쉬어지지 않는다. 들숨과 날숨은 미세하게 이어지지만 그 주기가 빨라진다. 어쩌면 이것이 은둔고립청년들의 나날일지도 모른다는 생각을 했다. 긴 호흡이 불가능하다. 당장 눈앞의 사실도 믿지 못하고 나의 마음도 내 존재도 의심스럽다. 시간이 흐르지 않고 어떤 사건도 만남도 이뤄지지 않는다. 숨이 너무 가쁜 동시에 제대로 쉬어지지도 않고 내쉬어지지도 않는 리듬에 갇힌다. 두 발은 무중력 상태로 붕 떠 있다. 너도 없고 나도 없고, 어제도 없고 오늘도 없고, 이곳도 없고 저곳도 없다.

　　　　　　　　　　　　　　　이미 죽은 사람들

자기 혐오

직업카드 보드게임 시간, 네 명이 한 조가 되어 앉았다. 책상 위에는 120장의 직업카드가 네 구역에 맞춰 펼쳐져 있다. 사람들은 각각 자신 앞에 놓인 30장의 직업 카드 중에 경험해보고 싶은 직업 카드를 10장 뽑고, 그중에서 다시 3개를 추렸다. 서로 자리를 바꿔가며 이 과정을 네 번 반복했다. 120장의 직업 카드를 모두 살펴본 뒤 손에 12장의 직업 카드를 남기면 된다. 사람들은 다양한 직업을 선택했다. 누군가는 지금 하고 있는 일에 대한 불만을 고려하며 골랐고, 또 다른 누군가는 해보고 싶은 일을 골랐다. 한 번 해봤던 일을 고른 사람도 있고 사회적 지위를 중요하게 생각하며 고른 사람도 있다.

얼마나 다양한 직업이 있는지를 보여주고 스스로의 흥미나 직업 선택의 기준을 살펴보기 위해 마련된 시간이었지만, 호박과 고구마는 이때 전혀 다른 생각을 했다.

호박　능력만 있으면 모두가 하고 싶은 걸 할 수 있는 세상이면 좋겠다고 생각했죠.

고구마　그나마 궁금하고 관심 있는 직업을 고르긴 했는데요. 사실 한숨을 쉬었어요. '이렇게 직업이 많은데 내가 할 수 있는 건 없는 것 같네. 고르는 의미가 있나?'

막막해서 싫었어요. 열등감. 그림의 떡 같은 느낌.

나는 카드에 적힌 직업의 특성을 읽으며 잘할 수 있을 것 같은 직업으로 교수를 뽑았지만, 대학도 나오지 않은 내가 교수가 될 가능성은 거의 없을 것이다. 직업카드에는 번듯해 보이는 직업들이 적혀 있었다. 120개의 직업에 폐지 줍기나 구걸, 생산직 노동자, 페인트공, 세탁업체 노동자는 포함되지 않았다. 호박과 고구마는 직업카드를 뽑으며 좌절감을 느꼈다. '내가 참여할 수 있는 세계가 넓다'고 느낀 것이 아니라, '나는 이 세계에 참여할 수 없다'고 느꼈기 때문이다. 세상에 내 자리가 없다.

사람들은 일하지 않는 청년에게 왜 자신의 몫을 다하지 않느냐고 다그치고 싶어 한다. 어째서 경제적 책무, 즉 자본주의적 '생산'에 최선을 다하지 않느냐고 말이다. 그러나 호박과 고구마는 사회에 자신의 몫이 없다고 느낀다. 호박은 동네의 작은 마트에서 근무한다. 그의 일은 직업카드에 실릴 수 없다. 누군가의 '하고 싶은 일'이 될 수도 없고 특별한 능력이 필요하다고 여겨지지도 않는다. 고구마는 일을 하지 않고 있다. 회사 정규직에서 비정규직으로, 비정규직에서 아르바이트로, 아르바이트에서 백수로 미끄러졌다. 그는 틱 장애를 가지고 있는데, 면접을 보러 가면 늘 그의 틱에 관한 이야기만 듣다가 돌아온다. 누가 이들에게 사회적 역할에 충실하지 않는다고 비난할 수 있을까?

                                        이미 죽은 사람들

조화를 알아서 조화롭기만 하고 예로써 절제하지 않는다면 이 또한 [조화를] 행할 수 없는 것이다知和而和 不以禮節之 亦 不可行也. ─《논어》1편 12장

여기서 '절제한다'는 것은 각자 자신의 자리에서 자신의 몫을 다한다는 뜻이다. 경제적 책무를 다한다는 말이 아니라, 서로의 몫을 존중하면서 그 사이에서 미묘한 조화를 맞춰나간다는 뜻이다. '전체'의 입장에서 누군가 일방적으로 역할을 부과하고 개개인은 부과된 역할을 따르는 것이 아니라, 서로 역할을 존중하고 맞춰나갈 수 있을 때 사회는 조화를 이룬다.

조화로운 사회가 이미 있고, 한 사람 한 사람은 그 사회로부터 개별 몫을 부여받는 것이 아니다. 사람은 자기에게 부과되는 몫을 충실하게 이행하면 되는 부속품이 아니라는 뜻이다. 각자가 귀천과 무관하게 자기 몫을 찾고, 꾸리고, 가꿀 수 있다면 사회는 조화로워진다. 거꾸로 말하자면 조화로운 사회에서는 한 명 한 명이 자신의 자리를 찾고 가꿔나갈 수 있다. 그러므로 자기 자리가 없다고 느끼는 사람이 많다는 것을 의무를 불이행하는 무책임한 사람이 많다는 뜻으로 해석해서는 안 된다. 이 사회가 서로의 역할을 존중하며 조율해가는 과정을 이행하고 있지 못한다고 이해해야 한다.

아무리 미물일지라도 각자에게는 각자의 몫이 있다.

비록 그 몫이 미천해 보일 수도 있지만, 그 미천함은 다분히 인간의 사회적·역사적 맥락 위에서 그려지는 모습일 뿐이다. 과거에는 걸인에게도 걸인의 몫이 있었고, 걸인이 걸인의 몫을 해낼 수 있을 때 사회는 조화롭다고 여겨졌다. 은둔고립청년은 자신의 몫을 다할 수 없고, 자신의 몫을 다할 수 없으니 다른 존재와 호흡을 맞춰갈 수도 없다. 사회가 조화를 잃는 일과 은둔고립청년이 자기 몫을 갖지 못하는 일은 동시에 일어나고 있다.

진로와 직업에 관한 이야기에서 유독 잘 드러났지만, 은둔고립청년들은 도처에서 자신의 몫이 없다고 느꼈다.

시금치　제 몸은 서른인데 정신 연령은 어릴 때 시금치에 머물러 있는 것 같아요. 다른 사람한테 함부로 말도 못 걸고 제 주장도 잘 안 해요. 옆집 초등학생이 항상 먼저 말을 걸어주는데, 저도 인사를 해야지 생각하지만 쑥스러워서 그냥 집에 들어가버려요. 아직까지도 어린아이인 것 같아요. 그동안 자기혐오를 하면서 자책을 많이 했으니, 그 어린아이가 얼마나 마음이 아팠을까요?

시금치는 갈등 상황에서 의견을 내는 가족 구성원이었던 적이 없고, 인사를 먼저 건네는 이웃이었던 적도 없다. 비단 가족이나 이웃 사이에서뿐만이 아니다. 그는 다른 은둔고립청년들을 만나면서도 말을 거는 동료가 되지 못했다. 프로그램 쉬는 시간이면 그는 동료들과 교류할 수가 없어서 헤드셋을 끼고 바쁜 척을 했다. 구체적인 관계에서 구체적인 몫을 맡은 경험이 없기 때문이다. 이것이 그가 스스로를 어린아이라고 생각하는 이유다.

그러나 아무리 자기 몫을 해오지 않았던 사람일지라도, 심지어 스스로를 어린아이라고 지칭할지라도 그를 불쌍하게 여기거나 열외로 둬서는 안 된다. 나는 장애여성학교 한글반 보조강사를 하며 이것을 몸으로 배웠다. 불쌍하게 생각하고, 안쓰럽게 여기고, 대신 해주려고 하고, 과도하게 이해를 베풀려고 하는 대신 화도 내고, 싸우기도 하고, 아닌 건 아니라고 할 수 있어야 한다. 몫이 없었던 사람에게 몫을 되돌려주는 일은 그런 과정에서 일어난다. 누군가를 미숙한 존재로 남겨놓는 것은 그에게서 영영 그의 몫을 빼앗아버리는 일이다.

연민의 대상은 베푸는 모든 것을 감사하게 받아야 하고, 그럴 수 있을 만큼 순수하고 온순해야 한다. 분노할 수도, 질투할 수도, 억울해하거나 원망할 수도 없다. 하지만 은둔고립청년은 분노하고, 질투하고, 억울해하고, 원망한다. 자신의 몫이 없다는 사실에 화를 내고 속상해하고, 타인에게 책임을 함께 지자고 촉구한다.

분노.

깝자 19살 때까지, 그 귀한 시간을 그 좁은 학교 독서실에 갇혀서 비몽사몽하면서 살아왔던 게 통탄스럽다고 해야 되나. 너무…… 너무 화가 나요.

질투.

고구마 이 상황을 내가 만든 게 아닌데 왜 나한테만 이렇게 살게 된 걸 감당하라고 하지? 남들이 활발하게 활동하는 걸 보면 부러워요. 심보가 고약해지죠. 부러워지면서 '나도 그렇게 살고 싶다'. 언니가 취업을 했는데 축하하는 마음이 하나도 들지 않았어요.

억울함.

당근 상담에 가서 얘기를 하면 밑도 끝도 없어요. 하소연이 거의 99퍼센트예요. 지금까지 살아온 시간과 억울한 것들, 견딜 수 없는 것들을 쏟아내느라고.

원망.

토마토 밤에 잠이 안 와서, 새벽 2시에 울면서 메모장에 하고 싶은 말을 썼어요. '실장님 저한테 그러시면 안 되죠.' 이런 걸 막 정신없이 계속 썼어요.

　　　　　　　　　　　　　　　　　　　　이미 죽은 사람들

그리고 여기에는 늘 체념이 따라붙는다. 오래전에 희망은 이미 다 버렸다고, 나는 이 세계가 싫다고, 바꿀 수 있는 건 없다고 체념하는 '척' 한다. 나는 이들이 거짓말한다고 생각하지 않는다. 오히려 어떤 마음을 숨김으로써 자신과 주변 사람들을 보호하는 것처럼 보였다. 이런 자신과 24시간을 함께 살 수는 없으니까. 이런 상태를 아무에게나 보여줄 수 없으니까. 그러면 정말로 혼자 남아버릴 게 뻔하니까.

체념에 따라붙는 또 다른 감정은 회의감이다. 체념한다고 앞선 감정들이 사라지지 않기 때문이다. 이 감정들도 싫고, 체념해야 한다는 것도 싫다. 그냥 모든 것이 다 싫다. 도대체 왜 이런 일이 일어난 걸까? 나는 왜 이런 상황에 처한 걸까? 옴짝달싹할 수 없는 상태에서 분노, 질투, 억울함, 원망, 가짜 체념은 결국 자기혐오로 이어진다. 은둔고립청년은 남들이 자신을 만만하게 대하는 것에 분노하지만, 사실은 자기가 자기를 가장 만만하게 대한다. 온 세상에서 거절당한다고 느끼면서 동시에 나도 나를 거절한다. 세상을 탓하고 싶고 세상을 탓하는 것처럼 보이지만, 정작 제일 많이 탓하고 있는 것은 자신이다.

괴로운 시간이었습니다. 자기 비난과 자기혐오로 점철돼서 (…) 자괴감에 빠져 있다가 현실을 도피했다가의 반복이었습니다. 가끔 안부를 묻는 연락이 왔지만 답장을 할 수 없었습니다. 잘 지내지 못하는 내 상태를 뭐라 밝혀야 할지 몰랐으니까요. 답장이 밀리는 만큼 죄책감과 스스로에 대한 한심함이 쌓여갔습니다. —오이의 글

마　　"할 줄 아는 것도 없는 년 같으니라고" 하면서 저조차 저를 배신했어요. 그게 제일 쉬우니까. 나는 나한테 항상 있고 만만하니까. 할 수 있는 게 저를 탓하는 것뿐이었어요.

시금치　그동안 자기혐오를 많이 했어요. 본인을 사랑할 줄 알아야 뭐든 할 것 같은데, 아직까지도 저 자신을 그렇게 좋게는 안 봐요. 어떻게 해야 저 자신을 사랑할 수 있을지, 그건 지금도 모르겠어요.

시간이 흐르지 않고 발이 땅에 닿지 않을 때, 누구와도 연결되지 못할 때, 세계에 참여하지 못할 때, 자기 몫을 해내며 구체적인 사회를 직조해갈 수 없을 때, 사람은 어떤 세계를 만나게 될까? 자기 자신이다. 누구와도 눈을 맞출 수 없는 사람의 온 세계는 그저 자기 자신이기 때문이다. 설령 가족이나 친구, 사회를 싫어한다고 말할지라도 그것은 모두 혼맹에 빠진 자기 자신의 복제일 뿐이다. 그러므로 온 세계가 싫고 온 세계를 혐오하게 된다면, 그것은 자기혐오가 된다. 자기혐오는 '외부'의 '개입'에 의해 한

　　　　　　　　　　　　　　　　이미 죽은 사람들

사람이 얼마나 붕괴될 수 있는지를 보여주는 지표가 아니다. 외부를 차단하고 '진실된' 자신을 찾는다고 해서 해결할 수 있는 문제도 아니다. 자기혐오는 자기 몫이 없다는 증표, 세계와 호흡을 맞출 수 없다는 증표, 외부도 내부도 없다는 증표, 온 세계가 그저 자기 자신이라는 증표다.

삶에 브레이크를 걸다

브레이크

존재클럽에서 사람들을 만나며 내 머릿속은 온통 '고립'이란 단어로 가득 찼다. 거의 모든 대화에서, 존재클럽과 관계없는 사람들과의 만남에서도 나는 고립이라는 단어를 계속 사용했다. 마치 글자 읽는 법을 처음 배운 어린이가 보이는 간판을 모조리 읽어보는 것처럼 나는 온갖 것을 고립으로 읽어내려고 했다. '친구가 학교를 자퇴하고 괴로운 청소년기를 보냈는데 그게 사실 고립은 아니었을까?', '요즘 소통이라는 말이 너무 자주 사용되는데 이것은 역설적으로 고립이 만연하다는 반증은 아닐까?'

그러다 점차 이런 의문이 들기 시작했다. '고립되는 것이 정말 가능할까? 한 존재가 온전히 고립되는 것이 가능할까? 아무리 사람을 만나지 않는다 해도, 아무리 다른 존재를 차단한다 해도 정말 온전히 혼자가 되는 것이 가능할까?' 물론 나는 은둔고립청년들이 고립되었다는 것을 믿고 있었고 나 역시 혼맹의 경험을 가지고 있었지만, 동시에 존재론적으로 고립되는 것이 가능한지에 대한 의구심을 품고 있었다. 한동안 어렴풋이 인지하고 있었던 이 느낌은 당시 참여하고 있었던 동양철학 세미나에서 구체화됐다.

> 만물의 본성에 고립이란 이치는 없다物無孤立之理.
> —장횡거張橫渠, 《정몽》〈동물편〉

장횡거는 북송시대의 학자로, 주자학*의 기반이 된 사람이다. 그는 이 세계를 역동적으로 이해하는 시각을 제안했다. 음양陰陽, 즉 서로 상보적인 기운의 역동 속에서 만물은 비로소 존재한다는 것이다. 만약 역동이 없다면 아무것도 이루어지지 않는다. 만물은 역동성을 본성으로 가지고 있기 때문이다非同異有無相感, 則不見其成, 不見其成, 則雖物非物.

우리는 관계 속에서, 무수한 역동 속에서 비로소 존재할 수 있다. 역동이라는 것은 내가 누구를 만나고 어떤 관계를 맺는지와도 관련이 있지만, 동시에 관련이 없기도 하다. 왜냐하면 '역동이 있어야 제대로 존재할 수 있는' 것이

---

* 송나라 주희가 집대성한 학문으로, 조선의 유교에 큰 영향을 줬다. 주희는 과거의 학자들을 통해 자신의 학문을 세웠는데, 그 계보에 장횡거가 포함된다.

아니기 때문이다. 모든 존재는 이미 역동 속에서 존재한다. 표면적으로 누구와도 관계를 맺지 못하는 것처럼 보이고 그 자신마저 그렇게 느끼지만, 사실 우리는 이미 어떤 역동 속에 존재하고 있다. 우리 존재는 이치상 고립될 수 없다. 왜냐하면 우주가 그렇게 놔두지 않기 때문이다.

'과학' 영역에서 그것을 밝혀내려고 큰 노력을 기울이고 있고 그럼에도 아직 이것을 완벽히 '합리적'으로 설명할 수 없지만, 우리는 분명 기운이 역동하는 세상에서 살아가고 있음을 안다. 산 위의 물은 바다로 흐르고 수증기는 하늘로 올라가는 역동 속에서, 아침이면 해가 떠오르지만 밤이면 해가 지는 역동 속에서 산다. 이 세상의 존재는 그 누구도 여기로부터 자유로울 수 없다. 한계나 종속으로 느껴질 수도 있는 일이지만, 거꾸로 뒤집어 보면 우리의 뿌리가 되어주리라는 것을 알 수 있다. 그 누구도 고립될 수 없다는 실존적인 뿌리 말이다.

그렇다면, 우리가 실존적으로 고립되는 것이 불가능하다면, 은둔고립청년의 '고립'은 어떤 의미일까? 나는 고대 철학이 행해진 방식, 즉 삶의 양식으로 자기 존재를 표현하고 실현했다는 점에서 착안해 이것을 생각해보고 싶다. 은둔고립청년이라 불리는 사람들은 비슷한 삶의 양식을 가지고 살아간다. 은둔고립청년의 일상은 세계로부터 가능한, 최대한 멀어질 수 있는 방식으로 구성된다. 밥을 제대로 먹지 않고, 잠을 제대로 자지 않고, 해가 뜨는지도

     삶에 브레이크를 걸다

지는지도 모르는 채로, 산과 바다에 어떤 물이 흐르는지 모르는 채로 하루를 보낸다. 어떤 에너지 활동도 하지 않으니 사실상 신체는 반쯤 기능을 멈췄다.

파업도 하지 않고 시위도 하지 않고 성명도 안 낸다. 이론을 발표하는 것도 아니고 권리를 행사하거나 주장하는 것도 아니다. 제도권 정치에서 이들의 존재가 부각되지 않는 이유는 이들이 미숙하거나 미약하기 때문이 아니라, 기존의 방식으로는 은둔고립청년에게 닥친 문제를 해결할 수 없기 때문이다. 일을 할 수 없는데 어떻게 파업을 할까? 나를 대변하는 정치인이 없는데 투표가 얼마나 큰 의미가 있을까? 담론이 나와 만나지 않는데 토론장에서 목소리를 내는 것이 무슨 효과가 있을까? 기존의 방법으로는 문제를 제기할 수도 담론을 생성할 수도 없는 이들은 자기 삶의 양식을 통해 무언가를 표현하고 있다.

고립된 삶은 노동자들의 힘찬 파업처럼 비장하지 않고, 수행자들의 수련처럼 성스럽지도 않다. 오히려 대의나 이론이 함께하지 않는다는 점에서 잡스러워 보이고, 자기도 모르는 사이에 스스로의 목숨을 담보로 걸어버렸다는 점에서 엽기적으로 보인다. 전형적인 저항이라기보단 차라리 파괴적인 행위에 더 가깝고, 새로운 세상을 건설하려 하기보단 함께 파국을 맞고 싶어 하는 것처럼 보인다. 이런데도 숨고 도망치고 사라지는 것에서 어떤 의미를 찾을 수 있을까? 이 질문은 책에서 계속 이어나갈 것이다.

우선 여기서는 고립되는 삶의 양식이 일차적으로 어떤 의미를 갖는지 짚고 넘어가려고 한다. 고립은 잘 굴러가고 있는 줄 알았던 자기 삶에 브레이크를 거는 일이다. 이전에는 움직이고 있는 방향이 있었다. 우리 사회에서 10대 후반부터는 이미 지나온 삶이 쌓여 가속도가 붙으므로 갑자기 삶의 방향을 바꾸기가 쉽지 않다. 그러나 혼맹에 빠지면 모든 일상적 행위가 중지되기 때문에 삶에 급격한 브레이크가 걸리게 된다. 당연하게 여겼던 모든 것을 돌아볼 수밖에 없게 되는 것이다.

이미 가속이 붙어 있는 상태에서 브레이크를 거는 것, 굉장한 파열음을 내면서 온몸이 튕겨져나가는 것, 그래서 모든 걸 다시 돌아보는 것은 분명 괴로운 일이다. 그렇기 때문에 나는 브레이크를 거는 힘은, 혹은 브레이크가 걸린 삶을 살아가는 힘은 분명 능력이라고 주장하고 싶다. 대학원생이었던 오이는 은둔고립청년이 됨으로써 고등학생 때부터 달려왔던 엘리트 코스에서 이탈하게 됐다. 그 코스를 밟다가 자신을 잃어왔다는 것을 안 뒤에야 혼맹에 빠진 게 아니다. 오이는 혼맹에 빠지면서 자신이 무엇을 잃어버렸는지를 깨달았다. 주체적으로 브레이크를 걸었느냐 수동적으로 브레이크가 걸렸느냐는 구분은 무의미하다. 중요한 것은 브레이크가 어떻게 작동하느냐이다.

이들은 자신의 삶에 브레이크를 걸 뿐만 아니라, 존재 자체로도 브레이크가 되어버린다. 윤석열 정부에서 은둔

     삶에 브레이크를 걸다

고립청년 실태조사를 한 뒤 긴급 정책을 발표했을 때, 많은 신문 기사에서 은둔고립청년이 만드는 경제적 손실이 어마어마하다는 내용을 헤드라인으로 뽑았다. 그 손실 금액이 합당하게 측정됐는지는 두 번째 문제다. 은둔고립청년을 주목해야 하는 이유로 경제적 손실을 꼽았다는 것 자체가 그들의 존재가 어떻게 그려지고 있는지를 보여준다. 경제 성장이 예전과 같지 않은 지금, 은둔고립청년은 은근하게 손실의 원인 혹은 해결책으로 지목되고 있다.

은둔고립청년이 경제 문제와 무관하다는 것은 아니다. 다만 내가 하고 싶은 말은 이들의 존재가 기존 사회의 움직임과 어딘가 어긋나고 있다는 것이다. 사회가 부과한 책무를 다하지 않는 존재, 그동안 지속돼왔던 성장 사회를 견인해주지 않는 존재, 뭐라고 불러야 할지 뭐라고 정의해야 할지도 의견이 분분한 존재, 이대로 버리고 갈 수도 없고 그대로 데려갈 수도 없는 존재, 어떻게 해야 원래 자리로 되돌릴 수 있을지 모르겠는 존재. 은둔고립청년은 그야말로 걸림돌이 되어 사람들을 혼란에 빠트리고 관성적으로 굴러가던 것들을 멈추게 만든다.

은둔고립청년이 위험한 존재가 아니라고 사람들을 안심시키는 일에 지나치게 많은 에너지를 쓰는 일을 중단해야 한다. 대신 이해하기 어려운 존재가 있다고, 그래서 두려운 존재가 있다고 인정해야 한다. 우리는 서로를 두려워할 수 있어야 하고, 두려움 안의 기쁨을 느낄 수 있어야 한다. 이미 가지고 있는 프레임에 대상을 욱여넣고 다 안다고 스스로를 위안하지 말아야 한다. 진정한 두려움과 진정한 기쁨의 자리를 자만과 자위에게 내어줘서는 안 된다. 차별, 혐오, 배제는 진정한 두려움과 기쁨을 모르고 자만과 자위만을 즐긴다.

새벽이생추어리*에서 돌봄을 하던 어느 날, 돼지 새벽이 울타리 문을 열고 나와 산 중턱에 서 있었던 적이 있었다. 새벽은 이곳저곳을 탐색하며 즐거워 보였다. 나는 그를 보며 굉장한 두려움을 느꼈다. 내가 아는 새벽은 생추어리 철창 안의 돼지였다. 나는 길 위의 새벽, 더 정확하게는 길 위에 서 있는 돼지 자체를 전혀 알지 못했다. 커다랗고 힘이 센 돼지가 나를 어떻게 생각할지, 무슨 행동을 하려고 할지 예측할 수 없었다. 하지만 나는 그 순간 두려움과 동시에 굉장히 큰 기쁨을 느끼며 흥분했다. 드디어 새벽이 내가 알던 '돼지'에서 벗어나 하나의 생명체가 되었기 때문이었다. 그때 나와 새벽은 인간과 인간이 보호하는 돼지가 아니라, 길 위에서 조우한 생명과 생명이 되었다.

자기 삶에 브레이크를 걸어버린 낯설고 이상한 존재

---

* '생추어리Sanctuary'란 '보호구역', '피난처', '안식처'라는 뜻이다. 새벽이생추어리는 2020년 만들어진 국내 첫 동물 생추어리로, 축산업 생존동물 새벽과 동물실험실 생존동물 잔디가 평생 머물 집이자 동물 착취 산업에 목소리를 내는 동물권 단체이다.

삶에 브레이크를 걸다

가 있다는 사실을 받아들여야 한다. 우리가 이미 다 안다고 여기며 놓친 것은 없었는지 들여다봐야 한다. 스스로 브레이크가 되어버린 이들이 자신의 존재를 걸고 무슨 이야기를 하고자 하는지 살펴봐야 한다. 이것은 두려운 일이다. 그래서 기쁜 일이다. 상대를 '복제된 나'로 인식하지 않고 서로의 혼을 마주할 수 있는 기회이기 때문이다. 그래야만 여기에서 이상한 일이 일어나고 있다는 것을 알아차릴 수 있다. 많은 순간 자신과 세계를 부정하던 이들이지만, 자신의 존재를 지우고 숨기고 버거워하던 이들이지만, 어떤 순간에는 생명력을 강하게 발산하며 이전과 조금 다른 이야기를 한다는 사실을 말이다.

고구마　내 친구들은 다 기준에 맞는 인생을 사는 것 같아요. 저는 뒤처지는 것 같고요. 저도 친구들처럼 살고 싶어요. 그런데 '꼭 그래야 하나?' 하는 생각도 들어요.

호박　IT 회사를 다니다 우울증에 걸려서 3년을 쉬었어요. 빨리 나을 것 같지가 않아요. 그런데 우울증에 걸리지 않았다면 제가 아예 썩어 문드러졌을 거예요.

마　최근에는 그런 생각을 하고 있어요. 아무것도 안 해도 된다. (아주 작은 목소리로 흐릿하게) 그래도 되지 않나……? (큰 목소리로 분명하게) 아무것도 안 해도 되지!

은둔고립청년에 관한 강의를 들으러 갔을 때였다. 방명록을 보니 그곳에 온 대부분의 사람들이 복지 관련 종사자였다. 유일하게 나만 프리랜서라고 적었고, 또 한 사람이 당사자라고 적어두었다. 그간 내가 봤던 연구원들이나 사회복지 종사자들은 온 마음으로 은둔고립청년 문제를 해결하고 싶어하는 것 같았다. 이 일을 하며 속상해서 많이 울었다고 이야기하는 사람들도 있었다. 그날 강사도 그런 분이었다.

나는 남몰래 함께 눈물을 훔치며 열심히 강의를 들었다. 강의가 무사히 끝나고 질문을 받는 시간이 되자, 내 바로 뒷자리에 앉아 있었던 사람이 손을 들었다. 나는 열정이 넘쳤으므로 일찍 와서 첫 줄에 앉아 있었는데, 그도 역시 나만큼이나 열정이 넘치는지 바로 내 뒷자리를 차지하고 있었다. 그는 마이크를 건네받자마자 연단 위로 뛰어올랐다. 자신은 은둔고립청년 당사자이며, 자기가 지금부터 할 이야기는 질문이 아니라는 말로 포문을 열었다. 나중에 알게 된 사실이지만 그는 극작가 출신이었다. 이 상황에서 어떻게 행동하는 게 극적으로 보일지 잘 알고 있는 사람이었다. 나는 너무 놀라 그의 이야기를 녹음할 생각을 하지 못했다. 당시 메모했던 것들을 입말로 재구성해 이곳에 옮겨본다.

저는 은둔을 3년 했던 당사자입니다. 한 해 동안 자살한 사람의 수가 얼마나 되시는지 아십니까? 코로나19 팬데믹 기간 동안 죽은 사람과 같습니다. 아무리 우리가 바이러스가 위험하다고 느끼고 두려워한다고들 하지만, 이미 바이러스보다 더 큰 위험이 존재합니다. 우리가 정말로 이런 곳에 나와서 화분 만들기 같은 것을 하고 싶어 한다고, 그것으로 이 문제가 해결될 거라고 생각하십니까? 자살에 관한 해결책을 강구하는 것이 옳다고 생각하십니까? 그만큼 사람이 죽어간다는 건 사회가 병들어 있다는 것입니다. 여기 와 있는 분들도 현재 고립되지 않은 것뿐입니다. 지금 고립된 사람들도 사람을 사람으로 만날 수 있는 곳으로 가면 고립되지 않을 수 있는 이들입니다.

이 사람들은 왜 고립이 될까요? 제 생각엔 사람을 만날 기회가 없어서, 사회적 자본이 없어서라고 생각합니다. 공간이 부족해서 사람을 안 만난다는 건 말이 안 됩니다. 만나고 싶지 않기 때문에 안 만나는 겁니다. 사람다운 사람이 없습니다. 어디를 가더라도 인간관계라는 것이 무지막지하게 파편화돼 있습니다. 취업을 시키고 일을 시켜도, 아무리 그렇게 끌어내도 달라지는 것은 없습니다. 경제적인 이유 때문에 고립된다는 조사 결과를 내셨고, 교통비라도 지원해줘야 한다고 말하셨지요. 물론 경제적 지원이 필요한 사람이 있을 수도 있습니다. 커피 한 잔 못 먹어서 은둔하는 사람이 있을 수도 있겠지요. 하지만 사람을 만나고 싶다면 돈을 벌어서라도 만날 것입니다.

뒤로 많이 물러나서 근본적인 문제가 무엇인지 볼 수 있어야 합니다. 예의, 존중, 배려 같은 키워드들 때문에 문제 해결 방식에서 멀어지고 있습니다. 이걸 해결할 수 있으려면 저는 다소 무례해야 한다고 생각합니다. 무례할 수 있는 공간, 도덕적으로 모난 지점이 있다고 하더라도 그에 대한 이야기를 나눌 수 있는 공간이 있어야 합니다. 연구원님께서 경로당 이야기를 하시며, 청년들에게도 그런 공간이 필요하다고 하셨지요. 전국에 생기고 있는 청년 공간도 언급하셨습니다. 복지 지원기관들이 구역별로 잘 되어 있지만 청년이 진입을 못 하고 있다고요. 노인들에게는 경로당이 해결책이 될 수 있으리라고 생각합니다. 그 사람들은 그런 시대를 살았고, 관계 회복을 할 줄 아니까요. 하지만 청년 세대는 그게 안 됩니다. 그래서 청년 공간은 경로당처럼 될 수 없습니다. 사람끼리 만날 수 있는 문화적인 장이 필요합니다.

정면 박치기였다. 그는 꽤 긴 시간 동안 이야기를 했다. 아무도 제지하지 않았지만, 발표가 끝나자 장내는 놀라울 정도로 싸해졌다. 그제야 나는 여기 모인 사람들이 대부분 복지 관련 종사자 혹은 실무자라는 것, 이 행사를 연 곳의 성과를 강조하는 데 꽤 많은 시간이 배정되어 있었다는 것, 한여름의 무더위에도 강연자가 입은 고급 리넨 정

   삶에 브레이크를 걸다

장은 방금 막 세탁소에서 가져온 듯 우아하다는 것을 알아
차렸다.

　마이크를 돌려받은 강연자는 한편으로 그를 격려했
다. 사람들 앞에서 고립 경험을 말할 수 있는 사람이 거의
없다며, 그걸 이야기할 수 있다니 너무 대단하다고 말이다
(내가 있었던 존재클럽에서는 많은 사람들이 자신의 경험을 공
식적인 자리에서 이야기했다. 나는 그 강연자의 격려가 그를 위
로하기 위해 지어낸 말이라고 생각하지는 않는다. 아마 현장마
다 할 수 있는 경험이 달랐을 것이다). 또 다른 한편으로는 자
신과 그 사이에 선을 분명히 그었다. 본인이 하는 이야기
는 국가 차원에서 하는 이야기이고 당신의 이야기는 제삼
의 섹션에서 나누면 되는 이야기라고 말이다.

　연구원의 짧은 코멘트가 끝나자마자 복지 관련 종사
자들이 연구원에게 질문을 이어갔다. 많은 사람들이 현장
에서 길을 잃었다고 느낀다며 조언을 얻고자 했다. 당사
자인 그의 이야기를 받아 이어나가는 사람은 한 명도 없
었다. 행사가 끝나고 우리는 함께 지하철역으로 걸어갔다.
나는 10분이 안 되는 짧은 시간 동안 그의 이야기를 이어
들으며 연락처까지 받을 수 있었다. 그에게 관심을 갖는
사람이 나밖에 없었기 때문이다.

　밖에서 10초만 걸어도 땀이 나는 한여름이었다. 이 더
위에 강의를 열고, 진행하고, 들으러 온 사람들의 마음을
나는 의심하지 않는다. 그 자리에 있었던 사람들 모두가

열정을 가지고 있었고, 무언가를 해보기 위해 애쓰고 있었다. 그러나 그 마음들이 사실인 것만큼 이 당사자가 발표로 얻은 유일한 반응이 '참 잘했어요' 도장이었다는 것도 사실이었다. 아무도 그의 혼을 마주하지 않았고, 그는 순식간에 불청객으로 강등됐으며, 그의 이야기는 완벽하게 증발되었다.

개인이라는 허상

은둔고립청년을 만나고 있다고 말하면 사람들은 왜 그런 일이 벌어지고 있는지 궁금해한다. 은둔고립 현장에 있는 많은 사람들이 이 질문을 불편해하면서 고립은 인생에 수반되는 자연스러운 과정이라고 설명하는 것을 봤다. 생애주기별 고립의 원인도 나와 있는 마당에 청년의 경우라고 너무 남 일처럼 보지 말고, 대상화하지 말아달라는 의미일 것이다.

그러나 내 생각은 조금 다르다. 나는 사람들이 질문 뒤에 숨어서 공격을 하는 게 아니라, 정말 궁금해서 묻는다고 생각한다. 왜 은둔고립을 하게 되었는지, 왜 그런 이름이 붙는 청년이 그렇게 많은지 사람들은 정말 모른다. 나도 그걸 몰랐기 때문에 같은 질문을 했었다. 만약 이것이 누구나 겪을 수 있는 경험이라면, 왜 하필 특정한 세대에게 이 명칭이 붙었을까? 이 질문에 답하기 위해 인과를 무리하게 설명하지는 않을 것이다. 너무 복잡하기 때문에 내가 다 알 수도 없다. 나는 다만 이 질문으로부터 우리가 어떤 상황에 놓여 있는지를 돌이켜보고 싶다. 우리 사회가 어디로 가고 있는지를 묻고 싶다. 도대체 어떤 토양에서 어떤 생명들이 어떻게 살아가고 있는 것일까?

앞서 언급한 당사자의 말 중에서 나는 특히 경로당에 대한 이야기에 크게 공감했다. 수영장에 오래 다니면서 어르신들은 어디에 모여도 관계망을 구축할 수 있다는 걸 알게 됐다. 내가 다니는 반은 보통 그 수영장의 가장 높은 레벨인데, 그런 반에는 10년씩 수영장에 다닌 장년과 노년이 대거 포진해 있기 마련이다. 그들은 서로의 건강과 가족사를 챙겨주고, 함께 운동할 수 있게 격려하며, 등을 밀어주고 제철 음식을 나누어 먹는다.

장년과 노년의 사람들이 수영장에서 이런 관계망을 만들 수 있는 것은 서로에게 아주 강하게 밀어붙이고 또 열심히 받아주기 때문이다. 젊은 수영인들은 보통 이 등살을 버거워한다. 온라인 수영 커뮤니티에서는 연령대가 낮을수록 이것을 '텃세'나 '오지랖'이라고 부르며 불편해하는 경우가 대부분이다. 나도 마찬가지라서, 반 사람들끼리 끈끈한 곳에서는 오래 버티지 못한다. 차라리 데면데면한 게 낫다. 이 문화에 적응한 또래를 딱 한 명 봤었는데, 그는 기독교 커뮤니티가 삶의 중심인 사람으로 이미 그 문화에 상당히 단련돼 있는 사람이었다.

이 감각의 차이는 길거리에서도 느낄 수 있다. 모르는 사람에게 담뱃불을 빌리거나 길을 물을 수 있는 사람이 있고, 그럴 수 없어서 라이터를 사거나 지도 앱을 켜는 사람이 있다. 이 두 사람의 세계는 너무 다르다. 후자는 누군가 길거리에서 말을 걸면 "네?" 하며 경계할 가능성이 크다. "시간 좀 내주세요" 하며 말을 걸어오는 수상한 이를 만나면 쌩하니 무시할지도 모른다. 그게 아니라면 이 사람이 무슨 의도를 가지고 접근했는지 집요하게 의심하고 또 의심해야 한다. 경계를 늦추지 않는 일은 몹시 고된 일이다. 그걸 알기 때문에 자신도 낯선 이에게 말 걸기를 망설이는 것이다.

낯선 존재가 나의 등살을 받아줄 수 있으리라는 믿음이 있는 사람과 낯선 존재는 내게 위협적이라고 의심부터 하는 사람의 세계에는 큰 차이가 있다. 후자는 실제로 구체적인 세계를 꾸리고 가꾸고 참여해본 경험이, 그러니까 공동체를 꾸려본 경험이 극도로 적을 가능성이 있다. 공동체 관계를 꾸려본 경험이 없다면, 이 세계에 직접적으로 참여해본 감각이 없다면 사람은 쉽게 방관자가 되어버린다. 구체적인 관계 속에 존재하는 방법을 몰라서 스스로를 자꾸 제삼지대에 유보해놓는 것이다. 이것 또한 고립된 사람이 보이는 모습 중 하나다.

방관자는 비판이나 합리성으로 자신의 상태를 정당

화한다. 문제는 언제나 당신들에게 있고, 나에게는 언제나 합리적인 이유가 있다는 식이다. 동시에 계속해서 방관자로만 살아갈 수는 없기 때문에, 세계에 참여하기 위해 그간 교육받은 것을 적극 이용한다. 가족이나 이성애 로맨스에 지나치게 의존하거나 경제적 조건에 집착하게 되는 것이다. 이것이 이들로 하여금 세계에 참여하고 있다는 착각을 불러일으키게 한다. 그러나 사실은 서로를 신뢰하는 법도, 공동체와 관계를 가꿔나가는 법도, 그걸 할 수 있다는 자신감도 잃어버렸다는 사실을 방증할 뿐이다.

그래서 사람들은 너무 쉽고 간편하게 '진짜 나'를 잃어버렸다거나 찾아야 한다고 생각하게 된다. 자신의 '외부'에 있는 관계가 '진짜 나'를 찾지 못하게 하기 때문에, '외부'의 '개입'을 최소화해야 한다고 말이다. '진짜 나'를 찾아내라는 명령이 사회에 늘 존재한다. 그 담론에서 불행은 '가짜 나'이기 때문에 발생하는 것이고, 행복은 '진짜 나'일 때 얻을 수 있는 것이 된다. 마 역시 다시 은둔하게 되었을 때 그 원인을 '외부'로 지목했다. '외부'에 지나치게 끌려다녔기 때문에 '진짜 나'를 보지 못했다는 것이다.

마　　원래 오랫동안 안 움직이던 사람이니까, 작년에 너무 많은 걸 하다 보니까 번아웃이 온 거예요. 그래서…… 괜찮다가…… 꺾였어요. 가입한 커뮤니티 활동도 안 하고 계속 집에서만 지내면서 상담 선생님과 이야기하며 느낀 게, 저는 반드시 혼자만의 시간이 필요한 사람이라는 거예요. 신나서 이것저것 하고 약속을 잡다 보니까 저 자신을 아예 신경 못 쓴 것 같아요.

마의 회고를 듣고 나는 혼란스러웠다. 그가 이전에 했던 이야기를 똑같이 반복하고 있는데도 이제야 비로소 '진실'을 찾게 된 것처럼 말했기 때문이다. 이날 마는 이전에는 상태가 좋았는데 일과 사람, 즉 '외부'에 치여 '나'를 보지 못했기 때문에 다시 은둔하게 된 것이라고 설명했다. 그러나 반년 전 '번아웃'이 오지 않았던 시기에 내가 바쁘냐고 묻자 마는 이렇게 대답했었다.

마　　　제가 뭔가를 두드리지 않으면 생기지 않더라고요. 그래서 외부 일정이 많지는 않아요. 요새 집에 있는 게 너무 좋기도 하고요. 왜냐하면 혼자서 할 게 너무 많으니까 (웃음) 집에 있는 게 너~무 행복해요. 명상하면서 매일 나를 마주하고 있어요. 내가 나를 보고 있는 게 정말 기분이 좋더라고요. 으하하.

반년 전 마는 바쁜 시기를 한참 전에 지나보낸 뒤 별다른 일정을 잡지 않고 집에서 혼자 시간을 보내고 있었다. 그때도 이미 집에서 지내는 시간을 즐거워하고 있었고, '외부'가 사라진 덕에 진짜 '나'를 찾았다고 말했다. '외부'에 의해 괴로워하다기보단, '외부'를 차단한 모습에 더 가까워 보였다. 우리는 인터뷰 외에도 다른 일로 만나 주기적으로 이야기를 나누고 있었기 때문에 나는 그 이후로도 마가 외부 활동을 더 하지 않았다는 사실을 알고 있었다.

그러니까 정리하면 마는 지난 인터뷰에서도 이번 인터뷰에서도 혼자서도 잘 지내고 있다고 느끼고 있었고 그런 삶이 행복하다고도 말했다. 그럼에도 두 시기 사이에 은둔하거나 고립감을 느끼는 일이 반복됐다. 그러자 그는 그 원인으로 '진짜 나'가 될 수 없게 방해하는 '외부'를 지목했다. 하지만 '외부'의 실체를 찾을 수 없었기 때문에 '외부'를 차단하고 있었던 시기를 '외부'에 의해 침해당했던 시기라고 명명할 수밖에 없었다. 그리고 언제나처럼 해결책은 혼자가 되는 것, 그러니까 '외부'의 침입을 막아내고 '진짜 나'가 되는 것이라고 결론을 내렸다.

그는 인터뷰 내내 계속 혼자 잘 지내는 것이 얼마나 좋은지, '외부'의 침입을 받지 않고 '진짜 나'로 행복하게 사는 법이 무엇인지에 대해서 이야기했다. 그 과정에서 과거는 각색됐다. 과거의 자신을 '진짜 나'가 되지 못했던 사람이라고, 현재의 자신을 '진짜 나'가 된 사람이라고 생각했다. 과거에도 '진짜 나'가 되었다고 호언장담했음에도 말이다. 그 과정에서 과거에 느꼈던 마음, 교류했던 관계는 무의미한 것이 됐다.

　　　　　　　　　　　　　　　개인이라는 허상

마　　　예전에 제가 강연도 했었거든요? 그런데 이런 식으로 내 얘기를 하는 게 도움이 안 될 것 같았어요. 뭐라고 해야 하지, 잡소리? 제가 하는 이야기는 쓸데없는 거라고 생각했어요.

그러나 그 강연은 마가 반년 전에 이렇게 소감을 밝힌 일이었다.

마　　　[강연에 와서] 짐을 내려두고 가셨으면 좋겠다는 마음이 있었거든요. 과분하게도 그런 마음이 있었어요. 수다를 떠시면서 다 내려놓고 가벼운 마음으로 집에 가셨으면 좋겠다. 저는 수다라는 걸 굉장히 좋게 보거든요. 사소한 거라도 내가 오늘 뭘 먹었고 상태가 어떻고 이런 걸 공유하는 게, 다른 사람에게는 일상일 수도 있지만 집에서 혼자 지내는 분들에게는 엄청나게 큰일이라고 생각해요.

이런 모순은 관계에서 분리시킨 '진짜 나'라는 허구를 만들어내, 나라는 존재를 공동체와 자꾸 떨어뜨려놓으려 할 때 발생할 수 있는 오류 같아 보였다. 앞으로도 마는 문제는 '외부'에, 해결책은 '진짜 나'에 두려고 하지 않을까? 마는 왜 자꾸 자신이 맺어왔던 관계를 부정하고 혼자 잘 살 수 있어야 한다고, 그러니까 '진짜 나'가 되어야 한다고 반복해서 이야기할까? '혼자 잘 살기'는 그가 중요하게 여기는 키워드 중 하나다. 그는 '혼자 잘 살기'를 힘들어하면서도 계속 도전해왔다. 그러나 다른 한편으로 이것은 마가 익숙하게 사용해 온 언어 습관이자 사고 습관이었다.

마　　혼자 잘 사는 것에 대한 갈망이 컸어요. 왜냐하면 그동안 너무 사람한테 집착했거든요. 그러면서 별거 아닌 거에 상처받았어서. 혼자 살아야 한다는 것에 집착했어요.

마에게 혼자 잘 살 수 있어야 한다는 말은 그가 관계에 지나치게 휘둘렸던 시간을 후회한다는 말과 같은 뜻이다. 그렇다면 관계를 끊으면 이 문제가 해결될까? 그렇지 않다. '진짜 나'로는 돌파하지 못하는 문제가 있다. '진짜 나'를 찾아야 한다는 사회적 명령은 표적을 너무 쉽게 '외부'로 돌린다. 그러나 '외부'를 문제 삼는 것은, 그러니까 '외부'를 나라는 존재에서 분리시키는 것은 결국 화살을 자신에게로 돌리는 것이나 마찬가지다. '외부'와 독립적인 '진짜 나'는 사실 허상이기 때문이다. '외부'와 분리될수록 '나'라는 존재는 점점 수렁에 빠진다. 그때부터 진짜 문제는 '외부'가 아니라 '나'라는 난제를 풀지 못하는 자기 자신이 되어버린다(사실 이 상황에서 '진짜 나'가 되는 것에 사로잡히지 않는다면, 마에게는 이미 변화가 생겼다는 걸 알아차릴 수

　　　　　　　　　　개인이라는 허상

있다. 그 내용은 2장에서 이어진다).

세상 어떤 존재도 고립될 수 없고, 세상 어떤 존재도 혼자 잘 사는 것은 불가능하다. 어떤 관계망도 없는 진공 상태에 나를 놓는 것이 무슨 의미가 있을까? 공기의 저항이 없는 실험실에서 사고실험을 계속하는 것만큼이나 무의미한 일이다. 그러나 사회는 마치 그것이 가능하다는 듯, 심지어는 그것이 많은 문제의 해결책이 될 것이라는 듯 자꾸 해낼 것을 요구한다. 이미 지나치게 '개인'이 되어버렸는데 더욱더 '진짜 개인'이 되라고 요구한다. 그러나 관계에 휘둘리지 않으면서 잘 살기 위해서는 역설적으로 다른 존재들에게 잘 의지할 수 있어야 한다. 이것이 '선다ㅍ'는 것이다. 독립은 세계에 관한 믿음이 있어야 가능하다. 독립은 고립이 아니다. 혼자서는 결코 설 수 없다. 여러 존재들과 함께 어우러지는 것이 혼자일 때도 잘 살 수 있는 유일한 방법이다. 개인주의는 이 상황을 악화시킬 뿐, 어떤 해결책도 제시할 수 없다.

물론 폭력적이고 일방적인 국수주의나 가부장제 등은 분명 큰 문제이다. 그렇다고 우리가 가진 공동체적 토양 자체를 문제라고 말해서는 안 된다. 오늘날의 생태적 위기를 극복하기 위해 유학에서 힘을 빌리려는 책《유학사상과 생태학》에서는 책의 기획을 소개하며 이런 자성적인 이야기를 덧붙였다.

이 공동 역적 모험의 성공 여부는 계몽주의 프로젝트들이 소위 공동체라는 개념을 갖고 있지 않다는 사실을 인식하는 데 달려 있다. 공동체라는 개념과 기능적으로 동등한 의미를 갖고 있는 프랑스 혁명의 주요 세 가지 덕목 중 하나인 우애는 근대 서구의 경제, 정치, 사회 사상 속에서는 별로 주목받지 못했다. 불평등을 관대하게 용납하는 의지, 자기 이익 혹은 사리사욕이 갖고 있는 막강한 힘에 대한 믿음, 철저한 자기중심주의에 대한 과대한 확신이 진보, 이성, 그리고 개인주의라는 깨끗한 원천에 마치 독을 풀어놓은 것과 같은 결과를 초래하였다.[*]

집단주의는 공동체가 아니라 개인주의와 깊은 관련이 있다. 개인주의에 공동체는 없다. 대신 불평등, 사리사욕에 대한 과한 인정, 자기중심주의가 있다. 공동체가 사라지고 우리는 시장경제의 주체가 되었다. 한 사람의 존재와 쓸모는 시장을 통해서만 '허가' 받을 수 있다. 누군가의 몫의 적합성과 가치는 경제적 환산을 통해서만 알 수 있다. 존재가 발 딛고 설 땅이 없다. 시간이 흐르고 자신의 위치가 변화할 수 있는 구체적인 땅이 없다. 구체적인 땅이 없는 이곳에서 우리는 나고 자랐다. 이 기반 위에서는

[*] 메리 에벌린 터커·존 베르톨트, 《유학사상과 생태학》, 오정선 옮김. 예문서원, 2010, 62쪽

누구나 언제든 혼맹에 들 준비가 되어 있다.

시장과 경제적 주체

오늘날은 서로에게 얼마나 도움이 되는지, 세계에 어떤 의미가 있는지보다 좋은지 싫은지, 얼마나 심미적으로 만족스러운지에 따라 더 높은 가치를 부여한다. 인격의 훌륭함, 공동체에 기여하는 정도, 사람들 사이에 복잡한 문제가 생겼을 때 중재하는 능력보다 소비자로서 얼마나 '팬시Facny'한 소비를 하고 '느낌 좋은'인 취향을 만드는가가 존재의 카리스마를 만든다. 이상적이고 따라하고 싶은 인물은 '갓생'을 사는 사람이다. 이들의 일분일초는 모두 경제적으로 환산할 수 있다. 이것은 '생산성'이라고 불리며, '생산성' 높은 삶은 선망의 대상이 된다.

시금치 대학을 다닐 때 애들이랑 좀 친해지고 싶었는데, '비즈니스 관계'라는 게 있거든요. 서로 필요할 때만 연락하는 거예요. 깊이 있는 관계가 안 된다든가, 친밀감이 충분히 느껴지는 관계로 발전하기가 어렵다는 느낌을 받았어요. 그런데 '에브리타임' 같은 익명 커뮤니티에서도 대부분 그런 문제를 호소하고 있더라고요.

시금치가 성인이 되고 대학에 가서 받는 훈련은 시장을 위한 경제적 주체가 되는 법이었다. 설 땅을 잃어버린 이들은 이 훈련을 통해 어떤 존재가 될까? 시장은 개인에게 어떤 시공간을 제공할까?

① 양상추의 경우

양상추는 적성검사 결과를 보며 자신이 잘하는 일과 좋아하는 일이 다른 것 같다며 괴로워했다. 양상추가 적성검사에서 가장 높은 점수를 받은 영역은 처세였다. 그러나 양상추가 서비스업에서 일하며 겪는 어려움을 봤을 때 그의 처세 능력이 탁월하다고 보기는 어려웠다. 아마 지금 가장 많이 사용할 수밖에 없는 능력이 높은 수치로 나온 게 아닐까 싶었다. 반대로 양상추가 좋아한다고 한 것은, 그러나 차마 잘한다고 말할 수 없었던 것은 탐구와 호기심을 사용하는 일이었다.

그는 대학에서 수학을 전공했다. 문제 하나를 풀기 위해 밤을 지새웠던 시간을 잊지 못한다. 꽤 오래전 일인데도 회상하면서도 들뜬 모습을 감추지 못할 정도였다. 궁금한 게 생기면 끝까지 파고드는 것이 좋다고 했다. 좋아하는 일을 전공으로 삼을 수 있었는데 그는 왜 지금 전공과 무관한 일을 하고 있을까? 대학 교수의 추천으로 전공을 살려 회사에 들어갔으나 반년을 채 채우지 못하고 나왔다. 직장에서 왕따를 당한 것이다. 사람들은 양상추의 성격을 문제

　　　　　　　　　　　　　　　　개인이라는 허상

삼고 인신공격을 퍼부었다. "성격이 그 모양이면 공부라도 엄청 잘해야지"라는 말이 그의 발목을 잡았다. 그때부터 양상추는 자신이 공부를 못한다고 생각하게 되었다.

겨우 한두 분기만에 일을 잘하는지 못하는지, 탐구력이 좋은지 나쁜지 어떻게 알 수 있을까? 추측건대 왜소한 체구의 여성, 그것도 사교적이기보다 탐구적인 성격의 여성이 남초 직장에 적응하기 만만치 않았을 것이다. 회사에서 나온 뒤로 양상추의 은둔이 시작되었다. 10년간 방 밖을 나가는 것도 어려웠다. 근래 들어서야 그는 카페에서 일을 시작했다. 수학을 배울 때는 문제를 푸느라 신나서 밤을 새웠다면, 지금은 카페 손님에게 들은 이야기를 생각하느라 화가 나서 밤잠을 설친다.

양상추 사람을 만나는 게 너무 힘들어요. 내가 만만한가 싶어요. 매장에서는 일회용 컵을 줄 수 없는데, 안 준다고 소리를 지르고 화를 내거든요. 그러다가 남자 매니저가 와서 얘기하면 엄청 친절해져요. 그럼 집에 와서 밤을 새며 생각하죠. '나한테는 왜 그랬지?' 제가 잘 모르는 걸 물어볼 때도 있어요. 매니저한테 물어보라고 하면 저한테 화를 내고, 매니저한테는 물어보지도 않더라고요.

하지만 양상추는 동시에 이렇게도 말했다.

양상추　사람들이 좀 행복해졌으면 좋겠어요.

사람들이 행복해져야 자신도 행복해질 수 있는 사람들이 있다. 사회가 변하지 않으면 행복해질 수 없는 사람들이 있다. 양상추는 사람들이 화풀이 대상이라도 찾으려는 것처럼 항상 짜증에 가득 차서 카페에 들어온다고 했다. 그러나 값이 무척이나 저렴한 카페에서 커피를 마셔야만 하루를 버틸 수 있는 사람들, 카페 직원에게 화풀이라도 하고 싶어하는 사람들을 생각해보면 마음이 복잡해진다. 특히 한여름 무더위에 손님들의 컴플레인이 극에 달한다고 했는데, 사회구조의 말단에 있을수록 더위에 내몰리고 회복하기 어려울 가능성이 높다. 양상추는 그들 중에서도 가장 말단에 있는 사람이 되어 카페에서 그 모든 화를 다 받아내고 있다. 그는 이 상황이 너무 싫지만, 바로 그렇기에 사람들이 행복해지기를 바란다.

② 토마토의 경우

토마토는 영어유치원 선생님이었으나 학부모의 강한 컴플레인으로 일을 그만두게 되었다. 아이들이 내복만 입고도 덥다고 해서 원어민 선생님이 에어컨을 틀었는데, 그게 문제가 됐다. 한 학부모가 컴플레인을 걸었다. 그 반을 담당하던 토마토는 학부모에게 당시 상황을 설명하고 다시 에어컨을 틀지 않겠다고 했지만 같은 일이 반복되었다.

　　개인이라는 허상

수업 시간에 아이들이 너무 더워하자 원어민 선생님이 잠깐 에어컨을 틀었고, 그 뒤로 사달이 났다.

토마토　그 아이가 원래 잔병이 많았던 것 같아요. 한 달에 몇 번씩 약을 보냈었거든요. 학부모가 컴플레인을 걸면서 저한테 언성을 높였어요. 그때 녹음을 했는데, 엄마랑 친구들이 듣고는 뉴스에 제보하라는 말도 했어요. 자기가 대신 제보해주겠다고도 하고요. 그런데 회사에서는 저에게 공식 사과문을 요구했어요.

토마토는 도움을 요청하는 마음으로 사과문을 써서 상사에게 가져갔다. 그러나 상사는 사과문의 문장을 트집 잡기 바빴고, 결국 토마토가 울며 너무 힘들다고 토로하게 만들었다. 그러자 상사는 울고 있는 토마토에게 "우리 앞에서 울지 말고 전화해서 학부모 앞에서 울라"고 말했다.

토마토　제 교사관이 짓밟혔어요. 내 생각 자체가 없어진 느낌, 그냥 이렇게 [시체처럼] 돌아다니는 느낌. 회사의 대우가 적절하지 않았어요. 평생 직장처럼 생각하며 즐겁게 다니고 있었거든요. 그런데 문제가 생기니 저를 도와주지 않았어요. 그전에도 저와 비슷한 경험을 하고 퇴사한 사람들이 많았는데, 제가 겪기 전에는 그게 안 보였던 거죠.

화장실에서 소리를 지르고, 욕만 나오는 노래를 찾아 듣고, 가족과 한참을 격하게 싸운 뒤에야 토마토는 간신히 회사를 그만둘 수 있었다. 그 이후 다녔던 유치원에서는 이전과 전혀 다른 경험을 했다.

토마토　학부모 컴플레인으로 힘들면 학부모 상담을 철회해줄 수 있다는 거예요. 그리고 그 말을 진짜 지켜줬어요. 엄청 까다로운 학부모가 있었어요. 전화가 세 번이나 왔고, 안 좋은 일이 있었어요. 제가 표정이 어두워져 있으니까, 이유를 물어봐주시더라고요. 그랬더니 상사가 직접 나서서 곤란한 상담을 대신 해주신 거예요. 아마 이야기를 전해들으셨나봐요. 그때 생각했죠. 아, 이런 데도 있을 수 있구나.

회사에 다니며 보호를 받느냐 받지 못하느냐가 삶의 질을 바꾼다. 토마토의 이전 회사는 한 사람을 외면하는 방식으로 문제를 해결하고자 했다. 회사 구조는 사람을 죽이기도 하고 살리기도 한다. 노동조합이 큰 힘을 발휘할 수 있었고 사회적으로도 많은 역할을 하던 시대가 있었다. 그러나 이제는 노동조합의 힘이나 규모도 작아졌을뿐더러, 그 보호를 받을 수 없는 사업장이나 노동자가 훨씬 더 많다. 그렇다면 한 명의 노동자가 기댈 수 있는 곳은 어디일까? 오로지 회사의 호의나 운밖에 없다.

　　　　　　　　　　　　　　개인이라는 허상

③ 호박의 경우

　　호박은 컴퓨터를 배울 수 있는 고등학교에 다녔다. 게임이 좋아서 갔지만, 취직을 위해 IT 쪽으로 진학했다. 졸업한 뒤에는 중소기업 IT 팀에 입사했다. 막상 회사를 다니니 원래 하기로 했던 업무가 아닌 일을 하게 됐다. 전공은 따로 있는데 왜 이렇게 잡다한 일을 하게 되었을까? 호박은 스스로가 아마추어 같다고 느꼈다. 아무래도 학교가 사회를 못 따라가서 그랬던 게 아닌가 싶었다. 작은 회사라 그런지 한 사람이 여러 업무를 맡았다. 계산만 빼고 다 했다. 심지어 나중에는 엑셀도 배우라고 했다. 결국 호박은 퇴사했다.

　　퇴사한 뒤 우울증에 걸렸고 많이 울었고 자해하고 자살을 시도했다. 그렇게 5년을 보내고 나니 막막했다. 재취업 프로그램을 여러 개 수강했지만 잘 되지 않았다. 최근에는 알바 앱에서 일자리를 구했다. 풀타임 잡으로 취직했지만, 회사는 일이 없으면 빨리 퇴근시켜버린다. 호박은 지금 다니는 회사에 계속 다니고 싶은 생각이 없다. 그곳이 자기 자리라고 생각하지 않는다. 그래서 자꾸 머릿속으로 해볼 만한 일을 이것저것 그려보게 된다.

　　호박은 한곳에 정착하기 싫어서 직장을 그만두는 게 아니다. 오히려 그는 한 가지 일을 쭉 하며 자부심을 느끼고 싶어 한다. 이 일 저 일 하라는 대로 다 하는 게 아니었으면, 쉽게 대체품이 되지 않았으면, 일터에 자기 자리가 있었으면 한다. 그러나 그가 얻을 수 있는 건 대부분의 청년들에게 주어지는 양산형 일자리 중 하나다. 그가 다녔던 고등학교도, 퇴사하고 들었던 재취업 프로그램도 모두 정부가 지원하는 산업을 위해 양산형 인력을 빠른 속도로 생산해내는 곳이었다. 같은 코스로 훈련을 받은 수많은 대체인력이 있기 때문에 소진된 부품은 빠르게 교체됐다. 호박은 이 굴레, 그러니까 훈련받고 – 소진되고 – 대체되고 – 훈련받는 이 순환을 벗어날 수 있을까? 일을 하며 만족감을 얻을 수 있는 날이 올까?

호박 　세상이 너무 빠르게 바뀌어요. 뚝심이 있다면 하나를 정할 수 있을 텐데, 그러기가 어려워요. 하나만 파서 재능이 있으면 잘하게 되고 그 길로 가게 되잖아요. 저는 어렸을 때 어떤 재능이 있는지 찾지 못했어요. 저에게 딱 하나의 재능만 있었다면⋯⋯.

오늘날 하나의 재능을 찾아내서 그것을 꾸준히 밀고 나가는 일은 집안의 조력이 있지 않고는 불가능하다. 개천에서 용 나는 것이 불가능하다는 말이 당연해진 시대다. 변화하는 속도에 맞춰 정보도 빨리 찾아내야 하고, 재능을 꾸준히 가꿀 수 있는 경제적 지원도 필요하고, 내게 맞는 것이 무엇인지 경험해 볼 수 있는 문화적 자원도 필요하다. 호박에게는 재능이 없었던 것이 아니라, 재능을 찾고 피워

낼 수 있는 환경이 없었던 것이다.

내가 만난 호박은 늘 무표정했다. 무표정한 정도가 아니라 생기가 거의 느껴지지 않았다. 그랬던 그에게서 딱 10분 동안 반짝이는 얼굴을 본 적이 있다. 호박은 영화 〈인사이드 아웃 2〉의 '불안이'가 자신 같아서 여러 번 보고 또 봤다고 했다. 그 이야기를 듣고 내가 영화를 함께 보는 프로그램을 해볼까 제안했더니 호박의 목소리가 갑자기 생기로 가득찼다. 사람들이 그냥 보면 집중을 안 할 수도 있으니, 각자 퀴즈를 내보게 하자고 했다. 퀴즈를 가장 많이 맞춘 사람이 다음 영화를 선정하게 하자고도 덧붙였다. 호박에게 충분한 역할이 부여됐던 딱 10분, 그 10분 동안 나는 살아 있는 호박을 만났다. 그 이야기가 끝나자 호박은 다시 생기 없는 얼굴로 돌아갔고, 나는 두 번 다시 그의 생기 있는 목소리를 들을 수 없었다.

④ 배추의 경우

배추는 취준생이다. 취준생은 늘 현재를 미룰 수밖에 없는 사람이다.

배추　취업 프로그램에서 '나에 대해 알기' 같은 걸 해요. 거기서 맨날 뭘 좋아하냐고 묻는 거예요. 근데 제가 뭘 좋아하는지 모르겠더라고요. 솔직히 어렸을 때는 좋아하는 것도 하고 싶은 것도 많았는데 취업에 대한 압박감에 뭘 못 했어요. 진짜 후회돼요. 유튜브를 하고 싶었어요. 원래는 안정된 직업을 갖고 난 뒤에 하려고 했었어거든요. 돌이켜보니 그냥 계속 미루던 거였더라고요. 지금이라도 해봐야 하나 생각도 드는데 쉽지는 않을 것 같아요.

배추는 존재클럽에서 자기소개를 하며 잘하는 게 없다고 말했다. 그는 취업을 시도한 적도 있었다. 불러주는 곳이 한 곳밖에 없었는데, 그 회사의 평판이 무척 좋지 않았다. 전공과도 관련이 없는 일이었다. 그곳에 가야 하나 망설였지만 동시에 '내가 내 분수도 모르는 건 아닐까' 하는 생각도 했다. 나는 차마 배추에게 그 일을 해봐도 좋겠다고 말할 수 없었다. 그가 입사 제안을 받은 회사는 내 동생이 다녔던 회사와 비슷한 곳이었다. 차마 일이라 할 수도 없는 일을 맡기고 결과물을 기계적으로 뽑아내기를 요구하는 곳, 언제든 새로운 사람을 끼워넣어 시스템을 유지하는 곳이었다.

배추　　자신감이 없어요. 안정적인 직장을 갖고 싶은데 막상 내가 원하는 그런 직장은 못 가겠는 거예요. 못 갈 것 같으니까 시도도 안 하게 되고, 좀 안 좋은 데 들어가고. 그러다 보니까 저에 대한 원망이 심한 것 같아요.

　　　　　　　　　　　개인이라는 허상

배추는 결국 화살을 자신에게로 돌렸다. 그러지 않고서는 할 수 있는 일이 거의 없었기 때문이다. 배추가 그곳에 취업했다면 어떻게 됐을까? 아마도 호박처럼, 내 동생처럼 됐을 것이다. 매우 많은 청년들이 취업을 하면 토마토와 같은 일을 겪게 되고, 취업을 하지 못하면 배추와 같은 일을 겪게 된다. 사회에서 벌어지고 있는 문제는 뒷전으로 미뤄둔 채 경제활동을 하는 '개인'으로 복귀시킨다는 것은 문제속으로 다시 들어가라는 말이 아닌가? 은둔고립청년에게 취업 교육이 실질적인 의미를 가질 수 있을까? 취업 교육을 받아도 이 구조가 바뀌지 않는 한 같은 문제를 마주한 뒤 다시 은둔고립청년이 될 가능성이 높다.

'정상' 생애주기

경제활동을 하고 싶어하는 은둔고립청년은 대부분 자신이 은둔고립청년이거나 그런 시기를 보냈다는 사실을 숨기고 싶어 한다. 어떤 이는 한 매체와의 인터뷰에서 자신의 이름이 익명으로 나갔으면 한다고 말했다. 취준생인 그는 취업할 때 은둔고립청년으로서 한 인터뷰 이력이 불리하게 작동할까 봐 몹시 걱정했다. 익명으로 인터뷰하기로 했음에도 자신을 당사자가 아니라 조력자라고 써달라며 신신당부 할 정도였다. 자신이 은둔고립청년으로 지목될 수 있는 가능성을 완전히 차단하고 싶어 했다. 또 다른 이는 취업 준비를 하지 않고 있었던 기간, 그러니까 은둔고립했던 기간 때문에 취업을 시도할 때 자신감이 무척 떨어진다고 말했다. 젊은 날을 대외활동과 자격증으로 빈틈없이 메워도 취업에 실패하는 마당에, 은둔고립했던 청년을 굳이 뽑을 이유가 없을 거라는 이유였다. 은둔고립청년이라는 정체성은 일종의 낙인처럼 작동했다. 취업 과정에서 은둔고립청년들은 순결하게 경쟁 제도를 따라온 것처럼, 좌절이 있었어도 곧장 경제적 주체로 되돌아올 수 있었던 것처럼 포장하며 자신은 이단아도 부적응아도 아니라고 변명해야 했다.

나　　존재클럽 프로그램이 그렇게 좋았다면, 다른 사람에게 추천해주고 싶기도 한가요?

토마토　네, 생각나는 사람이 한 명 있어요. 한국에서 정말 좋다고들 하는 직장에서 버티고 있는 사람인데요. 너무 힘들어 보이거든요. 여기를 추천해 주고 싶은데, '어떻게 얘기해야 되지?' 이런 생각이 들어요. 제가 은둔고립청년이었다는 걸 얘기하면, 그 사람이 편하게 받아들일 수도 있지만 아닐 확률도 크잖아요. 그랬을 때 제가 감내해야 하는 것도 있고요.

은둔고립청년이 전형적인 삶의 경로에서 이탈해 있

　　　　　　　　　　　개인이라는 허상

다는 것은 사실이다. 10대에 공부를 열심히 해서 20대에 좋은 대학과 직장에 들어가고, 연애를 하다가 30대에는 단란한 가정—남편과 아내, 자식과 자동차, 번듯한 집과 남들도 다 하는 취미생활—을 꾸리는 '정상'의 길로부터 말이다. 그러나 이미 '정상'의 길에서 이탈했다 하더라도 '정상' 프레임에서 멀어지는 것은 불가능하다. '정상'은 인생의 유일하고 단일한 경로처럼 표상되고, 그 표상 속에서 은둔고립청년은 스스로를 타자화하며 소외시킨다. '정상'의 길이 따로 있다는 것은 거기에서 벗어날 시 자연스레 '비정상'이 된다는 의미이며, 존재 자체를 예외로, 사회에서 쫓겨난 존재로 만들어버린다는 뜻이기도 하다.

왜 이렇게까지 이상적이고도 단일한 삶의 형태가 만들어졌을까? 왜 이렇게까지 '정상'의 힘은 강력한 걸까? 혹시 한국이 급성장하던 시기에, 빠른 속도를 유지하기 위해 많은 것들이 배제됐던 건 아니었을까? 성장 속도가 줄어든 오늘날에서야 그때 무엇이 희생됐는지 조금씩 드러나고 있는 중은 아닐까?

존재클럽 운영진 두두 제가 일반적인 생애주기에서 벗어나는 삶을 본의 아니게 살게 되면서, 그런 청년들의 삶에 관심을 갖게 되었던 것 같아요. 정해진 생애주기를 따라가지 않으면 자연스럽게 관계가 좁아지거든요.

어쩌면 '정상' 생애주기를 그대로 따라가는 사람이 더 적을지도 모른다. 문제는 '정상'으로 여겨지는 생애주기의 힘이 너무 강해서, 그 바깥 사회가 형성되기 어렵다는 것이다. 두두가 커뮤니티를 중요하게 생각하게 된 건 그가 '정상' 생애주기를 벗어나면서 사회에서 누락되는 경험을 했기 때문이다. 대학에 진학하지 않은 청년은 또래 친구들을 만날 길이 없었다. 회사를 가지 않는 청년은 문화 생활에 참여하고 '취향'을 만들어갈 방법이 없다.

고구마　저 빼고 언니탕 오빠가 애인이랑 같이 영화를 보고 왔어요. 저한테는 같이 가자고도 안 하더라고요. 그러면서 사촌은 데려가고요.

고구마의 친구와 남매들은 돈을 벌며 여행을 다니기 시작했다. '취향'은 비슷한 라이프스타일을 가진 사람들 사이에서 만들어지고 공유된다. 예를 들어 직장을 다니는 사람에게는 '휴가'가 생긴다. 며칠 안 되는 휴가를 알차게 보내고 싶은 마음에 여행을 떠나고, 그 과정에서 여행 문화가 형성된다. 휴가를 떠나는 직장인은 직장 동료들과 경험을 공유하면서 비행기가 더 중요한지 숙소가 더 중요한지, 휴양지 스타일이 좋은지 관광지 스타일이 좋은지, 이동을 많이 하는 게 즐거운지 한곳에 오래 머무는 게 즐거운지를 판단할 수 있게 된다. 멋진 소비 취향을 가진 사람

　　　　　　　　　　　　개인이라는 허상

은 주체적이고 성숙한 사람으로 그려지고 선망의 대상이 되기도 한다. 그러나 고구마는 애초에 이 과정에 진입할 수가 없다. 고구마에게는 일하다 쉰다는 개념도 없고, 여행을 갈 돈도 없다. '정상' 생애주기에서 탈락했다는 감각은 취직이나 결혼 같은 강한 상징성을 띠는 의례를 넘어 훨씬 더 넓은 범위에서 나타난다.

어떤 이들은 은둔고립청년은 경험이 부족하다고, 그들에게 필요한 것은 다양한 경험이라고 이야기하기도 한다. 그러나 단순히 '경험 부족'만으로는 전부 설명되지 않는 것이 있다. '정상' 생애주기에서 탈락한 이들은 삶 전반에 펼쳐져 있는 문화에서도 배제된다. 무엇을 좋아하고 싫어하는지는 둘째치고, 다른 사람들이 하는 말이 무슨 뜻인지조차 알기가 어렵다. '취향'은 한 개인의 고유한 정체성이 아니라, 현대에 소비를 통해 구축되는 주체성이다. 사람들은 내가 좋아하는 것을 꼭 찾아내야 할 것 같은 압박을 느낀다. 마치 괜찮은 직업을 가져야 하는 것처럼, 마땅히 괜찮은 것—남들이 보고 따라 소비할 수 있는 것—을 좋아해야 한다. 그게 '진짜 나'를 찾는 과정인 것처럼 그려지기 때문이다. 자신이 뭘 좋아하는지 모르겠다고 느끼는 것은 완벽한 '개인'이 되지 못해서 생기는 문제가 아니다. 오히려 너무 '개인'이 되었기 때문에 생기는 문제다.

마　　　항상 뭔가를 해야 한다, 직업이라는 게 있어야 한다, 좋아하는 게 있어야 한다, 취미가 있어야 한다……. 이런 것에 다른 사람과 나를 비교하면서 매달렸던 것 같아요. 없어도 되는데, 없어도 잘 지낼 수 있는데.

많은 은둔고립청년들은 자신이 무엇을 좋아하는지 모르겠다고 말한다. 이 말은 혼맹을 의미하기도 하지만 동시에 취향을 형성하고 조정해나갈 주변 관계를 맺지 못한다는 의미이기도 하다. '정상' 생애주기에서의 박탈은 그로부터 수반되는 라이프스타일, 즉 삶의 양식으로부터의 박탈이다. 획일화된 라이프스타일을 어느 정도 수용하고자 하는 경우에도 예외가 아니다.

청경채　사람은 괜찮았어요. 잔잔하고 차분하더라고요. 그런데 이 사람은 결혼할 여자를 찾고 있는데, 얘가 봤을 때도 제가 결혼감이 아닌 거예요. 마음은 가는데. 그래서 혼자 고민을 많이 했더라고요. "결혼은 언제 하니?", "만나는 사람 있니?", "결혼해라." 이런 건 아예 명절 잔소리에서 빠졌어요. 친척들이 봤을 때도 제가 위태로워 보이니까. (웃음) "아이고, 쟤는 결혼하면 안 될 것 같다" 이렇게 생각하는 거니까. 쓸쓸하지만 인정하는 거죠. 전 애인도 저한테 '마누라감'은 아니라고 했어요. 되게 섭섭한 말이죠? 사랑하는 사람이 그렇게 얘기한다는 게. 근데 저도 할 말이 없더라고요.

　　　　　　　　　　　　　　개인이라는 허상

청경채는 자신이 결혼하고 싶은지 하고 싶지 않은지를 결정하기도 전에 선택지를 빼앗겼다. 자신이 모아놓은 돈이 없다는, 감정 변화의 폭이 크다는, 자신이 당했던 가정폭력을 자신의 가족에게 그대로 행할지도 모른다는 걱정 때문에 아예 결혼이라는 선택지를 박탈당했다고 느낀다. 자연스레 연애도 제한적이게 되고, '결혼감'에 따라오는 여러가지 문화에서도 열외된다. 심지어는 결혼하라는 명절 잔소리마저도 말이다. 그는 남들이 다 하는 명절 잔소리에 대한 불평을 할 수가 없다. 결혼하라는 잔소리를 들을 수 있는 사람은 따로 있다.

감자　　원래는 작년에 휴직을 하면서 이직하려고 했었어요. 근데 쉽지가 않더라고요. 부트캠프까지 갔었는데, 내가 원하는 일을 할 수 있을 것 같지 않고 그냥 위에서 하라는 일을 할 것 같은 거예요. 그러고 나니까 교사라는 직업도 나쁘지 않다는 생각이 들었어요. 차라리 결혼을 해야겠다고 생각했죠. 우리나라에서 교직은 결혼해서 아기를 키울 때만 의미가 있다고 느꼈거든요. 휴직 제도 같은 게 잘 되어 있으니까요. 제 생각에 제가 가장 원하는 건 애정과 가족, 사랑인 것 같아요. 근데 제가 원하는 조건이 참 까다로운가 봐요. 개성을 추구하면서 똑똑했으면 좋겠고 지적인 대화를 나눌 수 있는 이성이었으면 좋겠는데, 그런 사람은 살면서 본 적이 없는 것 같아요. 있기야 하겠지만 저는 못 찾겠어요. 사람들이 이성을 볼 때 '정상' 범위에 드는, 그러니까 문신도 없고 페미니즘에 관심도 없는 사람만 좋아하는 것 같다고 느꼈어요. 나는 그런 사람은 될 수가 없어요. 당연히 되고 싶지도 않고.

감자는 교직 생활을 몹시 괴로워했기 때문에 현재 가장 큰 산업 중 하나인 IT 업계로 이직하려고 준비를 했었다. 그러나 지금 그가 진입할 수 있는 곳은 양산형 일자리뿐이고, 양산형 일자리에 취직하고 나면 호박과 비슷한 경험을 할 가능성이 높다. 감자가 교직에 남을 만한 이유는, 그나마 이 직업을 이용하는 방법은 결혼을 하는 것이었다. 여성 교사는 결혼 시장에서 유리한 위치에 있고, 감자는 가정을 이루고 싶은 마음도 있었다. 다방면으로 노력해봤지만 끝내 감자는 결혼을 할 수 없었다. '정상' 생애주기로 들어가고 싶어 하는 사람조차 이 대열에 합류하지 못한다. '정상' 생애주기가 '정상'적으로 작동하는 곳은 어디란 말인가? 어떤 기준으로부터 탈락한 사람들만 즐비하다. 너무 많은 사람들이 이 생애주기에 낄 수 없다고 느낀다.

지금 우리가 함께 공유할 수 있는 삶의 양식은 무엇일까? 획일화된 '생애주기'와는 별개로 삶의 양식 자체는 여전히 중요하다. 삶의 양식은 사람들과 어떻게 어울리고 어떤 감각을 나누며 사는지에 대한 이야기이기 때문이

 　　　　　　　　개인이라는 허상

다. 삶의 양식은 관계망 속에서 기능하고, 관계망은 사람들의 정체성이 되어준다. 관계망에서 배제된다면 정체성도 사라지게 된다. 제각기 다른 이들이 은둔고립청년이라고 자기 자신을 정체화하는 현상은 은둔고립청년이라는 단일한 정체가 실재한다기보다, '정상' 생애주기에서 탈락한 이들이 은둔고립청년이라는 이름 아래 유의미한 관계망을 형성해가고 있는 것이라 볼 수 있다. 나는 이것이 은둔고립청년의 실체라고 생각한다. 위에서 아래로 행해진 명명, 분석, 해석은 은둔고립청년의 정체를 정확하게 짚을 수 없다. 설령 위로부터 담론이 만들어지고 시작됐다고 하더라도, 은둔고립청년은 늘 그 이상일 수밖에 없다.

경쟁의 굴레

학창 시절은 은둔고립청년이 자신의 이야기를 할 때 빼놓지 않고 나오는 주제 중 하나다. 교우관계와 입시 공부 이야기가 주를 이루는데, 이것들은 모두 학창 시절 익히게 되는 감각에 관한 이야기라고도 할 수 있겠다. '경쟁'은 거의 모든 은둔고립청년에 관한 자료에서 문제의 원인으로 꼽는 것이기도 하다. 경쟁적인 사회 분위기가 문제라고 짚든, 경쟁에서 뒤처지는 이들의 회복탄력성이 부족해서라고 하든, 은둔고립은 경쟁과 관련이 있다는 것이다.

그러나 나는 경쟁이 일종의 '스트레스' 화법처럼 사용된다고 생각한다. 만병의 근원으로 스트레스가 지목되는 것처럼, 각종 사회문제의 원인으로 경쟁이 지목되는 것이다. 어떻게 하면 경쟁에 대해 조금 더 구체적으로 말해볼 수 있을까?

학벌주의 문제로 경쟁 문제에 접근하는 것이 하나의 방법이 될 수도 있다. 학창 시절에 시작됐고, 성인이 되어서까지도 이어지는 문제 중 하나가 학벌주의다.

청경채　20대 초반에 울며 겨자 먹기로 '지잡대' 연극영화과에 갔는데, 동기들이 열등감이 되게 심했어요. 아무래도 다른 대학 다 떨어지고 온 애들이잖아요. 저도 꿈이 크고 연기에 진지했는데 정신이 온전찮으니까 입시에서 계속 고꾸라지고, 좋은 기회가 왔는데도 고꾸라지고 그랬어요. 그러고는 텔레비전도 못 봤어요. 아는 애들이 나오니까 얼마나 배가 아파요. 연극은 아예 10년을 끊었어요. 그렇게 잘난 척했는데 고꾸라졌잖아요. 삼수까지 했는데 원하는 대학에 못 가고. 너무 창피하고 쪽팔려서 친구들도 다 떠나보내고, 우울증이 와서 학창 시절 친구들도 떠나보내고. 그러니까 고립이 된 거죠.

청경채는 배우를 준비했다. 연기 학원에서 좋은 평가를 받아왔고 실제로 좋은 기회도 있었지만, 결국 '괜찮은'

　　　　　　　　　　개인이라는 허상

대학에는 진학하지 못했다. 삼수를 하고 진학했던 지방대를 그는 '지잡대'라고 부르며 동기들을 무시했다. 자신이 무시하던 '지잡대'의 일원이 될 수 없었기 때문에, '지잡대'에서는 배우로 성공하기가 쉽지 않았기 때문에 결국 대학을 마치지 않았다. 이후 청경채는 모든 관계를 끊어내고 '우울증'이라는 진단명을 받았다. 그는 진단명 아래 숨어서 할 수 있는 모든 비행을 저질렀다고 했다. 좋은 학벌을 갖지 못했다는, 경쟁에서 뒤처졌다는 좌절감이 그를 숨게 만들었다. 그는 여전히 연기를 사랑하지만 경쟁에 실패한 뒤로 10년 동안 연극을 보지 않았다. 심지어는 아무도 그를 볼 수 없는 텔레비전 앞에서도 도망가야 했다. 시금치도 청경채와 비슷한 경험을 했다.

시금치 공부는 못했지만 원하는 대학은 있었거든요. 그러다 보니까 자존감이 낮아지고, 그 대학에 못 갔다는 거에 집중하다 보니까……. 사람이 실패할 수도 있는 건데, 뭐 하나 실패했다고 '아, 역시 나는 안 되는구나' 이러면서 자책하게 돼요. 학력 콤플렉스가 있는 것 같아요. 대학을 못 갔는데, 이력서를 쓸 때 첫 번째로 쓰는 게 '고등학교 졸업'이니까 자존감이 확 낮아지더라고요. 상대방이 이력서를 주의 깊게 보고 찡그리기라도 하면 저는 또 '학력이 이러니까 나를 안 좋게 보나?' 하는 생각에 휩싸여요. 그런 상황에서 여러 문제가 복합적으로 쌓

이다 보니까 더 이상은 밖에 못 나가겠더라고요. 저도
모르게 그냥 방에 갇혀서 유튜브만 봤어요.

　정확히 말하면 시금치가 원했던 것은 학벌이라기보
단 학과였다. 그는 하고 싶은 것이 굉장히 명확했다. 30대
중후반이 된 지금까지도 그 영역에 지대한 관심과 사랑을
보내고 있다. 그러나 시금치가 대학 진학을 할 수 없게 되
자, 무척 사랑하고 또 잘할 수 있는 일이 있음에도 시작조
차 할 수 없게 됐다. 차선의 선택지도 가지고 있지 않았던
그는 성인이 된 후 오직 취업을 위해 이력서를 넣었다. 취
업한 분야에 대한 관심도, 자격증도 없었기 때문에 잔뜩
위축됐다. 대학을 가지 못했다는 사실이 많은 문제를 불러
일으키는 것처럼 느껴졌다. 실패를 하면 '또' 실패한 것이
됐고, 일을 처음 시작했을 때 잘 못한다는 구박을 받으면
'역시 그렇구나' 생각하게 됐다.

　어떤 사람들은 이런 문제가 학업 열등감을 가진 '패배
자'에게서 나타날 거라고 생각한다. 하지만 공부를 잘했든
못했든, 대학을 잘 갔든 못 갔든 상관없이 사람들은 각자
의 자리에서 각자의 문제를 마주하게 된다.

당근　'사회적으로 인정받지 못하는 대학에 가면 또
얻어맞고 두들겨 맞을 거야.' 그런 두려움이 있어요. 나
는 공부밖에 [답이] 없다. 그래서 공부를 하려고 했는데

　　　　　개인이라는 허상

잘 안 됐죠. 미친 듯이 공부 계획 짜는 걸 수도 없이 반복했는데, 지켜지는 건 하나도 없었어요. 그러다 정말 미쳐버렸어요. 19살 때인가, 음악을 들으면 거기에 꽂혀서 집중이 안 됐어요. 그게 걷잡을 수 없는 공포감으로 이어져서 엄청난 정신적 고통이 왔어요. 영단어 책을 읽는데 머릿속에서 음악이 안 끊기는 거예요. 갑자기 몸이 미친 듯이 떨리면서 공포가 밀려오죠. 자고 일어나도 음악이 안 떠나고. 첫 하루이틀은 완전히 밤을 새웠어요. 정말 뭐라고 표현을 못 하겠어요. 그냥 죽고 싶은데, 확 죽었으면 좋겠는데, 없어지고 싶은데, 음악이 빨리 떠났으면 좋겠고, 모든 게 다 끝나버렸으면 좋겠고.

당근은 학창 시절 차분하고 얌전한 아이라는 칭찬을 받았다고 했다. 그는 이 칭찬이야말로 사람들이 자신을 전혀 모른다는 증거, 자신에게 관심이 하나도 없다는 증거라고 느꼈다. 당근은 학교에서 오랫동안 친구들에게서 따돌림을 당했기 때문에 마음이 언제나 요동치고 있었는데, 어른들은 그런 건 전혀 중요하게 여기지 않았다. 왜냐하면 당근이 공부를 잘했기 때문이다. 공부를 못하는 이들이 관심을 받지 못했다고 느낀 것처럼, 공부를 잘하는 이들은 사람들이 오로지 시험 성적으로만 자신을 판단한다고 느낀다. 공부를 잘한다고 인정받기 때문에 거꾸로 인정받지 못한다.

그래서 오히려 당근은 공부를 더 잘하기 위해 노력했다. 성적 경쟁이 자신을 죽였지만, 성적 경쟁에서 우위에 서는 것만이 살아남는 방법이라고 느꼈기 때문이다. 당근에게 경쟁은 실질적인 생존의 문제였다. 성적에 자기 존재를 걸었기 때문에 심한 압박감에 시달렸다. 잊힌 존재가 되면 안 된다는 압박감 속에서 결국 당근은 공부를 할 수 없는 상태가 돼버렸다. 노래가 머릿속에서 떠나지 않고, 온몸이 극심하게 떨리는 상태가 두 달간 지속됐다. 입시를 포기할 수밖에 없었다. 그에게 입시 포기란 생존을 포기하는 일과 같았다. 그 뒤로 그는 죽은 사람이 되었다. 앞으로도 영영 경쟁에서 이길 수 없으리란 공포 속에서 사는 죽은 사람 말이다.

당근　　제 생각엔 제가 여러 번 죽었지만, 그중에서 진짜 죽었을 때는 그때인 것 같아요.

감자는 공부를 잘하는 고등학교에 다니며 학창 시절 1등을 놓친 적이 거의 없었다. 당시에 최상위권 학생들이 가는 교대에 진학했고 선생님이 됐다. 그러나 공부 잘하는 것 말고는 자신에 대해 관심 갖는 이가 없었던 10대 시절을 원망하다 못해 증오하기까지 한다. 심지어 이제 교사는 인기 없는 직업이 되어가고 있다. 출산율은 계속 떨어지고 교실은 완전히 무너져내렸다. 그가 10년을 넘게 달려온 길

　　　　　　　　개인이라는 허상

이 다 부질없어졌다. 여기서 또 한 번 감자는 열패감을 느끼고 있다. 감자의 이야기는 2장에서 더 자세하게 다룰 것이다. 당근과 감자의 경우를 보면 학창 시절에 입시 경쟁을 잘 따라가는 것처럼 보이는 이들이 오히려 성인이 돼서 더 큰 어려움을 겪기도 한다는 걸 알 수 있다.

저는 고학력자 양친 아래 자랐습니다. 부족한 것 없이 자랐지만 보이지 않는 기준 이상을 충족시키고 양친과 주변 어른들이 예상하는 궤도 안에서 움직여야 했습니다. 교우관계, 학교생활, 대입 준비, 가족관계에서 아슬아슬한 줄타기를 했습니다. 겉으로는 균형을 잘 잡는 것처럼 보였지만 준비했던 입시 전략이 실패하면서 모든 것이 와르르 무너져내렸던 것 같습니다. ─오이의 글

오이는 고학력을 가진 부모님의 영향으로 학창 시절부터 전략적으로 입시를 준비해왔었다. 아주 만족스럽지는 않더라도 꽤 괜찮은 대학에 갔고 대학원에도 진학했다. 그런데 입시가 끝나고부터 자신의 세계가 붕괴되는 경험을 했다. 공부를 잘한다고 생각했는데, 자신이 잘했던 건 사실 입시였다는 사실을 깨달았다. 진짜 공부를 한다는 것이 무엇인지 그는 모르고 있었다. 자신을 지탱하던 정체성의 핵심이 부정되자 오이는 자신이 어떤 존재인지 아예 모르게 되었다.

학교에서 "너희는 모두 특별해!"라는 말을 듣게 되는 순간, 즉 '너희'가 '모두' 각각이며, 그 각각이 서로를 누르고 '특별'해져야 한다는 소리를 듣게 된 순간 우리는 어떤 주체로 호명되었다. '특별한 개인', 그러니까 경쟁력 있는 경제적 주체가 되기를 요구받은 것이다. 진보와 보수 가리지 않고 시장에 어린이를 내맡겼다. 그렇게 자라난 어린이들은 어떤 어른이 될까? 그렇게 완성된 '개인'은 어떤 존재일까? 서로에게 혼을 보낼 수 없는 개인, 자기 자신에게만 집중하는 개인, 이 세계에 살지 못하는 개인, 땅에 발을 딛을 수 없는 개인, 오로지 경제적 가치로만 존재의 의미가 환산되는 개인. 이 땅은 보잘것없는 개인을 낳았다. 그리고 이제는 그렇게 어른이 된 이들이 다시 보잘것없는 존재를 재생산한다.

학벌주의는 실제로 내가 만난 이들이 언급한 은둔고립의 주요 원인 중 하나였다. 흥미로운 점은 사람들이 경쟁으로 인해 얼마나 삶이 피폐해졌는지 이야기하면서도 이 구조를 재생산하고 있다는 것이었다. 시금치는 자꾸 옆사람을 제치고 싶어했다. 존재클럽처럼 이기고 지는 개념 자체가 없는 곳에서까지도 말이다.

시금치　　그냥 편하게 프로그램을 하면 되는데 저도 모르게 여기서도 경쟁을 하고 있더라고요. 그냥 진실되게 다른 사람과 교감할 수도 있을 텐데, 학교에서부터 저는 모든 게 경쟁이었던 것 같아요.

은둔고립청년은 은둔고립하고 있는 와중에도 뒤처지고 있는 것 같다고 걱정한다. 이 시간이 가만히 있는 시간, 즉 낭비하고 있는 시간이기 때문에 경쟁에서 패배자가 될 것 같다고 두려워한다. 일종의 굴레다. 고립에 이르게 한 원인일 뿐만 아니라, 자신이 재생산하고 지속시키고 확산시키는 악습이기도 하다. 나를 쫓아다니는 그림자다. 감자는 영영 이로부터 벗어날 수 없을 거라고 느낀다.

감자　　저는 부모님의 권유로 교사가 됐는데요, 부모님은 항상 교사가 최고의 직업인 것처럼 얘기했지만 남동생은 교대를 안 갔어요. 왜 '최고의 직업'이 나한테만 적용되지? 왜 여자한테 초등학교 교사가 최고의 직업인지 생각해보니까, 돈을 벌면서 육아를 하기 알맞은 직업이라서인 거예요. 의사든 변호사든 좋은 직업이 여자에게도 똑같이 좋아야 하는데, 육아하기에 적합하지 않으니까 여자가 하면 잘난 척한다고 하죠. 억울해요. 제가 나름 공부도 잘했고 좋은 대우를 받을 수 있었는데 적은 월급을 받으면서 이렇게 고통받는 일을 한다는 것에 피해의식이 있어요. 요즘 누워 있는 시간이 많거든요. 그런데 그냥 놀고 있으면 안 될 것 같아서 불편해요.〈심슨 가족〉에 빠져서 계속 보는데, 웃긴 건 그걸 영어로 봐요. 이것도 일종의 자기계발인 거예요. 한글로는 못 보겠어요. 시간 낭비라고 느껴져서요. 여기서 영원히 벗어나지 못할 것 같아요. 문제인 것 같다고 인지해도 바뀔 수 없을 것 같은 느낌. 바꾸고 싶지조차 않은 느낌. 자기계발에 대한 생각이 너무 당연해져서 이걸 내려놓을 수가 없는 느낌. 근원에는 능력이 있어야만, 이걸 해야만 사랑받을 수 있다는 불안 같은 게 있겠죠.

'스트레스'가 관리의 영역으로 들어선 것처럼, '컨디션' 관리가 시장의 영역이 되면서부터 경제적 주체들은 알아서 몸과 마음의 건강도 관리할 수 있어야 한다고 요구받는다. 경쟁이 문제라는 말도 이제는 "경쟁 체제 자체는 어떻게 할 수 없다", "개개인이 경쟁을 잘 소화할 수 있게 해줘야 한다"는 말로 변형되는 지경에 이르렀다. 그러므로 "경쟁이 문제다"라는 말로는 부족하다. "이런 경쟁이 없는 사회도 있을 수 있다"고 말할 수 있어야 한다. 굴레를 벗어날 수 있도록 상상력을 자극시키고, 그로부터 자신의 삶을 재배치할 수 있어야 한다.

그래서 인문학의 힘이 필요하다. 많은 사람들이 인문학은 성과를 내기 어렵다고, 시장성이 떨어진다고 말한다. 그러나 이 시대에 시장성이 떨어지는 영역이 아직 남아있다는 것은 차라리 축복이다. 10년간 청소년과 청년을 대상

     개인이라는 허상

으로 인문학 수업을 하며 나는 인문학보다 '다른 삶'을 그리는 데 더 확실하고 효과적인 것은 없다고 느꼈다.

오늘날 어떤 사람은 인간끼리 싸워 이기는 것이 생존 방법의 전부라고 여기는 것 같다. 도태가 자연스럽다고 생각하거나 도태에 대한 두려움에 휩싸여 괴로워하는 사람도 많다. 그러나 《상호부조론》을 쓴 러시아 아나키스트 크로포트킨Пётр Кропоткин은 이 생각에 반대했다. 그는 찰스 다윈Charles Darwin의 진화론이 잘못 해석되고 있다고 비판하며, 그 풍토를 이끈 학자 중 토마스 헉슬리Thomas Huxley를 저격했다. 다윈의 제자인 그는 살아생전 다윈을 대신해 성직자들과 싸우고는 했다. '다윈의 불독'이라는 별명이 있을 정도로 적극적으로 나서서 싸우는 스타일이었다고 한다. 아래는 다윈이 죽고 몇 년 뒤 헉슬리가 잡지에 기고한 글이다.

동물의 세계는 (…) 가장 강하고 가장 빠르며 가장 교활한 놈이 살아남아 그 다음날에도 또 싸우게 된다.

가장 약하고 어리석은 종들은 궁지에 빠지지만, (…) 가장 강하고 가장 영리한 종들은 살아남았다. 삶은 끝없이 계속되는 싸움이며, (…) 각자가 만인에 맞서 벌이는 홉스적인 의미의 전쟁이야말로 정상적인 존재의 상태이다.

1888년에 쓰인 이 글은 근래 한국에서 인기를 끌었던 한 젊은 정치인의 주장과 비교해 봐도 크게 다르지 않은 것 같다. 아래는 그 정치인의 발언이다.

모두가 자유로운 세상은 정글이죠. 또한 정글에는 나름의 법칙이 있습니다. 약육강식입니다. 강자가 다 먹는 세상이죠. 미국은 이런 정글의 법칙, 약육강식의 원리를 최소화하려는 노력을 별로 하지 않아요. (…) 그것이 자연의 섭리라고 보는 것이죠. (…) 미국식 자유의 가치를 사회 전반에 받아들이는 것을 심각하게 고민해 봐야 한다고 생각합니다.

정치인은 이 이론이 마치 '선진국'의 혁신적인 생각인 것처럼 소개했지만, 사실은 그렇지 않다. 사실상 위의 두 이야기는 같은 내용이라고 봐도 무방할 것 같다. 둘 다 '정글', '약육강식', '싸움'이 자연스러운 일이라고 주장한다. 헉슬리가 글을 쓴 건 다윈이 죽은 뒤 다윈의 영향을 받은 사람들이 자기 이론을 전개하던 시기였다. 크로포트킨은 헉슬리와 같은 일부 '다윈 추종자들'이 다윈을 전유하는 방식에 불만을 품었다.

다윈의 추종자들은 (…) 동물의 세계를 반쯤 굶어 서로 피에 주린 개체들이 벌이는 끝없는 투쟁의 세계로 여기게

    개인이라는 허상

되었다. (…) 개인의 이익을 위한 '무자비한' 투쟁을 인간도 따를 수밖에 없는 생물학 원리로까지 끌어올렸다. 상호 멸절이 지배하는 이 세계에서는 투쟁하지 않으면 굴복할 수밖에 없다는 위협에 놓여 있다는 것이다.[*]

책을 읽다 보면 크로포트킨이 '다윈의 추종자들'에게 얼마나 분노했는지 알 수 있는 구절을 종종 만날 수 있다. 그는 헉슬리 같은 사람들이 다윈의 이론을 사용하는 방식에 문제가 있다고 생각했다. 다윈은 '생존경쟁'이라는 용어를 넓고 비유적으로, 그러니까 공동체의 번영과 상호의존까지 포함하는 개념으로 사용했다. 그러나 일부 학자들은 생존경쟁을 개체가 생존 수단을 위해 벌이는 투쟁으로 축소시켰고, '경쟁'을 사회 전반에 적용될 수 있는 일반적인 원리로 만들어버렸다.

크로포트킨은 이 문제를 주목하고 바로잡으려고 했는데, 아무래도 그의 성향과 경험이 크게 반영됐을 것이다. 그는 러시아의 귀족 가문 출신으로 젊은 시절 엘리트 코스를 수석으로 이수하고 왕실에서 일할 수 있는 기회를 얻었다. 하지만 사람들이 굶주리고 있는데 혼자 고상하게 지낼 수는 없다며 거절하고는 시베리아로 향했다. 처음 그

* 표트르 알렉세예비치 크로포트킨,《만물은 서로 돕는다》, 김영범 옮김, 르네상스, 2005, 29쪽

는 시베리아에서 동종의 동물들이 서로 벌이는 투쟁을 목격할 수 있으리라고 생각했다. 생존하기 어려운 곳일수록 싸움이 치열할 거라고 예상한 것이다.

그러나 아무리 찾아봐도 혹독한 환경에서 살아남기 위해 서로 경쟁하는 동물을 발견할 수 없었다. 대신 크로포트킨은 생존하기 위해 공동으로 대처하고 힘을 합치는 모습을 수없이 목격했다. 그는 왕실 대신 변방 지역을, 학계 대신 혁명의 현장을 찾아다닌 사람이다. 그렇기에 생존하기 위해 서로 싸우고 경쟁한다는 이론은 실험실이나 박물관에서나 나올 수 있다는 신랄한 비판을 할 수 있었을 것이다. 또한 그런 사람이기에 끊임없이 싸우는 종과 서로에게 도움을 주는 종 중 어느 쪽이 적자適者냐는 질문에 상호부조의 습성을 가지고 있는 쪽이라고 자신 있게 답할 수 있었을 것이다.

크로포트킨이 해석한 다윈의 말에 따르면 힘이 세거나 공격력이 뛰어난 인간이 살아남은 것이 아니다. 인간의 가장 주요한 생존능력은 '지적 능력'과 '사회적 특성'이다. '지적 능력'이란 한 개인의 뛰어난 지능을 의미하는 게 아니라, 공동생활을 통해 얻게 된 공동 지능에 더 가깝다. 지혜는 공동생활을 통해 생성되고 이어진다. 서로를 돕는 능력, 그러니까 상호부조하는 능력 역시 인간이 생존할 수 있었던 중요한 이유 중 하나다. 인간은 개인 간의 싸움을 통해, 종 내부의 경쟁을 통해 살아남은 존재가 아니다. 우

 　　　　　　　　　　　　　　　개인이라는 허상

주는 그렇게 단순하고 간단하지 않다. 세상에는 생존을 위협하는 정말 다양한 종류의 변수가 있다. 인간끼리 싸우는 것보다 서로 도우며 지혜를 공유하는 것이 훨씬 더 현실적이고 효과적인 생존 전략이다. 다른 경쟁에 대한 상상력이 필요하다. 우리는 구체적으로 어떻게 다른 세계를 가꿀 것인가를 고민할 수 있어야 한다.

샹뱌오는 '고도로 일체화된 시장 경쟁'을 비판하며 오늘날 경쟁이 얼마나 기괴한지에 대해 이야기한 적이 있다. 그는 거기서 그치지 않고 다른 맥락을 가진 경쟁이 있을 수 있다고 말한다.

> 원시사회 같은 다른 사회에도 경쟁이 있었냐고 한다면 물론 있었습니다. (…) 이 사회에서는 어떤 사람들이 경쟁을 할까요? 일반적으로 부족장이나 씨족의 수령들과 같은 지도자들이 경쟁을 합니다. (…) 이것이 바로 명성의 영역에서의 경쟁인데요, (…) 족장들은 자신이 축적한 부를 부족민들에게 나눠주거나, 모두의 앞에서 불태워버리는 방식을 통해 각자의 명성을 뽐냅니다. (…) 이들의 명성 경쟁은 물질적인 재분배이자 종국적으로는 재화의 균형을 의미합니다. 하지만 원시사회의 사람들은 생존 영역에서만큼은 경쟁하지 않았습니다. *

* 샹뱌오, 《주변의 상실》, 김유익·김명준·우자한 옮김, 글항아리, 2022, 422쪽

인간 사이에 생존 싸움이 발생하지 않았던 사회도 있었다. 그런 사회에서 경쟁이란 족장들이 명성을 뽐냄으로써 사람들 사이의 균형을 이룰 수 있는 장치에 가까웠다. 《논어》에도 경쟁에 관한 이야기가 나오는데, 이 역시 또 다른 형태의 경쟁이 있을 수 있음을 보여준다.

> 공자가 말했다. "활을 쏨에 가죽을 뚫는 것을 주장하지 않음은 힘이 동등하지 않기 때문이니, 옛날의 활 쏘는 도이다子曰 射不主皮 爲力不同科 古之道也." —《논어》 3편 16-1장

당시 가죽으로 만들어진 과녁을 힘으로 뚫고는 으스대는 사람들이 있었던 모양이다. 그러나 공자가 생각하는 경쟁에서는 힘의 과시가 중요하지 않다. 사람마다 장점이 다르고, 겨루는 상황도 시시각각 바뀌기 때문이다. 누군가는 당기는 힘이 좋을 수 있지만, 누군가는 미는 힘이 좋을 수도 있다. 함께 경쟁한다는 것은 서로의 장점과 달라지는 상황을 알아봐주는 일이다. 그렇게 서로를 살피는 시간은 우리 존재의 자긍심을 높여준다. 즉 공자가 말하는 경쟁이란 존재의 자긍심과 직결된 의례다. 우리 존재가 경쟁하며 살아남은 게 아니라 서로 도우며 살아남았다는 것을, 경쟁이 부의 재분배를 이뤄내거나 우리 존재의 자긍심을 올려줄 수도 있다는 것을 알게 된다면, 우리는 지금과는 다른 사회도 가능하리라는 자신감을 얻게 된다.

   개인이라는 허상

영원히 반복되는 굴레 같은 건 없다는 사실을 다른 시대에서 찾을 수 있을 때, 과거는 우리에게 든든한 뒷배가 되어줄 수 있다.

물론 이걸 알게 됐다고 해서 당장에 극적인 변화가 시작되는 것은 아니다. 순식간에 크게 달라지기를 기대하기보다는 힘 있는 변화를 위해 토대를 튼튼하게 만들어갈 수 있어야 한다. 이 내용의 일부를 가지고 존재클럽에서 수업했을 때, 사람들은 매 회차마다 이 시간이 끝나가는 것을 아쉬워했다. 다른 사회가 있었으리라고, 또 가능하리라고 전혀 생각하지 못했다고 했다. 다른 시공간에서 우리의 시공간을 찬찬히 살펴보는 일은 존재가 서 있는 위치를 바꿔준다. 시선이 확장되면 당연하게 여겼던 세계가 달라진다. 인문학은 사람의 세계를 바꾼다. 자신의 세계를 바꿔낸 사람이 이 세계를 바꿀 수 있다.

죽기 대신 버티기

오이는 엄마에게 "하고 싶은 것만 해서 어떻게 살래?"라는 이야기를 들었다. 아마 은둔고립청년이 흔히 받게 되는 시선 중 하나일 것이다. 잠자기, 방에만 있기, 유튜브 보기, 사람 만나지 않기, 대충 끼니 때우기는 언뜻 '하고 싶어서 하는 일'처럼 보일 수 있다. 그러나 사실은 그렇지 않다. 은둔고립청년은 버티는 중이다.

> **청경채** 지금은 잘 버티고 있는 것 같아요. 버틴다는 표현을 안 좋아하기는 하는데. 너무 힘들잖아요. '버틴다', '견딘다', '노력한다', 이런 말. 근데 어쨌든, 잘 살려고 하는 것 같다. 너무 불안하고 무서워서 살려고 안간힘을 썼죠.

배우를 준비하던 청경채가 삼수에 실패하고 우울증 진단을 받았을 때, 그에게는 아주 많은 일이 벌어졌다. 실연을 당했고, 엄마의 조현병이 재발했고, 아빠가 집을 나

 죽기 대신 버티기

갔다. 그는 이때 자살시도를 비롯해 할 수 있는 최대의 '비행'을 했다고 말했다. 그로부터 10년 뒤인 현재, 청경채에게 또 다른 고비가 찾아왔다. 크게 의지했던 애인에게 차인 데다가 스토킹범으로 신고까지 당했다. 엄마가 암에 걸렸고, 아끼던 고양이가 갑자기 죽었다. 다시 자살시도를 했다. 매일 술을 마시며 타로, 신점, 사주, 온갖 곳을 찾아가 울며 물었다. "저는 행복해질 수 있을까요?" 청경채에게 '버티기'란 '물리적으로 죽지 않고 어떻게든 살기'의 또다른 말이다. 생명의 위협이 온갖 곳에서 그를 덮쳐오고 혼맹에 들며 한 차례 죽기도 했지만 그럼에도 물리적으로 죽지는 않는다. 어찌 됐든 살아 있다.

은둔고립청년의 버티기는 자기계발 담론의 버티기와 무엇이 다를까? 자기계발 담론에서 버티기는 참고 버텨서 마침내 해내고야 만다는 성공 신화를 바탕으로 한다. 여기엔 분명하고 확실한 목표, 획일화된 목표가 있다. 좋은 직장 얻기, 승진하기, 돈 많이 벌기, 집 사기……. 참고 버티면 '성공'할 수 있을 거라는 강력한 희망이 작동한다. 그러나 은둔고립청년의 버티기에는 분명한 목표가 없다. 어디로 가는지도 모른다. 목표와 미래를 향한 강한 추동 대신 지금 여기에 충실히 머무르기만이 가능하다. 할 수 있는 것이란 그저 '물리적으로 죽지 않기', '우선 살아는 있기', '지금의 나를 마주하기'이기 때문이다. 환상에 가까운 목표를 바라보며 허덕이거나 신화를 좇을 여력이 없다.

시공간이 사라진 존재가 지금 여기에 존재하려고 한다. 나도 남도 이 세계도 인식할 수 없는 존재가, 그럼에도 살아 있으려고 한다. 생존의 공포 속에서 자기 자신을 혐오하게 된 존재가 그것을 버텨내려고 한다. 공동체가 없는 상태로 '개인'이 되라고 명령받은 이가 명령을 불이행하려고 한다. 경쟁에 입은 피해를 호소하면서도 그것을 재생산하는 굴레에 빠진 사람이 물리적 죽음으로까지는 가지 않으려고 한다. '정상' 생애주기에서, 관계망에서 자리를 박탈당한 이가 세계에서 완전히 사라지지는 않으려고 한다. 이것이 은둔고립청년이 삶을 버텨낸다는 말의 의미다.

버틴다는 건 하고 싶은 것만 한다는 뜻도 아니고, 그 자리 그대로 멈춰 있다는 뜻도 아니다. 버티기 위해서 해야 하는 일들이 있다. 경제 활동이 아니기 때문에 사회에서 포착되지 않을 수 있지만, 이들은 분명 무언가를 하고 있다. 분명 무슨 일이 벌어지고 있다. 타자와 거리를 두고도 공포에 사로잡혔던 마는 혼자 있을 때도 혼자가 될 수 없었다. 그는 다른 존재들이 위협적이라고 느꼈고, 단 한 시도 그로부터 괜찮은 순간이 없었다. 그래서 명상을 시작했다.

마　　누워서 명상을 자주 하거든요. 오늘도 아침에 했는데, 그때 속으로 그런 생각이 든 거예요. '어, 나 찾았다, 내 멋있음!' 나 왜 멋있지? 드라마 주인공처럼 능력이 뛰어나서 멋있는 게 아니었어요. 저는 따뜻한 기운을 주는 사람이 멋있다고 느끼거든요. 이제 이 따뜻함을 갈고닦는 일만 남았다 싶었어요.

명상은 마가 그럼에도 버티기 위해 시작한 일이었다. 아침에 일어나서도 하고, 지하철에서 이동하면서도 했다. 그러다가 문득 자신이 가진 따뜻한 에너지를 발견하게 됐다. 그는 이 과정을 통해 돈을 잘 버는 사람이 되지는 않았지만, 자신이 다른 존재에게 따뜻한 존재가 될 수 있다는 가능성을 찾아냈다. '정상' 생애주기에 따르지 않고도 사회에서 자신의 몫을 찾아낸 것이다. 운동도 그런 일 중 하나였다. 마는 오랜 은둔생활을 통해 체력이 좋지 않은 상태였다. 처음에는 근력운동이 무진장 싫었지만, 버티기 위해서 무작정 하기 시작했다.

마　　운동을 하면 생각이 없어지는 게 너무 좋은 거예요. 제일 좋은 건 다른 사람 연락이나 애정을 갈구하는 게 덜해진다는 거예요. 내가 할 게 생겼다.

운동은 자기 역동을 직접 마주할 수 있는 일이다. 마는 죽지 않기 위해 운동을 했고, 운동을 하며 자신이 살아 있다는 것을 느꼈다. 죽은 줄 알았는데, 버티다 보니 자신의 생명력을 더 강하게 느낄 수 있게 됐다. 이제 그는 근력

운동을 제일 좋아한다. 운동한 티가 난다는 말을 들으면 기뻐한다. 운동을 하며 마는 다른 사람에게 지나치게 의존하지 않으면서, 그러니까 나를 봐달라고 애원하지 않으면서도 자신의 몫을 찾을 수 있게 됐다고 했다. 참고 버티다 보면 가닿게 되는 세계가 있다. 삶에 비해 죽음이 미천하다고 말하려는 것은 아니다. 죽음에 대해서는 죽음의 이야기가 있고 삶에 대해선 삶의 이야기가 있다.

때로는 나를 악화시키는 것만 같은 일도 도움이 된다. 우울증도 그중 하나다. 많은 은둔고립청년이 감기 진단을 받듯 우울증 진단을 받는다. 여기에는 병리학적 시각만으로는 다 포착하기 어려운 사회적 맥락이 있다. 은둔고립청년들은 "알고 보니 우울증이었다"고 이야기했다. 호박은 우울증이 아니었다면 자신이 마침내 썩어 문드러졌을 것이라고 했다. 툭하면 울음이 나고 생기 없는 하루하루를 살아왔어도, 그래도 우울증에 걸려서 그나마 이 정도라는 것이다. 우울증 자체가 도움을 줬다기보다는, 우울증 진단을 받을 정도로 상태가 좋지 않다는 것을 알게 됐고 그래서 자신을 돌보게 됐다는 의미다. 청경채도 우울증 진간을 받고 나서야 비로소 그전까지 해오던 것들을 모두 그만두고 자신의 상태가 좋지 않다는 것을 받아들이게 됐다.

현재 은둔고립청년에게 우울증 진단이 유의미하게 작동하는 것은 나의 상태를 설명할 사회적 언어를 얻게 되기 때문이다. 심리학의 권위를 빌려 내가 하는 말이 핑계

   죽기 대신 버티기

가 아님을 증명하는 것이다. 존재론적으로 괴로워한다는 사실을 인정받는 것이다. 우울증 진단을 빨리 받아야 한다는 말을 하려는 게 아니다. 우울증 진단은 '더 이상 이대로 살아갈 수 없음'을 뜻하는 신호다. 그러니까 '우울증이다'라는 말은 '정말로 더 이상 이렇게는 안 된다'는 말과 같은 말인 셈이다. 오늘날 우울증 진단은 자신에게 무슨 일이 일어나고 있음을 스스로 인정하고 주변에도 공유할 수 있는 일종의 통행증처럼 사용되고 있다.

이대로 더 이상 안 되겠다는 것을 나 스스로 인정하게 되면 어떤 일이 벌어질까? 도움을 요청할 수 있게 된다.

시금치 유튜브를 보니까 존재클럽이 관계에 대한 활동을 하더라고요. '아, 여기 신청해야겠다.' 그건 좀 놀라운 것 같아요. 제가 소심하고 주체적으로 이야기를 꺼내지 못하는 편인데, 위험에 처한 순간에는 도움을 요청하려고 노력하더라고요.

토마토 회사에서 고립이 심해지니까 엄마랑 남편도 제 편이 아닌 것 같았어요. 존재클럽에 참여 신청을 할 때는 거의 살려달라고 하는 느낌이었죠.

오이 주변인들이 줄 수 있는 도움에는 한계가 있다는 생각이 들었어요. 엄청 고민하다가 새벽의 힘을 빌려

서 간신히 민간 지원기관에 갔죠. 거기 가니까 나를 이
해해주는 사람들이 있어서 막 얘기를 하게 됐어요.

청경채　에너지가 너무 전 애인한테만 가니까 이 에너
지를 좀 분산시켜야겠다 싶어서 청년 공간을 무작정 찾
아갔어요. 딱히 필요도 없었는데 취업 준비 프로그램도
들었어요. 그러다가 존재클럽 포스터에서 '청년들의 느
슨한 연결'이라는 문구를 보고, 내가 고립됐다는 걸 그
때 알았어요.

시금치와 오이는 부모님과, 토마토는 남편과 함께 살
았고 청경채는 애인에게 감정적인 지원을 받고 있었다.
그러나 남편, 부모님, 애인만으로는 혼맹의 문제를 돌파
할 수 없었다. 자신을 강하게 투영할 정도로 가까운 관계
가 관계망의 전부라면 위험하다. 폐쇄적이고 동질적인 관
계는 언제든 서로를 파고들어 갉아먹을 수 있기 때문이다.
하지만 스스로를 혐오하고 다른 존재를 두려워하는 은둔
고립청년들이 생판 남에게 도움을 요청하기는 상당히 쉽
지 않다. 그럼에도 이들은 기어코 그 일을 해내고야 마는
것이다.
　그렇기 때문에 고립됐다고 명명당하는 것과 스스로
고립되었음을 자각하는 것은 아주 다른 일이 된다. 전자
의 경우 같은 문제를 반복해서 양산하게 될 수 있다. 전문

　　　　　　　　　　　　　　죽기 대신 버티기

가에게 지명당한 무능력한 존재는 '회복'되어야 하는 존재로 그려지고, 이 '회복' 역시 정해진 기준을 통과해야 인정을 얻을 수 있다. 이 회복의 척도를 개발하고 유통하는 또 다른 시장이 형성될 것이고, 은둔고립청년의 존재는 다시 그 시장 안에서 소진될 것이다.

반대로 고립됐다고, 도움이 필요하다고 자각한다면 무슨 일이 벌어질까? 더 이상 무능력하거나 누군가에게 '인증'받아야 하는 존재가 아니게 된다. 오히려 이 세계에서 역동성과 생명력을 찾아낼 가능성이 생긴다. 나는 이것이 당사자들이 '은둔고립'이란 말을 불편해하면서도 폐기하지 않은 이유라고 생각한다. 은둔고립이라는 말에 의미가 있을 수 있다면 그건 '은둔고립청년'이 적합한 용어이기 때문도 아니고, 그들이 '인증'을 받아야 하기 때문도 아니다. 자신도 모르게 이 말을 받아들여서 재전유했기 때문이다. 은둔고립청년은 자신의 고립을 '깨달은' 역동적인 존재다.

청경채 '고립'이란 단어가 저한테 없었죠. 존재 자체를 몰랐던 단어예요. 나 같은 사람, 나보다 멀쩡해 보이는 사람도 고립될 수 있구나. 느끼고, 인정하고, 깨우쳤다고 해야 하나? 나 진짜 고립됐구나. 좀 신기하죠. 운이 좋았던 건가?

어떤 존재는 존재하는 것만으로도 자신에게 부여된 온 에너지를 다 사용하고 있다. 물리적으로 죽지 않기 위해, 살아남기 위해 도움을 요청하고 스스로의 상태를 깨닫으며 오늘을 살아가고 있다. 대체 누가 이렇게 버티는 삶을 두고 수동적이라고, 은둔고립청년이 아무것도 하지 않는다고 비난할 수 있을까? 어떤 존재는 존재 자체가 발화고 의사소통이다. 크지도 않고 우렁차지도 않지만 이 발화를 알아챌 수 있는가, 의사소통을 해낼 수 있는가를 은둔고립청년들만의 몫으로 남겨두어서는 안 된다. 혼맹은 결코 은둔고립청년만의 문제가 될 수 없기 때문이다. 내가 눈을 맞추지 못하면, 나와 마주 선 이들도 눈을 맞출 수 없다. 은둔고립청년의 혼맹은 사실 우리 모두의 혼맹이나 다름없다.

　　　　　　　　　　　　　　죽기 대신 버티기

(2장)

초라하고 장엄한 움직임

텅 비고 깨진 항아리. 얼마나 시간이 지났는지 파편만 남고, 그 파편은 부스러진다. 텅 빈 공간을 그저 떠다닌다. 의식을 차리면 먼지인지 파편인지 모를 것들만 가득이다. 쓸모를 찾지 못하고 쌓인 시간만큼 무거울 뿐이다. 다시 웅크린다. 얼마간의 시간이 지났을까. 안에서 썩고 고여서 숨이 막힌다. 살기 위해 버둥거린다. 숨통 틀 구멍이 생겼다. 잠시 또 잊는다. 시간이 얼마간 지난다. 다시 숨이 막혀온다. 어디선가 겪은 것 같은 상황이다. 움직이는 것을 동원해 버둥거린다. 초라하고 장엄한 움직임이다. 구멍이 하나 더 생겼다.

—오이의 글

애쓰지 않으려 노력한다

느리게 천천히 시작해야 한다는 사실은 알지만 이따금 스스로를 아니꼽게 생각하게 된다. 타인에게서 비수로 꽂힌 말이나 행동 때문이다. 나는 항상 나를 위하는데 그걸 내가 모를 때가 많은 것 같다. 사람들과 웃으며 대화를 나누면서도 기분이 좋지 않았다. 나중에야 내가 지친 상태라는 걸 깨달았다. 억지로 웃고 있는 줄도 몰랐다. 원래 이런 상태라고 생각해서 앞으로도 당연히 변함없이 그렇게 행동해야 한다고 무의식적으로 느꼈다. 그래서 마음이 무거워졌었나 보다. 평소에 기분 안 좋은 티를 좀 내야겠다. 표현은 너무 어려운 일이다. 애쓰지 않으려 노력한다. 모순 같긴 하다. 애쓰지 않으려고 노력까지 해야 한다니. 그래도 맞는 말이다. 사람들이 몰라서 그렇지 나는 엄청 애쓰고 있다. 내 노력을 내가 까먹는다. 그래서 더 노력한다. 그래서 지친다. 그 상태를 받아들이지 못하고 쉬지 못한다. 나의 있음을 내가 인정하지 못하게 되는 건 무엇 때문인 걸까. 나 때문은 아니다.

—적상추의 글

다시 태어나기

인문학 공동체에서 내가 주로 맡았던 역할은 청소년과 청년을 대상으로 하는 인문학 수업을 여는 일이었다. 우리가 처음 만났을 때 그는 고등학생이었다. 지금은 만난 지 거의 10년이 다 되어간다. 우리는 드문드문 연락을 이어나가고 있다. 최근 안부를 묻다가 내가 은둔고립청년을 만나고 있다고 하니, 그도 자신의 작업이 히키코모리 청년에 관한 것이라고 말하며 아카이브 링크를 보내주었다. 작업들 속에서 그는 스스로를 사회부적응자, 아웃사이더로 정체화하며 예술 작업을 해나가고 있었다. 이전에도 그의 작업을 봐왔던 터라 아는 내용이었는데도 깜빡하고 있었다. 아마도 '은둔고립청년'이라는 생소한 명칭에 집중하느라 잊었던 것 같다. 지금으로 치면 은둔고립청년으로 불릴 청소년과 청년이 내 주위에 많았다는 것을 말이다.

학교에 다니지 않거나 학교에 적응하기 어려워하는 청소년과 청년이 내가 공부하는 인문학 공동체에 많이 찾아왔다. 선생님들이 열었던 과정은 1년 단위의 정규 수업이었고, 내가 진행하는 프로그램은 분기별로 신청할 수 있는 프로젝트형 수업이었다. 그래서 내 프로그램에는 1년 과정을 듣기 어려워하는 이들이 특히 많이 왔다. 처음 이들이 공동체 공간에 나타났을 때 선생님들이 얼마나 당황하셨는지 모른다. 선생님들은 오가며 눈을 맞추고, 밥을 함께 먹으며 이야기 나누는 것을 매우 중요한 의례로 여기셨다. 그런데 내 프로그램에 오는 이들은 인사를 해도 받지 않았고, 뭔가를 물어봐도 대답하지 않았고, 심지어는 눈 마주치는 것도 어려워했다. 사실 '은둔고립'된 존재들은 10년도 더 전부터 주위에 넘쳐흐르고 있었던 것이다.

이제야 가시화됐지만 이들의 이야기는 10대 때 혹은 그 전부터 시작되고 있었다. 그리고 지금 20대와 30대가 겪는 일들은 그들이 장년, 노년에 들어서까지도 이어질 것이다. 혼맹에 빠진 사람은 어디로 가는 걸까? 혼맹에 빠졌던 이들의 삶에는 어떤 이야기가 이어지게 되는 걸까? 혼맹에 빠진 사람들, 하지만 물리적 죽음에 이르지 않으려고 버티는 사람들은 뭘 하게 될까? 2장에서는 혼맹에 빠진 이후 어떤 일이 벌어지게 되는지 살펴볼 것이다.

코로나19 유행이 막 시작되었던 때, 나는 A형 간염에 걸렸다. 열이 펄펄 끓었기 때문에 병원에서 진료를 거부했다. 팬데믹이 확산되며 문을 닫는 병원이 생기던 시기였다. 의사는 보건소에 가서 코로나 검사를 받아오라고 했다. 검사 결과는 음성이었지만, 나는 다시 집 밖으로 나올 수 없었다. 열이 높아서 옷을 갈아입다가 실신할 정도로

　　　　　　　　다시 태어나기

상태가 안 좋았기 때문이었다. 2주 뒤 고열이 내리고 병원을 찾았을 때 의사는 바이러스성 A형 간염에 걸렸다고 말해줬다. 최악의 상황은 지나갔지만 간 수치가 몹시 좋지 않았고, 수척해진 나를 보며 돌려보내 미안하다고 했다.

그러고는 당신은 지금 다시 태어난 것이나 마찬가지라며, 그 점을 꼭 유념하라고 조언했다. 밥도 먹지 못하고 수액도 맞지 않은 채로 고열을 너무 오래 앓아서 모든 장기와 세포가 죽었다가 다시 태어났다는 것이었다. 정말 그 말마따나 나는 씻거나 걷는 일은 아예 엄두도 내지 못했다. 우선은 먹기와 자기부터 연습해야 했다. 얼마나 씹고 어떻게 삼키는지, 먹고 난 뒤에는 언제 자야 하며 얼마나 자야 하는지, 모든 것이 낯설고 어려웠다.

이와 비슷한 일이 혼맹을 경험했던 사람들에게서도 일어난다. 이미 죽었던 사람이 해야 하고 할 수 있는 일은 다시 태어나는 것밖에 없다. 신체 기능이 오랫동안 멈췄으니 걷기부터, 모든 관계에서 떨어져나왔으니 상대의 눈을 쳐다보는 일부터, 그간 나를 인지하지 못했으니 나의 기분을 파악하는 일부터 시작해야 한다. 이것은 '회복'과 다르다. 회복은 다시 제자리로 복귀하는 것이다. 모든 것을 원래대로 돌려놓는 일이다. 하지만 다쳤던 사람은 복귀할 수 있을지 몰라도 죽었던 사람은 복귀할 수 없다. 죽은 사람이 복귀하는 일은 귀신이 되는 법밖에 없다. 혼이 사라진 채 그 자리에 되돌아오는 게 무슨 의미가 있단 말인가? 시장에서 쓸모 있는 존재가 되고, 경제적 주체가 되고, '정상' 생애주기로 되돌아간다고 혼맹에서 벗어날 수 있는 게 아니다.

많은 은둔고립청년이 "제가 뭘 하면 되나요?"라고 묻는다. 어떤 사람들은 이것이 은둔고립청년이 '무책임'하지 않은 증거라고, 경제활동 의사가 있다는 뜻이라고 말한다. 이 표현은 망설임 없이 경제적 주체가 되기 위한 의지로, 돈을 벌고 싶어 하는 표현으로 번역된다. 은둔고립청년에게 교통비라도 쥐여줘야 한다는 말은 그래서 나오는 것이다. 그러나 나는 이 말을 다르게 이해한다. 자기가 뭘 하면 좋을지를 남에게 묻는 이유는 첫 번째, 혼맹 상태에서는 자신과 사회를 인식하지 못하기 때문에 대신 묻게 되는 것이다. 두 번째, 자신에게 주어진 몫이 없기 때문이다. 이들은 몫이 없는 상태에 머물고 싶어 하지 않는다. 그래서 자신도 사회도 완전히 마주할 수 없는 상황에서도 이렇게 묻는 것이다. 내 자리는 어디인가? 내 몫은 무엇인가?

고구마　존재클럽의 '존재'라는 말에 끌렸어요. 내 존재 이유가 뭘까? 그냥 태어났으니 사는 게 아니라 태어났으니까 즐겁고 행복하고 웃고 싶은 마음이 커요. '존재'라는 느낌. 꿋꿋하게 살아갈 수 있으면 좋겠어요. 직업을 못 구해도 되니까요. 나는 나대로 괜찮다고, 남들보다 불편하지만 그런 상황에서도 할 수 있는 게 있다고.

그림 4　　흰 배경에 두 개의 점이 찍혀 있고,
그 사이를 직선이 잇고 있다.

이제 점을 하나 더 찍을 차례다. 두 점 사이에는 긴밀한 관계가 있으므로 사이에 선도 하나 긋는 게 좋겠다. 선이 먼저였고 두 개의 점이 그다음이었을지도 모른다. 어쨌든 지금 중요한 것은 두 점과 하나의 선이 있다는 사실이다. 첫 번째 점은 '죽음' 혹은 '혼맹'이고, 두 번째 점은 '다시 태어나기'다. '죽은 것 같은 상태'였다면 회복해야 할 테지만, '이미 죽은 상태'라면 다시 태어나야 한다. 신체 기능이 멈췄던 사람은 숨을 쉬고 밥을 먹고 걸어다니는 일부터 다시 시작해야 한다. 두 점을 잇는 선은 죽음에서 벗어나 다시 태어나는 과정 혹은 시도를 의미한다. 이 두 점 사이에는 무수한 좌절이 깔려 있다. 근육은 먼저 찢어지고 난 뒤에 다시 태어난다. 다시 태어나는 과정에서 무수한 찢김이 반복된다.

우리는 이미 한 번 태어났지만, 처음 바깥 공기를 들이마시며 울음을 토해냈지만, 그럼에도 다시 태어나는 일은 낯설고 버겁다. 마치 처음 태어나는 것처럼 모든 것이 어렵고 괴롭다. 어쩌면 정말 처음 겪는 일인지도 모른다. 성인이 되어서 다시 태어나는 일은 갓난아기의 태어남과 다를 것이다. 성인은 성장 속도도 아무는 속도도 더디지만, 책무는 이미 잔뜩 지니고 있다.

사람들은 차라리 완전히 혼맹일 때가 더 좋다고 느낀다. 완전한 혼맹은 아무것도 인지할 수 없으니까. 누구와도 혼을 마주할 필요가 없으니까. 그러나 자신이 혼맹이라는 것을 알게 되면, 완전한 혼맹에 계속 머무를 수 없게 되면, 다시 태어나려고 하면 그제야 고통이 시작된다. 아직 혼맹에서 벗어나지는 못했기에 주변 세계가 자꾸 나를 압도하는 것처럼 느껴진다. 은둔고립청년이 방 밖으로 나오려고 할 때 겪게 되는 일이 바로 이 과정이다. 나 자신도 세계도 인식하지 못하고 있지만, 그럼에도 어떻게든 마주하려고 시도한다.

오이　　심해에 있다가 올라왔더니……. 심해에 있을 때는 더 평온했어요. 그런데 위로 좀 올라오니까 평온하다기보다는, 주변 상황도 변동적이고 저도 어지러워요. 계속 살려고 하다 보니까 혼란스러운 것 같아요. 그 짤 아세요? 와르르 무너진 건물 앞에 '식당 정상 운영합니다' 푯말이 붙어 있는 사진이요. 제 상태가 그래요. 와르르 무너진 뒤로 다시 쌓아야 해요. 쌓으려면 준비해야죠. 재료도 필요하고, 무너진 곳을 정리해야 해요. 지금은 그러다가 그 한복판에 다시 앉은 느낌이에요. 힘을 낼 계기가 있어야 할 것 같은데 없어요. 확신도 자신도 없죠. 예전에는 무너진 곳에서 벗어나는 게 목표였던 것 같아요. 분명 과거의 어느 시점에는 지금이 바라던 순간이었을 텐데, 지금 힘들어하는 게 배부른 생각인가 싶기도 하고. 하지만 막상 여기에 와보니까 좋은지 안 좋은지 잘 모르겠어요.

물리적 죽음을 택하지 않고 어떻게든 버텨왔다. 그야말로 무너진 집에 살면서도 꾸역꾸역 '영업중' 푯말을 걸어온 것이다. 그는 이제 무너진 건물을 손봐서 다시 집을 세우려고 한다. 다시 태어나려고 엉덩이를 뗀 지금, 무력하게 집 안에 누워있을 때보다는 나아졌다고 할 수도 있지 않을까? 그러나 오이는 그렇게 생각할 수가 없다. 다시 태어나는 게 여간 어려운 일이 아니기 때문이다. 죽은 뒤 모든 게 리셋돼버린 지금 어떤 기력도 기억도 그에게 남아 있지 않다. 도대체 어디서부터 어떻게 시작해야 할지, 과연 해낼 수는 있을지 막막하기만 하다.

그래서 어떤 이들은 이 과정에서 각종 상담과 검사에 지나치게 의존하기도 한다. 지난한 과정을 진단받고 싶은 마음, 끝나지 않을 것 같은 시간을 언젠간 끝날 일로 만들고 싶은 마음, 여전히 혼맹이기에 자기 인식이 불가능하므로 누군가가 자신을 대신 해석해주길 바라는 마음, 권위에 기대 불안감을 해소하고 싶은 마음으로 말이다. 마는 조울증 진단을 받은 지 오래됐는데, 최근 들어 ADHD일 수도 있다는 이야기를 들었다.

마　　제발 ADHD이기를 바라고 있어요. 약을 먹으면 호전될 가능성이 높대요. 조울증은 평생 약을 먹으면서 조절해야 하는 건데, 그렇게 매여 사는 것보다는 나아질 수 있는 쪽이 더 좋으니까요.

사회적 불안도나 공포에 대한 검사도 같이 시행했다고 했다.

마　　밖에 나가면 두렵고 무섭고 사람들 눈치를 많이 보고 인정받고 싶어 하고, 이런 것들을 이미 스스로 알고 있었던 것 같아요. 검사 결과를 들으면서 그게 맞았던 거구나, 그런 생각이 들죠. 확실하게 인지는 하고 있었는데 변화를 위한 방법을 모르고, 끈기도 없으니까. 그래서 계속 제자리걸음을 하는 것 같아요.

마는 과거에 다른 곳에서 조울증을 진단받았을 때도

　　　　　　　　　　　　　　　　　　　　　다시 태어나기

비슷한 느낌을 받았다고 말했었다.

마　　　아, 내가 그래서 그런가 보다. 근데 낫는 병이 아니라니까 낙담했던 것 같아요.

마는 상담과 검사에 많이 의존하는 편이었다. 이야기를 듣다 보면 그에게 직접적인 영향을 미칠 수 있는 유일한 존재, 그에게 유의미한 단 하나의 존재가 상담사인 것처럼 느껴질 때도 있었다. 어떤 진단을 받아도 그게 다 자신을 명확하게 설명해준다고 느꼈고, 자신에 대한 판단을 진단들에게 위임했으며, 진단명과 자신을 동일시함으로써 진단명이 바뀌는 순간 자신도 다른 존재가 될 거라고 생각했고, 진단명만 제대로 받는다면 모든 문제가 해결될 거라고 믿었다. 그러니까 마에 따르면 그가 나아지지 못했던 것은 전문가라고 부르는 이들이 제대로 된 방법을 아직 제시해주지 않았기 때문이었다. 그러나 결론적으로 그의 이런 바람들은 이뤄지지 않았다. ADHD 진단을 받았지만 달라지는 게 거의 없었던 것이다.

오이와 당근은 여러 차례의 상담을 통해 관련 지식을 습득해왔고, 그것을 사용해 자기를 이해하려고 했다. 청경채는 최근 불교학교를 다니며 불교 이론으로 자신을 이해하려는 시도를 하고 있지만, 그전에는 상담에서 들었던 심리 이론으로 자신을 설명하고는 했다. 이것은 내가 당사자들을 만날 때 겪었던 어려움 중 하나였다. 처음에는 심리 이론과 용어 때문에 구체적으로 어떤 경험을 하고 있는지 듣기가 어려웠다. 증상명이나 현상명으로 경험이나 느낌을 퉁치거나 뭉개는 경우가 왕왕 있었기 때문이다. 게다가 상담은 상담자의 역량에 크게 좌우되기 때문에 이곳에 가서는 이런 사람이 되고, 저곳에 가서는 저런 사람이 되기도 했다. 시간이 지나고 같은 이야기를 반복해서 듣게 되자 구체적인 이야기가 나오기는 했지만, 그에 따른 또 다른 문제가 생겼다. 상담사에게 받은 해석을 따라 자신을 설명하는 듯했지만, 자세히 들어보면 그 해석으로는 다 설명되지 않는 이야기가 말끝에 따라붙었다. 그러니까 내가 들었던 것은 전문가의 해석과 그것을 받아들인 당사자들의 해석, 그리고 거기에 포함되지 못한 제삼의 영역이 마구 혼재된 이야기였다.

하지만 사람들이 심리상담에 지나치게 의존한다거나, 그 때문에 오히려 길을 잃게 되기도 한다는 사실보다 더 중요하게 봐야 할 게 있다. 이 모든 과정은, 그러니까 계속해서 길을 잃는 이 과정은 은둔고립청년이 자신이 겪고 있는 일을 이해하고 해석해내고 싶어 한다는 것을 보여준다. 다시 태어나기 위해 어디로 가야 하는지 알고 싶어 한다는 것을 보여준다. 아직 혼맹에 빠져 있기 때문에 필연적으로 무수히 좌절하고 찢길 수밖에 없음에도 이 일을 해내고 있다는 사실이 은둔고립청년의 역동을 보여준다.

아무리 다시 태어나려고 애써봐도 생존의 위협은 여전히 아주 가까이에 있다. 물리적 죽음은 가깝고 삶은 요원하다. 그 사이에, 아주 작은 틈이 하나 있다. 다시 태어나기란 기어이 그 틈을 비집고 몸을 욱여넣는 것이다. 어디가 물리적 죽음으로 가는 길인지 다시 태어남으로 가는 길인지도 알지 못한 채, 찢어지고 좌절하기를 수도 없이 반복하며 그냥 살아보는 것이다. 죽었던 사람이 다시 태어나는 일은 이토록 쉽지 않다. 그래서 나는 다시 태어나기가 하나의 힘이라고, 이 과정에 있는 사람들 모두가 이미 역동 중인 사람들이라고 말하며 2장을 시작하고 싶다.

끝끝내 움직이지 않을 것 같지만

현재 은둔고립청년을 판별하는 주요 척도 중 하나는 주변 사람들에게 도움을 받거나 요청할 수 있는지에 관한 것이다. '도움'은 은둔고립청년의 사회망을 보여주는 척도로 여겨지고, 도움을 청할 이들이 적을수록 취약한 사회망을 가지고 있다고 여겨진다. 실제로 어떤 실태조사에서는 은둔고립청년의 절반 정도가 도움받을 대상이 없다고 답했다. 그러나 내가 이 조사에서 흥미롭게 본 것은 도움받을 대상이 없다고 답한 사람 중 절반이 도움받기를 원하지 않는다고 답했다는 사실이다. 그렇다면 도움받을 대상이 있다고 답한 사람들 중 도움받기를 원하지 않는 사람은 없었을까? 아쉽게도 그에 대한 조사는 이뤄지지 않았다.

도움은 줄 수 있을 때 받을 수도 있다고 생각할 수 있다. 그러니까 '도움을 주고받을 수 있다'는 감각이 있어야 도움을 요청할 수 있다. 그러나 나는 은둔고립청년을 만나며 이들에게 그러한 감각이 사실상 부재한다는 것을 알게됐다. "도움받을 곳이 있다"고 대답한 이들 중에서도 도움받기를 원하지 않는 이가 적지 않을지도 모른다. 나는 나를 포함한 내 또래 대부분이 이 감각을 잃었다고 생각한다. 이 감각, 그러니까 '도움을 주고받을 수 있다'는 감각은 절대로 한 개인이 상실할 수 있는 것이 아니다. 그러나 은둔고립청년이 도움을 주고받을 수 없다고 느끼는 감각은 한 개인의 사회성 결여나 반사회적인 모습으로 읽힐 가능성이 높다. 은둔고립청년들의 이 감각을 어떻게 표현할까?

마　　요즘 공감을 잘해야 한다는 책이 많이 나오잖아요. 그런 이야기가 너무 많으니까 안 되는 걸 억지로 하려고 했어요. 하……. 그러니까 그렇게 힘들지. 공감도 되는 게 있고 안 되는 게 있잖아요. 근데 저는 '공감을 해야 하는구나'라는 생각이 머리에 박힌 거예요. 잘못된 공감법을 쓰면서 계속 대화를 한 거죠.

당근　　어떻게 어떤 과정으로 사람들이 친해지는지 잘 모르겠어요. 또래들은 만나고 하루 이틀 만에 약속을 잡아서 놀러 가더라고요. 맛있는 거 먹고 쇼핑도 하고 영화도 보고. 저는 그게 습관이 안 돼 있으니까 귀찮기도 하고 어렵고 망설여지고.

　　　　　　　　　　　　　　　　2장 선

사람이 싫다. 사람과 관계 맺기가 싫다. 사람 혹은 관계라는 것을 이해할 수 없다. 그것들은 나를 괴롭히기만 한다. 내가 만난 많은 은둔고립청년들이 했던 말이다. 사람이나 관계가 싫다는 말은 사람에 관한 호불호나 관계에 대한 취향을 의미하는 게 아니다. 사람들과 함께 있는 것이 괜찮지 않다는 말이다. 사회성이 부족한 것은 결과에 가깝다. 사람과 함께 있으면 너무 힘들고 괴롭고 내 존재가 위태롭게 느껴지는 게 먼저다. 이런 상황에서 도움을 주고받을 수 있을까? 타인이 무언가를 해주더라도 그것이 당사자에게 유의미한 도움이 될 수 있을까? 은둔고립청년에게 도움을 받을 만한 사람이 있는지 없는지 묻는 지표에는 이 문제가 드러나지 않는다.

시금치 친구들이 하는 얘기에는 제가 공감하지 못하고, 제가 하는 이야기는 그 친구들이 공감하지 못하다 보니까……. 다같이 이야기를 하면 그냥 들어주는 척, 공감하는 척만 하는 게 습관이 됐어요. 존재클럽에서도 이야기하려고 모여 계시면 저는 그 순간부터 심장이 막 떨리기 시작하는 거예요. 아, 저기 껴야 하는데 어떻게 해야 되지? 어떻게 들어가야 되지? 이쯤 들어가야 되나? 하지만 늦었죠. 타이밍을 계산하는 순간 이미 늦은 거예요. 그거에 또 상처받고.

　　　　　　　　　끝끝내 움직이지 않을 것 같지만

마　　　다른 사람이랑 얘기할 때, 제가 저한테만 꽂혀 있거든요. 무슨 얘기를 어떻게 해야 하지? 제 머릿속에만 꽂혀 있으니까 다른 사람한테 집중을 못하더라고요. 그래서 대화하고 나면 진이 빠지는 거죠.

사람들과 함께 있다 하더라도 사람들을 마주할 수 없다. 마주하려고 시도했다가 실패하는 사람도, 기대하고 상처받는 사람도 오직 나뿐인 것 같다. 그러니까 진이 빠진다. 사람들과 있을 때 내 행동에 관해 생각하고 내 마음만 신경 쓰는 건 나에게 집중하는 것이 아니다. 이것은 나 자신조차 인식하지 못하는 일, 혼맹이다. 자꾸 자기 안으로만 파고 들어가게 되고 관계에 참여할 수 없다. 관계에 참여할 수 없는 사람은 세계에 참여할 수 없다. 이것이 '도움받기를 원하지 않는다', '사람이 싫다'는 말에 숨은 맥락이다. 그런데 흥미로운 점은 은둔고립청년들이 이와 같은 이야기를 한 뒤 자기 생각에 꼭 물음표를 단다는 것이다. '내가 정말 사람을 싫어하는 게 맞을까?'

마　　　모여서 얘기를 할 때 가만히 있는 데도 그 자리에서 그냥 지쳐버려요. 힘들어서 눈을 감고 있다가 "마님 생각은 어때요?" 하고 누가 말을 걸어오면 그때 잠깐 얘기하고 다시 끼지 못하고. 꿔다 놓은 보릿자루처럼 앉아 있다가 집에 와요. 그러고 오면 머리도 아프고, 누가 팬 것처럼 전신이 아파요. 진짜 심한 날은 자고 일어나면 온몸이 땡땡 부어 있어요. 손가락이 막 퉁퉁해지고 얼굴도 붓고 눈도 빨갛게 돼요. 그래서 헷갈려요. 사람을 만나고 오면 내가 힘들고 아프니까요. 안 만나게 되고 싫어지더라고요. 내가 사람을 좋아하는 거야, 싫어하는 거야? 잘 모르겠어요. 두 생각이 계속 왔다 갔다 해요.

당근　　옆자리에서 싸움이 나거나 하면 막 조마조마해요. 나한테까지 덮치는 거 아니야? 집에 있을 때 밖에서 사람들이 주차 시비, 쓰레기 시비로 언성을 높여도 조마조마하죠. 내 일이 아닌데, 주변에서 일어나는 갈등 상황만 목격해도 두근거리고 몸이 떨려요. 사람들 사이에서 소외되는 꿈을 꿀 때도 있어요. 먼저 다가가기 주저하거나, 애들끼리 키득거리며 놀고 있는데 저는 혼자인 거죠. 사람들에게 다가가기 싫은데, 아이러니한 게 저도 인간이니까 외로움을 느낄 수밖에 없고. 그러니까 외로워. 외로워. 멀어지고 싶은데 동시에 외로워서 미치겠는 거예요. 그게 충돌이 되니까 참 힘들어요.

마는 사람들에게 호감을 가지고 있다. 먼저 연락을 자주 하기도 한다. 마는 사람을 좋아하는 것일까? 하지만 사람들과 함께 있을 때면 가만히 있는데도, 아무것도 안 하는 것처럼 보이는데도 너무 지친다. 집에 오면 앓아누

울 정도다. 마는 사람을 싫어하는 것일까? 당근은 친구들과 함께 키득거리며 놀고 싶다. 외롭고 싶지 않다. 당근은 사람을 좋아하는 것일까? 하지만 사람들이 저 멀리에 있는데도 무슨 일이 생기면 몸이 바들바들 떨린다. 사람에게 다가가고 싶지 않다. 관계가 너무 무섭다. 당근은 사람을 싫어하는 것일까?

여기에서 한 가지 비교해 봐야 할 부분이 있다. 은둔고립청년이 혼맹에 빠져 있을 때 세상에 느끼는 공포와 다시 태어나려고 할 때 타인에게 느끼는 공포에는 미묘한 차이가 있다. 물론 두 모습이 동시에 보일 수도 있고, 그 순서가 엎치락뒤치락할 수도 있다. 그러나 중요한 것은 '사람이 공포스럽다'라는 단언과 '내가 사람을 싫어하나?'라는 망설임은 분명히 결이 다르다는 것이다. 타자에게 공포를 느낄 때, 타자는 의심의 여지 없이 내게 위협적이다. 그러나 타자를 싫어하는지 좋아하는지 헷갈릴 때, 타자는 반드시 위협적이기만 한 존재는 아니다. 망설이는 순간 '정말 다른 존재가 내게 위험하기만 할까?' 하고 판단을 유보하게 되는 것이다. 공포는 혼맹에 빠졌을 때 드러나지만, 망설임은 다시 태어나는 과정과 함께 한다.

망설임은 은둔고립청년이 사회부적응자나 미숙아라는 증거가 아니다. 매사에 부정적으로 생각한다거나 못된 마음만 먹고 있다는 걸 보여주는 것도 아니다. 망설임은 이 사람이 지금 어떤 과정 중에 있음을 보여준다. 어떤 역동 속에서, 어떤 틈 사이에서 흔들리고 있음을 보여준다. 전혀 움직이지 않는 것처럼 보이고, 어떤 일도 일어나지 않을 것처럼 느껴지지만, 그럼에도 아주 작고 미세한 변화가 조금씩 일어나고 있다. 공포와 망설임에 이은 다음 단계는 '그럴 수도 있지'라는 마음을 먹게 되는 것인데, 이것은 3장에서 더 자세하게 다룰 것이다.

타자가 공포스럽기만 한 존재가 아니게 되면 관계를 맺으려는 시도를 해볼 수 있게 된다. 그러나 여전히 혼맹에서 벗어나지는 못했으그로 미끄러지고 좌절할 수밖에 없다. 그래서 '사람이 싫다'는 생각은 사람에 대한 집착과 동시에 일어나기도 한다.

마　　너무 사람한테 집착했어요. 그러니까, 쫌생이라는 표현이 맞을까요? (웃음) 별거 아닌 거에 상처받았어요. 다가갔다가 요만한 거에 상처를 크게 입었죠.

마는 사람이 좋은지 싫은지 결론을 내리지 못하면서도 사람들의 연락에 집착하고, 자기가 쪼잔하다고 느낄 정도로 관계에 연연해하며 상처받았다. 마음이 공프로 가득 차 있을 때는 상상할 수도 없던 일이 벌어지고 있는 것이다. 마가 이야기한 "쫌생이" 같은 마음은 사람과 관계 속에서 무언가를 해볼 수 있을지도 모른다는 가능성으로부터 온다.

　　끝끝내 움직이지 않을 것 같지만

두려움이 망설임이 된다면, 사람을 마주할 수 있을지
도 모르겠다는 일말의 가능성이 생긴다면, 그 마음은 어
떨지 더듬어본다. 타자가 공포스럽기만 할 때보다는 나을
까? 누군가를 좋아하고 또 싫어할 수도 있게 되었음에 기
뻐할까? 아마도 아닐 것 같다. 두려움은 차라리 확실하기
라도 하다. 의심이 비집고 들어올 여지가 거의 없다. 그러
나 망설임은 그와 반대다. 여기에는 확신이 비집고 들어
올 자리가 없다. 은둔고립청년이 관계 맺기를 망설이면서
부터 괴로워하기 시작하는 건 그 때문이다. 도저히 갈피
를 잡을 수 없다. 좋기만 하거나 싫기만 하면 나을 텐데,
좋은 것도 아니고 싫은 것도 아니라서 괴롭기만 하다.

내가 처음 한문 공부를 시작했을 때, 친구들과 떨어져
혼자 방에 틀어박혀 한자를 삐뚤삐뚤 그려나가고 있었을
때, 나는 아무런 갈피도 잡을 수 없었다. 동굴 속에서 어떤
빛도 없이 벽을 더듬더듬 짚으며 나아가는 느낌이었다. 그
러나 나는 그때 생존의 위협을 느끼지 않았다. 비록 어디
로 가게 되는지, 어떻게 가고 있는지 전혀 알 수 없었지만,
내게는 선생님들이 있었다. 이곳으로 나를 던져버린 선생
님에 대한 믿음이 있었고, 이곳에 계속 머물게 만드는 선
생님에 대한 존경 어린 마음이 있었다. 그러나 은둔고립청
년이 갈피를 잡을 수 없는 상황은 나의 경험과는 완전히
다르다. 어떤 믿음도 없는 상태로 손을 내밀어 앞을 더듬
는다. 어쩌면 이 벽에 압정이 수두룩할지도 모른다. 아니,

애초에 내가 짚는 것이 벽이 아닐 수도 있다. 지금 동굴 안
에 머무는 것 자체가 위험할 수도 있다. 이 망설임은 자신
의 목숨을 담보로 한다.

그러나 한편으로는 이런 생각도 든다. 내 존재를 걸
고 망설이는 일이 괴로운 건 사실이지만 그렇다고 해서
네거티브한 일이라고 단언할 수 있을까?

주변부에 있는 사람은 중심부로 진입하려는 욕망이 아주
강합니다. 당연히 이런 욕망은 능동성을 극대화하기에 좋
습니다. 하지만 뒤틀린 욕망이 되기 십상이죠. (…) 존재
이유가 오로지 중심에 진입하기 위한 것일 뿐, 자기를 키워
온 지역과 주변 사람과의 관계는 모두 목표를 이루기 위한
수단에 그칩니다. 그렇게 원칙과 도리가 없는 사람이 됩니
다. 사람들이 생활 속에서 갖게 되는 원칙은 추상적인 이념
에서 나오는 것이 아니라, 구체적인 사회관계에서 만들어
지는 것입니다. 이건 물론 유가의 사상이긴 합니다만, 나름
일리가 있습니다. 만일 주위 사람과의 관계나 생활세계와
의 관계가 명확하지 않으면, 기회주의자가 되기 십상입니
다. 타인은 모두 이용하기 위한 도구에 불과하게 되죠.[*]

샹뱌오가 말하는 '뒤틀린 욕망'을 가진 사람은 일종의

* 《주변의 상실》, 94쪽

   끝끝내 움직이지 않을 것 같지만

성공한 사람 내지는 성공지향적인 사람이다. 은둔고립청년은 중심에서 이탈하게 된 사람이므로 이로부터 반대편에 있다고 볼 수 있다. '뒤틀린 욕망'을 가진 사람과 은둔고립청년은 구체적이지 않은 관계를 맺고 있다는 공통점이 있다. 그러나 나는 전자보다는 후자가 훨씬 나은 상태라고, 전자의 삶보다는 후자의 삶이 더 빛난다고 말하고 싶다. 사람을 도구로 여기는 것보다는 사람이 싫어지는 것이 차라리 낫다. 기회주의자가 되는 것보다는 망설이면서 실패하는 시도하는 것이 낫다. 전자의 삶은 어떻게 손써볼 도리도 없지만, 후자의 나날은 좁은 틈이라도 비집고 타자와 만나려는 시도가 될 수 있기 때문이다.

상상과 집착

① 상상

어린 시절 나는 잠들기 전에 나만의 세계를 만들곤 했다. 빨리 그 세계로 가고 싶어서 졸리지도 않은데 부러 일찍 이불에 누운 적도 있다. 거기서는 엄마가 안 된다고 했던 것들을 잔뜩 할 수 있었다. 젤리슈즈도 신을 수 있었고 공주 드레스도 입을 수 있었다. 학교도 가지 않을 수 있었고 내 마음대로 사람들을 부려먹을 수 있었다. 그 능력을 잃은 건 초등학교 3학년쯤이었던 것 같다. 그때부터 나

는 오직 내가 보고 들었던 것에 대해서만 생각하고 말했
다. 그런 나와 달리 상상하는 능력을 오래도록 가지고 있
는 사람들이 있다. 나는 그런 사람들이야말로 작가가 되기
에 탁월한 재능을 가졌다고 생각한다. 마는 바로 그런 사
람이다.

나　최근에 즐거웠던 활동이 있었어요?

마　최근에요……. 최근에는 없었어요. 무슨 재미
로 살아야 될지를 전혀 모르겠더라고요. 그래서…… 상
상 속으로 가지 말아야 한다는 건 아는데, 할 게 없어지
니까 두려워요. 거기서만 살았는데.

나　거기는 어떤 세계였어요?

마　상상 속에서 저는 모든 사람들한테 사랑받아
요. 유명 연예인들이랑 연애도 하고요. 혼자 머릿속으
로 소꿉놀이를 하는 거예요. 조금 더 나아가면 혼잣말
을 하면서 상상을 해요. 왜 그렇게 상상하는지 모르겠는
데 제가 남자예요. 남편은 몸도 좋고 키도 크고 싸움도
잘하는 왕이고요. 왕의 자식들도 있는데 다 나를 좋아해
줘요. 안전한 가정이었어요. 근데 또 (웃음) 처음 만났을
때는 서로 좋아하지 않았고, 남편은 원래 바람둥이였는
데 나를 만나고 안정을 찾았어요. 얘기하니까 되게 부끄
럽다. (웃음) 근데 그 상상 속 생활을 너무 오랫동안 하
다 보니까 괴리감이 생기는 거예요. 현실은 다르잖아요.

　　　　　　　　끝끝내 움직이지 않을 것 같지만

현실은 무서운데. 그래서 자꾸 그쪽으로 더 도망치게 되더라고요. 이게 문제라고 느낀 건 4년 정도 된 것 같은데 아직도 고치지 못했어요.

나　　상상은 어떻게 시작하게 됐어요?

마　　제가 초등학생 때부터 따돌림을 주기적으로 당했어요. 고등학교에서도 당했는데 그때부터 시작했던 것 같아요. 왜냐하면…… 너무 행복한 거예요. 머리부터 발끝까지 내가 설정한 캐릭터가 나를 좋아해 주니까 너무너무 행복해. 학교 가기 싫어서 새벽 2시까지 안 자고 버티다가 곯아떨어지고, 일어나면 괴로우니까 상상으로 도망가고, 그러면 너무 행복하고. 학교에 앉아 있으면서도 상상을 하고 그 시간 외에는 잠만 잤던 것 같아요.

마는 갈 곳이 없었다. 학교에서는 따돌림을 당했고, 그밖의 다른 관계는 없었다. 학교와 집을 오가는 나날 속에서 그가 도망칠 수 있는 유일한 곳이 상상 세계였다. 마는 성인이 되고 이 능력을 살려서 글을 썼다. 몇 달 동안 우리는 함께 글을 쓰고 읽었다. 지금은 글쓰는 것이 버겁다면서 그만뒀지만, 나는 분명 그에게 작가의 자질이 있다고 생각한다.

② 집착

청경채는 말 그대로 '깔깔' 소리내면서 웃는다. 그와 함께 있다 보면 나도 그렇게 웃게 된다. 평소라면 인상을 찌푸렸을 이야기인데도 청경채가 말하면 웃다가 눈가에 고인 눈물을 훔치게 된다. 그의 거침없는 입담은 단둘이 인터뷰하는 자리에서 폭발하다시피 한다. 우리의 인터뷰는 사실상 청경채의 독무대다. 나는 그의 충직한 관중이다. 듣다 보면 어느 순간 그에게 푹 빠지지 않기는 불가능하다는 걸 깨닫게 된다. 두 손 두 발을 다 들고 항복. 결국 나는 그의 이야기를 듣는 동안 청경채란 사람이 그가 말하는 바로 그런 사람이라고 믿기로 한다. 이 세계는 청경채가 말하는 바로 그런 곳이라고 믿기로 한다.

신기한 점은 나와 그가 너무 다른데도 이런 일이 벌어진다는 것이다. 내가 가명으로 쓸 채소 하나를 말해달라고 요청하자 청경채는 자기는 고기만 좋아한다며, 그나마 고기와 함께 먹을 때 맛있는 채소인 청경채를 골랐다. 나는 동물성 식품을 먹지 않고 동물성 제품을 사지 않은 지 만으로 4년이 돼간다. 공식적인 활동이 생기면 청경채는 글리터와 볼터치를 한껏 얹고 풍성한 속눈썹을 깜빡이며 나타난다. 나는 기껏해야 선크림을 신경 써서 바르고 눈썹을 그리는 게 다다. 그는 살을 빼서 더 예뻐지고 싶다는 말을 자주 한다. 나는 스무 살 때 한국여성민우회에서 출간한 《뚱뚱해서 죄송합니까?》를 읽고 감명받아 서평을

  끝끝내 움직이지 않을 것 같지만

썼다.

"청경채는 남자를 좋아한다"고 말해도 그는 화를 내거나 부정하지 않고 깔깔 웃으며 맞다고 할 것이다. 그는 남자 이야기를 정말 많이 했다. 자살시도를 하던 때, 매일 술을 마시던 때, 온갖 점집을 찾아가 "저는 행복해질 수 있을까요?" 하고 묻던 때, 청경채는 점집에서 해준 이야기가 다 이상했다면서도 유독 한 가지 말만은 그대로 따랐다. 등산 동호회에 들어가서 남자를 만나라는 조언을 들은 청경채는 그날로 인근 등산 동호회를 찾다가 오픈채팅의 세계로 들어갔고, 거기서 또래 친구를 만나 연애를 시작했다. 물론 그가 만났던 남자가 그 사람이 전부는 아니었다. 우리가 만났던 1년이 넘는 기간 동안 그는 여럿을 만났다.

청경채　너무 외롭고 혼자 있는 게 두려워서 이 사람 저 사람 만나고 그랬어요.

괴롭고 외로울 때마다 남자를 찾았다. 내 마음이 어떤지 모르겠어도 "외로워서 받아주기"도 했다. "외로운 마음이 올라와" 무작정 밤에 만난 적도 있다. 애인에게 정말 대단하다고, 잘하고 있다고, 기특하다고 말해주면서 동시에 갈증을 느꼈다. 그 말들은 사실 자기가 듣고 싶은 것이었기 때문이다. 청경채는 외로움도 행복도 타자에게 의탁

했다. 자신을 대신해서 행복을 찾아주기를 바랐다. 그 시기는 청경채가 자살시도를 하던 때와 겹친다. 청경채는 물리적으로 죽기 직전에 자신을 누군가에게 위임하고자 했던 것이다. 그 대상이 남자이기 전에는 고양이였던 적도 있었다.

청경채　자살사고가 심했을 때는 내가 죽으면 고양이들이 버려지려나 싶어서 얘네 죽이고 나도 죽는 상상을 했어요. 어떻게 하면 죽으려나, 이렇게 하면 할퀴려나. 너무 끔찍했죠. 와, 내가 이런 생각까지 한다고? 소름이 끼치는 거예요. 못 죽이겠더라고요. 몇 년은 고양이한테 엄청 집착했어요. 남자도 안 만났어요. 칼퇴하고 외박도 안 하고 옷이나 화장품도 안 사고 고양이 용품에 돈을 엄청 썼어요. 고양이 행동 심리 배우려고 유튜브에 올라온 1년 치 영상을 다 봤어요. "내가 너희 때문에 산다", 재잘재잘 그랬죠. 진짜 걔네 때문에 살았어요.

③ 충忠과 서恕

상상과 집착은 모두 자신을 현실 세계에 두지 않는다는 공통점이 있다. 집착은 환상 속에 나를 가둔다는 점에서 상상이다. 상상은 끊을 수 없다는 점에서 집착이다. 상상과 집착은 모두 도피이고 회피이다. 도피와 회피에 관해서는 3장에서 더 자세하게 이야기할 것이다. 여기서는

　끝끝내 움직이지 않을 것 같지만

집착과 환상이 어떻게 다른지, 이것이 사람을 어떻게 파괴하는지에 대해서 이야기하려고 한다.

다시 한번 이야기하지만 완전한 혼맹일 때는 도피하거나 회피할 필요를 느끼지 않는다. 이들이 어디론가 가야 한다거나 누군가에게 기대야 한다고 느끼는 일은 완전히 혼맹인 상태를 벗어나서 다시 태어나는 과정 중에 일어난다. 정신을 차리고 보니 세계로부터 쫓겨나 있다. 시공간을 잃어버렸고 나라는 존재가 사라졌다. 갈 곳이 없는데 가야 하고, 기댈 줄 모르는데 기대야 한다. 청경채와 마는 벼랑 끝에서 물리적으로 사라지는 대신 어디론가 나아갔고, 누군가에게 기댔다.

다시 태어나는 과정은 갈피를 잡을 수 없는 상황에서, 나도 타자도 인지하지 못해서 어디로 가고 있는지조차 알 수 없는 상황에서 진행된다. 어떤 확신도 없다면, 어떤 믿음도 없다면 사람들은 어디로 갈까? 마처럼 자신이 만들어낸 세계로 가기도 하고, 청경채처럼 이성 연인이나 고양이에게로 가기도 한다. 혹은 시금치처럼 유튜브로, 토마토처럼 욕이 잔뜩 나오는 힙합 노래로, 양상추처럼 웹소설로, 감자처럼 만화로 간다. 은둔고립청년이 한 자리에 머무르며 꼼짝 않는 것처럼 보일 때도 이들은 어디론가로 가는 중이다. 그게 설령 혼자 방에 누워 유튜브를 보거나 자기만의 세계를 상상하는 일일지라도, 한 곳에 집착하며 그곳에 발이 묶이는 일일지라도 말이다.

　상상과 집착은 비슷한 점이 많지만, 분명 차이도 있다. 상상은 내 안의 세계로의 도피다. 처음부터 끝까지 내가 만든 곳에서 내 입맛에 맞는 사람들과 원하는 시간을 보낸다. 반대로 집착은 내 구게중심을 외부로 이동시키는 것이다. 나를 잊을 정도로 상대에게 모든 것을 의탁한다. 이 둘의 차이에 관련해서 살펴볼 만한 이야기가 《논어》에 있다. 공자는 제자들에게 "나의 도는 하나로 관통한다"라는 수수께끼 같은 말을 하고 자리를 뜬 적이 있었다. 그러자 제자들은 증삼이라는 한 제자에게 공자가 한 말의 뜻을 물었다. 증삼은 선생님의 도란 '충서忠恕'일 뿐이라고 답했다. 충은 자기 자신에게 최선을 다하는 것이다. 서는 자기 마음을 보내 다른 사람의 마음에 겹쳐 보는 것이다. 충과 서는 다르다. 전자는 내 안으로 들어가는 것이고, 후자는 나의 밖으로 이동하는 것이다. 그런데 이 둘이 하나라는 것은 무슨 말일까? 충서, 즉 내 안과 밖에서 생길 수밖에 없는 긴장관계가 여기서 드러난다.

　충서가 하나인 까닭은, 나를 주시하되 나에 함몰할 수 없음이요(나에게 내가 빠져들면 죽음이다), 또 한편 남을 위하되 밖을 향하기만 해서는 나를 보존할 수조차 없기 때문이다(내 몸의 한계도 말미암아 그렇다).*

* 배병삼, 《한글 세대가 본 논어 1》, 문학동네, 2002, 210쪽

　　　　　끝끝내 움직이지 않을 것 같지만

만일 충하기만 한다면, 그러니까 나 자신의 세계로만 파고든다면 죽는다. 서 없는 충, 그러니까 세계의 존재들 속에 나를 위치시키지 않는다면, 나의 세계를 만들면서도 나와 거리 두지 못한다면 나는 죽는다. 그래서 상상은 마가 어디론가 나아가려는 시도였음에도 불구하고 마를 죽일 수 있다. 만일 서하기만 한다면, 그러니까 나를 내 밖으로만 꺼내놓는다면, 나의 세계를 살피지 못하면서 밖으로만 향한다면 내가 파괴된다. 그래서 집착은 청경채가 누군가에게 의지하려는 시도였음에도 청경채를 파괴할 수 있다.

다시 태어나기가 어려운 이유가 바로 여기에 있다. 충서는 하나여야 한다. 충과 서는 동시에 일어나야 한다. 서 없는 충, 즉 너 없는 나는 죽음이고, 충 없는 서, 즉 나 없는 너는 파괴다. 이 세계와 만나지 못하는 나의 세계는 죽음을 부르고, 나의 세계를 살피지 못하는 상태로 이 세계를 만나면 파괴된다. 그런데 애석하게도 다시 태어나는 과정 중에 충서를 능숙하게 해내기는 불가능하다. 아직 혼맹인 상태로, 나도 세계도 인지하지 못하는 상태로 세계에 참여하는 법을 알 수는 없다. 그렇다면 다시 태어나려고 애를 쓰는 과정은 그저 죽음과 파괴로 이어질 수밖에 없는 것일까?

무기력

존재클럽에서 활동하다 보면 멤버들이 서로에 대해 하는 이야기를 듣게 된다. 내가 들었던 말들은 모두 칭찬이었는데, 유독 자주 언급되는 사람이 한 명 있었다. 오이다. 오이는 섬세한 감수성을 가지고 있다. 그의 감수성은 대화할 때 빛을 발한다. 오이는 다른 사람의 말을 허투루 듣는 법이 없다. 어떤 말이든 그 안에서 모두가 동의할 수 있을 만한 의미와 가능성을 찾아낸다. 또래와 대화하기를 어려워하던 멤버들도 오이를 만나고 오면 재밌었다며 들뜬 모습을 감추지 못한다. 오이와 더 대화하고 싶다고 말하는 이를 여럿 봤다. 어떤 날은 오이가 없어서 사람들과 한 번도 대화하지 못했다고 말하는 이도 있었다.

나도 오이에게 은총을 입은 사람 중 한 명이다. 처음 존재클럽에 왔을 때, 나는 글로만 '은둔고립청년'을 읽은 상태였다. 멤버들의 마음 안에서 무슨 일이 일어나고 있는지 잘 알지 못한 채로 이상한 질문을 하곤 했다. 아무에게나 그랬던 것은 아니고 몇몇에게 특히 그랬는데, 그중에서도 오이에게만은 궁금한 것을 마음껏 물어볼 수 있었다. 아무리 이상한 말이라도 오이라면 거기에서 무언가 찾아줄지 모른다고 생각하고 있었나 보다.

어느 날은 오이가 자꾸 할 일을 미루게 된다고, 근데 왜 그런지는 모르겠다며 자기 안에 '미지의 영역'이 있다

 끝끝내 움직이지 않을 것 같지만

고 말했다. 나는 그에게 호기심 가득한 얼굴로 이렇게 물었다. "미지의 영역이라니, 멋져요! 무슨 세계가 펼쳐져 있을지 모른다는 말인가요?" 오이는 반짝이는 내 눈을 보며 무슨 생각을 했을까? 그래도 그는 한숨을 쉬지 않고, 대화를 포기하지 않고, 짜증도 내지 않고 차분히 답해줬다.

오이　　가끔 제가 잠만보처럼 느껴져요.

잠만보는 애니메이션 〈포켓몬스터〉에 나오는 캐릭터다. 무슨 일이 벌어져도 개의치 않고 잠만 잔다. 거대한 몸을 가지고 있어 누가 그를 깨우기도 쉽지 않다. 누워 있을 때면 배가 솟아 있기 때문에 스스로 몸을 일으키는 것도 어려워 보인다. 눈을 뜨고 있어도 눈동자가 보이지 않는다. 심지어 깨어 있는 얼굴도 자는 것처럼 생겼다.

오이　　잠만보도 나고, 잠만보를 어르고 달래야 하는 것도 나예요. 달래려면 방법을 찾아야 하잖아요. 그런데 패턴을 모르겠어요. 완전 제멋대로인 거죠. 그래서 미지의 영역이라는 거예요. 이게 뭔지 면밀히 살펴봐야 하는데, 원인을 추론해야 하는데, 나에게 달려 있는데……. 나 자신이 버거워요. 나를 제일 잘 아는 사람은 나잖아요.

오이에게 '미지의 영역'이란 흥미로운 탐구 영역이 아니라, 심연과도 같은 곳이었다. 아무리 들여다봐도 끝이 보이지 않는다. 형체를 파악할 수 없음은 물론이거니와 탐구가 가능한지조차 가늠할 수 없는 곳. 오이는 자기 자신이 심연처럼 느껴지고, 그걸 오로지 혼자서 감당해야 한다고 느낀다. 무기력이다. 무기력은 혼맹에서 완전히 벗어나지 않은 상태로 나 자신을 마주했을 때 생겨난다. 그런데 이 무기력은 은둔고립청년에게 찍히는 낙인과 깊은 관련이 있다.

청경채　고립청년 커뮤니티에서 활동하고 있다고 하면 사람들이 "전혀 그렇게 안 보이는데? 고립이면 히키코모리 아니야? 청경채 님은 집 밖에 나가잖아요. 연애도 하고 친구도 있다면서요. 고립 그거 뭐, 진짜 이상하고 음침한 사람들 아니야? 멀쩡해 보이시는데?" 이래요. 불쾌하더라고요.

이런 이미지가 은둔고립청년에게 붙은 이유는 '일'을 하지 않아서다. 즉 시장경제에서 주체가 되지 않아서다. 은둔고립청년은 그 시선에 압박을 느낀다. 내가 만났던 거의 모든 은둔고립청년은 자신이 무기력하다는 이유로 몹시 괴로워했는데, 게으르고 의지가 없기 때문에 생존 경쟁에서 뒤처질 거라고 생각했기 때문이다.

　끝끝내 움직이지 않을 것 같지만

시금치 해야지, 이거 해야겠다 생각은 하는데 실천을 안 하는 거예요. 실천을 안 하다 보니까 저 자신이 좀 게으르다고 생각했던 것 같아요. 그러다 보면 '역시 나는 안 되는구나', 또 그런 생각에 빠져요.

고구마 몸이 안 움직여요. 무기력하고 처지게 돼요. '내가 미쳤나 봐, 왜 엎어져 있지? 뭐라도 해야 되는데.' 망했다는 생각이 참 많이 들어요. 이것저것 하고 싶다는 생각을 많이 하지만, 휴대폰 하면서 하루를 다 보내요.

게으름과 의지박약은 신자유주의와 매우 밀접한 관계가 있다. 부지런히 일해서 경제적 가치를 입증해야 한다는 압박이 사회에 만연하다. 자본주의와 함께 탄생한 성실한 노동자의 이미지는 여전히 건재하고, 시장의 형태가 달라진 오늘날 우리는 성실함에 대한 압박을 노동 현장뿐만 아니라 일상 구석구석에서 느낀다. 모든 시간은 경제적 가치를 입증하기 위한 과정이 되어야 한다. 보이지 않는 이들과 경쟁하기 위해 쉬는 날에도 자기계발에 게을러서는 안 된다. 그렇다고 휴식을 전혀 갖지 않는 것도 안 된다. 방전된다면 일을 할 수 없기 때문에 충전도 부지런히 해둬야 한다. 혼맹에 빠진 이들은 나도 남도 분명하게 인식하지 못하지만, 머릿속에서만은 어떤 명령어가 반복적으로 입력되고 있다.

'끊임없이 자기계발하지 않는 나약한 자, 먹지도 마시지도 말라.'

청경채　엄청 무기력했어요. 자존감이 많이 떨어졌죠. '나는 콜센터 욕받이나 할 수 있는 사람이야. 진짜 하찮아. 난 아무것도 못 해. 이렇게 욕만 먹다가 죽을 거야.'

오이　못 움직이겠어요. 당장에는 못 하겠다는 생각만 들어요. 묵묵히 꾸준히가 안 돼요. 왜 미루려고 하는지 모르겠어요. 저녁에 운동하는 일정이 있었는데, 원래는 꼭 해야지 했는데, 결국에는……. 강한 사람은 갈 수 있겠죠. 근데 저는 그렇게 강하지 않기 때문에 '가지 말자, 집에서 좀 늘어져 있자' 그러고 있었어요.

이 말들에는 움직이기가 어렵다는 호소, 움직일 수 있게 되기를 바라는 소망, 나약해서 마음껏 먹고 마실 수도 없다는 위축감 말고도 포착해낼 수 있는 게 하나 더 있다. 혼맹에 빠지면 시간도 흐르지 않고 자신의 위치도 알 수 없다. 시공간이 없는 사람이 되는 것인데, 그렇다면 이들이 미룰 수 있는 것은 도대체 무엇일까? 오늘이 없기 때문에 내일도 없는 사람의 삶에서 뭐가 밀릴 수 있을까? 그것은 혼맹에서 벗어나기, 다시 태어나기, 그러니까 '삶'이다. 삶이 밀린다. 무기력은 삶이 밀리고 있다는 절망과 좌

　　　　　끝끝내 움직이지 않을 것 같지만

절의 표식이다. 혼맹에서 벗어날 수 없다는 절망. 그래봤자 안 될 거라는 좌절. 왜 안 되지? 왜 못 하지? 이 간단하고 쉬운 게, 도대체 나는 왜 안 되지?

튜터 무수　양파 님이 프로그램 때 적어왔던 얘기가 있어요. 할아버지한테 갑자기 전화가 왔대요. 원래 전화를 안 하시는 분인데 하신 거예요. 양파 님도 보통 같았으면 안 받았을 텐데 받았대요. 마음을 열었던 거죠. 할아버지가 이것저것 묻지도 않고 "잘 지내고 있어? 그래, 잘 지내고 있다고 들었어" 이렇게 다정하게 얘기를 해주시고 전화를 끊으셨대요. 양파 님도 어떤 얘기를 좀 전하고 싶었는데 말을 못 했대요. 무슨 얘기를 하고 싶었냐고 물었더니, 고맙다고 말하고 싶었대요. 그 말을 할 때 조금 울먹였던 것 같아요.

나는 양파가 말하는 모습을 본 적이 없다. 그는 내가 인사를 건넸을 때 화답한 적이 없다. 몇 년 동안 다른 사람의 이름을 부른 적이 없었다고 들었다. 내 목소리로 다른 이의 이름을 부르는 일은 서로를 인지하고 마주하려는 시도다. 그는 몇 년 동안 그 일을 해올 수 없었기 때문에 다른 존재의 이름조차 부를 수 없던 것이다. 할아버지가 전해 들었다는 양파의 이야기는, 전화를 잘 하지 않던 할아버지를 전화하게 만든 그에 관한 이야기는 어떤 것이었을까? 그걸 전해듣고도 캐묻거나 다그치지 않고 잘 지내고 있다고 들었다며 양파에게 전화를 건 할아버지의 마음은 어땠을까? 그리고 그 전화를 받았던 양파의 마음은 어땠을까? 고맙다는 말조차 할 수 없는 자신이 어떻게 느껴졌을까?

'나는 할아버지의 절절한 사랑에 고맙다는 말 한마디도 할 수 없구나' 하고 좌절하는 것이 바로 무기력이다. 좌절하는 대신 이 행동을 '느리게 살기'나 '거부하기'라고 치장할 수 있었다면 좋았을 것이다. 미학적이거나 저항에 가까운 일로 보이니 말이다. 그러나 혼맹은 그와는 거리가 멀다. 다시 태어나기는 필사적이고 처절하다. 혼맹인 네가 가장 먼저 마주하게 되는 것은 죽어 있는 나, 남들이 쉽게 해낼 만한 일을 미룰 수밖에 없는 나, 자꾸만 딜레이되는 나의 삶이다.

많은 사람들은 은둔고립청년이라는 단어를 들으면 아마 '무기력'과 함께 이런 이미지를 떠올릴 것이다. 기운이 하나도 없는 사람, 아무것도 하지 않고 방구석에 누워만 있는 사람, 안됐지만 한심한 사람. 무기력은 은둔고립청년이 아무것도 하고 있지 않다는 증표로 여겨졌다. 그러나 나는 이야기를 듣다가 무기력이 전혀 다른 것을 의미한다는 걸 알게 되었다. 무기력은 은둔고립청년의 상태를 설명하는 단어라기보다는 결과적으로 벌어지는 현상에 더 가깝다. 무기력을 느낀다는 것은 이미 이들이 어떤 시

    끝끝내 움직이지 않을 것 같지만

도를 하고 있다는 의미다. 완전히 죽어 있는 사람, 아무것도 하지 않는 사람, 따라서 어떤 절망과 좌절도 느끼지 않는 사람은 무기력해지지 않는다. 무기력은 이 사람이 다시 태어나는 과정 중에 있음을 보여주는 증표다.

다시 태어나려는 시도 끝에 무기력이 나온다는 걸 이해하고 나면 앞서 살펴봤던 '상상'도 다르게 볼 수 있게 된다. 나를 마주하는 과정에서 좌절이 반복된다면, 내 안으로 들어가 새로운 세계를 구축하는 '상상' 역시 이 맥락에서 이해해볼 수 있다. 왜 나를 마주하는 과정에서 오히려 내 안으로 들어가게 되는 것일까? 나를 마주하기 위해서는, 그러니까 나 자신에 충실하기 위해서는忠 반드시 타자恕가 필요하기 때문이다. 혼맹인 상태에서는 타자를 마주할 수가 없다. 그러나 상상 속에서는 그 일이 가능하다. 상상에는 가상의 타자가 존재하고, 가상의 타자와 마주할 수 있게 된다. 가상의 타자와 마주했기 때문에 인식하게 되는 '나' 또한 가상에 가깝지만, 중요한 것은 상상에 빠지는 일이 타자를 만나러 떠나는 여정일 수 있다는 사실이다.

현실 세계에서 불가능하던 충서忠恕가 상상 세계에서는 가능해진다. 상상 속에서 무기력을 이겨내보려고 하는 것은 현실에서 다시 태어나려는 시도, 즉 충서하려는 시도다. 그렇다면 물리적 죽음이 우주적 관계에 참여할 수 있는 하나의 방법이 될 수 있는 것처럼, 가상세계로 들어가는 것 역시 세계에 참여하는 하나의 방법이 될 수도 있지 않을까? 상상은 아무것도 할 수 없는 상황에서 할 수 있는 일을 찾아내고, 어디도 갈 수 없는 상태에서 갈 수 있는 곳을 찾아내는 일이기도 하다.

불안

내가 만난 많은 은둔고립청년이 영화 〈인사이드 아웃 2〉에 등장하는 캐릭터 '불안이'에 깊이 이입했다. 마치 자신의 모습을 보는 것 같다고 했다. 〈인사이드 아웃〉 시리즈는 사람 안에 감정 컨트롤 본부가 있고, 그곳에서 여러 감정들이 그 사람을 컨트롤한다는 설정에서 시작된다. '불안'이라는 감정을 담당하는 불안이는 특히 미래의 불확실성을 견디기 힘들어한다. 가능하다면 모든 것을 빠르게 계산하고 예측하며 대비하고 싶어 한다. 호박은 영화관에 가서 이 영화를 몇 번이나 봤다고 했다. 개봉한 지 시간이 꽤 지난 때였기에 〈인사이드 아웃 2〉을 아직도 볼 수 있냐고 묻자 그는 어디서 상영하고 있는지 술술 읊었다.

호박　　〈인사이드 아웃 2〉를 몇 번이나 봤어요. 불안이를 보면 제 머릿속을 표현한 것 같거든요.

〈인사이드 아웃 2〉의 캐릭터들은 표정에서 성격이 잘

　　끝끝내 움직이지 않을 것 같지만

드러난다. 불안이의 표정은 몹시 위태로워 보인다. 그는 튀어나온 커다란 눈으로 주인공에게 일어나는 일들을 바삐 쫓지만, 상황이란 늘 통제할 수 있는 범위를 벗어나기 마련이다. 아마도 그렇기 때문에 눈이 빠질 듯이 앞으로 튀어나와 있는 것일 테다. 눈썹은 아예 얼굴 바깥으로 밀려나 있는데, 나름 불안을 숨기기 위해 눈썹을 최대한 위로 들어올리다 보니 그렇게 돼버린 것 같다. 입은 이빨이 다 드러나 보일 정도로 크다. 불안한 상황을 큰 입으로 꿀떡 삼켜버리고 싶어 하는 것 같기도 하다. 하지만 모든 상황을 다 통제할 수 없는 불안이는 실제로는 아무것도 삼키지 못한다. 그가 할 수 있는 일이라곤 그저 자신의 불안을 한껏 입에 머금는 것뿐이다. 부산스러운 머리칼 역시 강렬한 불안함을 잘 보여준다. 통제할 수 없는 상황 때문에 빠질 듯 튀어나온 눈, 불안을 숨기고 싶어서 위로 치솟은 눈썹, 감당할 수 없는 일을 꿀떡 삼켜버릴 만큼 커다란 입이 합쳐져서 머리 위에서 폭발해버린 것만 같다. 얼굴이 세모나서 더더욱 폭발하는 화산처럼 보인다.

〈인사이드 아웃 2〉에서 불안이는 감정 컨트롤 본부의 통제권을 잡자마자 조수들을 한곳에 모아두고는 발생할 수 있는 온갖 경우의 수를 예측하게 만든다. 혹시 모를 나쁜 상황에 철저히 대비하기 위해서다. 어떤 경우에 미래 예측은 미래를 잘 맞이하는 행위가 될 수도 있다. 그러나 불안이는 다른 감정을 내쫓아버리고 혼자 본부를 독점했기 때문에 패닉에 빠지고 만다. 이제 주인공에게 미래란 오직 불안뿐이다. 이런 모습은 은둔고립청년들에게서도 자주 볼 수 있다.

오이 불안이처럼 나쁜 생각을 연달아서 하게 돼요. 일을 하면서 출퇴근 시간을 지킬 자신이 없고, 그러면 사람들이 실망할 테고, 그러면……. 계속 연이어서 상상하는 거죠. 기대했는데 실제로 경험했을 때 너무 다르면 어떡하지? 그러면 뭘 허야 하지?

오지 않은 일에 대한 가능성을, 그것도 아주 나쁘게 흘러갈 가능성을 끝없이 떠올린다. 상대와 눈을 마주하지 못하고, 세계에 참여하지 못하고, 내 안의 불안이가 띄워주는 나쁜 시나리오만 들여다보는 것이다.

고구마 집 밖을 나가기가 어려워요. 나가더라도 몇 번이고 다시 집에 돌아오게 돼요. 고데기는 껐나? 가스는 잠갔나? 현관문이 제대로 닫혔나? 예전에는 이것저것 시도해볼 수 있었던 것 같은데, 지금은 조바심이 나고 촉박하기만 해요.

튜터 무수 양파 님이 항상 한 시간씩 일찍 오셨어요. 시간에 대한 강박이 있어서 그런 거래요. 늦으면 안 된

          끝끝내 움직이지 않을 것 같지만

다. 어떤 분들은 강박 때문에 못 일어나서 아예 늦어버리기도 하시잖아요. 양파 님은 늦는다는 강박 때문에 너무 불안하고 싫으니까 아예 일찍 오는 거예요. 무슨 일이 생기더라도 늦지 않을 정도로 일찍이요. 그래서 프로그램을 준비하기 위해 일찍 오는 저와 지하철에서 만나서 버스 같이 탈 때도 있고 그래요.

이게 맞는 건가? 혹시나 내가 예상하지 못했던 나쁜 일이 벌어지는 건 아닐까? 내가 미처 생각하지 못했던 더 안 좋은 일이 벌어지면 어쩌지? 불안에 지배되는 상태에서는 자연스레 실수를 하게 된다. 불안해서 실수하는 게 아니다. 상대든, 상황이든, 자기가 하고 있는 일이든 제대로 마주할 수 없기 때문에 실수가 발생한다. 불안 자체가 세계에 참여하지 못하고 있다는 증거다.

시금치　군대에서 따돌림을 당하면서 무섭고 실수도 많이 했던 것 같아요. 일할 때도 실수를 많이 해서 욕을 먹었고요. 계속 무시 당하다 다 그만두고 은둔을 했어요. 조그마한 실수를 하는 순간 몸이 굳어져버리면서 심장이 쿵쾅쿵쾅, '이거 어떻게 해야 되지? 어떻게 해야 되지? 어떻게 해야 되지?' 막 혼란스러워지는 거예요. 그러다가 안정이 되는 순간이 오면 저를 혐오하게 되는 거죠. '아, 나 또 그랬어.'

마　　사람들 사이에 있을 때 눈치를 엄청 보는데, 눈치가 없대요. 그래서 실수를 하고. 그러니까 더 긴장이 돼서 일을 못 하고.

시금치는 다른 존재를 인식할 수가 없었다. 자신이 알아차리지 못하는 사이에 사람들에게 놀림과 따돌림을 당하기 시작했다. 무엇이 잘못됐는지 알 수 없었기 때문에 몹시 불안했다. 실수는 당연히 할 수밖에 없었다. 마는 학창 시절 내내 따돌림을 당했다. 누구와도 눈을 맞출 수 없었기 때문에 자신이 잘못을 저지를까 봐 늘 불안했다. 오히려 그럴수록 더 실수했고, 실수 때문에 더 긴장해서 불안이 심해졌다. 불안이 실수를 부르고, 실수가 불안을 부르는 궤도에 갇히게 된 것이다. 은둔했거나 고립돼 있는 이들은 일도 잘하지 못하고 사람들 눈치도 지나치게 많이 본다. 그러나 일을 못 하거나 눈치를 많이 봐서 은둔고립 청년이 된 것은 아니다. 혼맹이 먼저다. 이들을 혼맹에 빠지게 만들었던 상황이 먼저고 불안과 실수는 그 다음이다.

불안은 현재에서 과거와 미래로 확장된다. 과거에 있었던 일을 불안해하면 후회가 되고, 미래에 있을 일을 불안해하면 공포가 된다. 과거의 작은 잘잘못을 들춰내고, 오지 않은 미래와 불확실성을 부풀린다. 혼맹에 빠진 사람에게는 시공간이 존재하지 않으니 허황된 망상에 사로잡힌다. 현재를 살 수 없다.

　　　　　　　끝끝내 움직이지 않을 것 같지만

마　　　암흑기일 때는 생각을 끝도 없이 했어요. 부정
적인 생각만요. 어떻게 설명해야 될까요……. 아! 과거,
미래, 그것만 계속 생각해요. 현재 말고요. 과거 생각하
면 후회만 하고, 미래 생각하면 무섭기만 하고. 그런 생
각만 계속하니까 더 가라앉고 아무것도 못 하겠고. 그런
쪽으로만 머리를 계속 쓰니까 없는 에너지가 더 떨어지
고…….

　　아직 혼맹에서 벗어나지 못했고, 주위와 눈을 마주
할 수 없다. 대화를 해도 나(나라고 착각하는 것)만 보이고,
어디를 가도 나만 느껴진다. 그래서 자꾸 되짚고 확인하
려고 한다. 짚이는 구석도 명확하게 확인할 수 있는 것도
없지만 자꾸 시도한다. 불안은 거기서 나온다. 혼맹 속에
서 타자를 마주하려고 시도하기 때문에 불안해지는 것이
다. 불안은 무기력과 마찬가지로 은둔고립청년을 대표하
는 상태이다. 나는 불안이 무기력과 마찬가지로 다시 태어
나는 과정에 있음을 보여주는 증거라고 생각한다. 불안은
타자를 마주할 수 없음에도 마주하려고 시도할 때 발생
하기 때문이다. 그렇기 때문에 불안한 사람이 무력하다고
동정받을 이유는 없다. 이미 역동적인 상태이기 때문이다.
　　왜 혼맹인 상태에서 타자와 마주하려 할 때 수많은
변수를 예측하게 되는 걸까? 왜 불안이 극심해지면서 꼼
짝도 할 수 없게 되는 걸까? 그 이유는 첫째로 예禮, 그러니

　　　　　　　　　　　　　　　　　　　　2장 선

까 서로를 마주할 때 주고받는 기본적인 의사소통 감각이 사라졌기 때문이다. 우리는 모든 순간 생각하고 예측하며 움직이지 않는다. 오히려 훨씬 자연스럽게, 자신도 모르는 사이에 무언가를 주고받는다. 우리에게는 서로 만날 수 있게 돕는 의사소통 감각이 있고, 때에 맞춰 적절한 방법을 잘 사용할 수 있도록 능력도 키워나갈 수 있다. 유학에서는 상황에 맞게, 한쪽으로 치우치지 않게 행동하는 사람을 훌륭한 사람亢구이라고 생각한다. 예가 그만큼 어렵고도 중요하기 때문이다.

혼맹에 빠진 사람은 예의 감각과 예를 적절하게 사용할 수 있는 능력을 완전히 잃어버린다. 상대의 신호를 알아들을 수 없고 상대에게 신호를 보낼 수도 없으므로 자기검열과 혼란에 휩싸인다. '이래야 했나/하나? 저래야 했나/하나?' 도대체 언제 어디서 어떻게 인사를 해야 했을까? 친구에게는 이렇게 했는데, 튜터에게는 어떻게 해야 하는 것일까? 이 일은 이렇게 하라고 해서 했는데, 저 일도 똑같이 하면 되는 걸까? 아니면 다른 방식으로 해야 하는 걸까? 예가 사라진 자리를 자의식이 채운다.

마　워낙에 뭘 안 해봤으니까, 뭘 어떻게 해야 하는지도 모르겠고 뭐가 나한테 맞는지도 모르겠고. 그러다 보니 강박처럼 일이 들어오면 빨리 끝내야만 안심할 수 있는 거예요.

　끝끝내 움직이지 않을 것 같지만

타자와 눈을 마주하려고 하다가 다시 혼맹에 빠지게 되는 두 번째 이유는 나의 마음을 다른 사람에게 포개어보는 것, 즉 서恕가 가진 특성 자체와 관련이 있다.

충(忠)이 자기 진실성, 즉 스스로에 대한 이야기였다면 서(恕)는 다른 존재와의 관계, 즉 상호성에 대한 이야기이다. 恕(서)는 如(여)와 心(심)으로 이루어져 있는데, 如에는 '~와 같다', '~을 따르다/좋다'는 의미가 있다. 즉, '누군가와 마음을 같이하다', '누군가를 마음으로 좋고 따른다'는 뜻이다. 이는 소극적으로 상대에게 동의한다는 의사를 표하거나 공감한다는 리액션을 하는 게 아니라, 자기의 마음(心)을 접어서 다른 사람 위로 포개어 같게(如) 하는 적극적인 행위다. 누군가의 마음을 헤아린다는 것은 자신을 그 사람의 자리에 위치시킨다는 뜻이다. 정말 그 사람이 되어보는 것, 그래서 그 사람의 상황과 마음을 적극적으로 받아들이는 것이다.[*]

나의 마음을 접어서 상대에게 포개는 것은 일차적으로 나를 제한하는 일이다. 마음을 포개서 헤아리기 위해서는, 정말 상대가 돼보기 위해서는 나의 생각, 감정, 느낌 같은 것들을 내려놔야 한다. 우리는 남보다 나를 더 크

* 김고은, 《어쩌다 유교걸》, 오월의봄, 2023, 127쪽

게 느끼기 때문에, 나를 제한하지 않고는 남을 느끼기가 쉽지 않다. 그러나 나를 제한한다고 해서 나의 존재가 제한되는 건 아니다. 거꾸로 이 과정은 나라는 존재를 최대로 확장시키고, 내가 가진 생명력을 최고로 발휘할 수 있게 해준다. 나를 다른 세계와 적극적으로 만나게 함으로써 나의 좁은 세계에 갇히지 않게 되기 때문이다. 나라는 한계를 넘어 다양한 세계와 만날 수 있기 때문이다. 따라서 삼가고 제한하고 조심하는 일은 상대를 향한 배려이기 이전에 내 생명력을 온전히 발휘하는 일이 된다.

그런데 혼맹에 빠진 사람이 마음을 접어 타인에게 포개려는 시도를 한다면 어떻게 될까? 충忠, 그러니까 나를 마주할 수 없는 상태에서 무작정 상대에게로 나아간다면? 이미 인식할 수 없는 나를 최소화해 상대에게로 향한다면? 접힐 내가 없는 상태에서 나를 타자에게 헌신한다면, 그러니까 내 존재가 상대에게 동일화된다면 나는 파괴되고 만다. 나는 상대가 아니므로 내가 할 수 있는 유일한 일은 그저 발생할 수 있는 모든 경우의 수—대체로 나쁜 경우—를 대비하려 드는 것이다. 그것이 상대와 동일화된 나, 이미 사라진 나를 지키는 방법이기 때문이다. 이것이 집착이다. 집착은 불안은 한 곳으로 고이게 한다. 어쩌면 집착이 불러오는 파괴 역시 또 다른 방식의 세계 참여라고 할 수도 있을 것이다. 내가 하고 싶은 말은, 불안과 집착 역시 다시 태어남의 과정이 만드는 굉장한 역동 속

　　　　　　　　끝끝내 움직이지 않을 것 같지만

에서 발생하는 일이라는 것이다.

혼맹에 빠진 은둔고립청년들은 완전한 혼맹에서 살짝이라도 벗어나게 되는 순간 다시 태어나기 위한 여러 시도를 하게 된다. 필연적으로 좌절할 수밖에 없는 시도 말이다. 무기력과 불안은 그 과정에서 포착되는 상태 중 하나다. 무기력과 불안이 이들을 위축되게 만들더라도, 상상과 집착이 때로 이들을 죽이고 파괴하더라도 이 상태는 절대 무력하다고 할 수 없다. 이 상태는 다시 태어남의 현장, 즉 역동의 현장이다.

영원히 제자리일 것 같지만

앞서 은둔고립청년의 무기력과 불안에는 역동이 있다고 이야기했다. 여기에는 좌절이 계속될 수밖에 없고, 이 좌절은 또 다른 혼맹으로 이어지게 된다는 것이 전제돼 있다. 역동이 있다고 해서 이 상황을 마냥 낙천적으로만 이해하거나 속 시원한 해결책을 찾을 수 있게 되는 건 아니다. 역동은 따뜻한 위안이 되어주지 않는다. 다시 태어나는 시간은 역동과 좌절을 동시에 맞이한다. 이 시간은 너무 지난해 아무것도 해결되지 않을 것 같아 보인다. 이것이 은둔고립청년이 보내고 있는 나날이다. 아마 누군가는 여기에서 허무에 빠질지도 모른다. 해도 안 된다고, 하나 마나 똑같다고, 어차피 달라질 건 없다고.

나는 오랫동안 허무라는 개념을 이해하기 어려워했다. 아마도 유학을 공부해왔기 때문일 것이다. 유가는 늘 구체적인 현실에 기반해야 한다고 이야기한다. 두 발을 땅에 딛는 것이 이 철학의 출발점이다. 허무라는 개념이야말로 허무한 이야기처럼 보였다. 그러다가 은둔고립청년을 만나면서 나는 비로소 허무를 느낄 수 있게 됐다.

영화 〈에브리씽 에브리웨어 올 앳 원스〉의 조부 투파키는 허무를 상징하는 캐릭터다. 영화의 주인공 에블린은 이민 1세대 여성으로, 지난한 현실 속에서 딸 조이와 갈등을 겪고 있다. 조부 투파키는 다른 차원이자 최악의 우주에서 온 조이다. 그는 에블린을 만나자마자 자신이 찾던 다른 차원의 엄마임을 알아채고는 그동안 만들어 온 것을 꺼내 보여준다. 어느 날 조부 투파키는 베이글 위에 소망과 꿈, 옛날 성적표, 개의 품종, 인터넷 광고, 참깨, 양귀비씨, 소금, 모든 것을 올렸단다. 그랬더니 모든 것을 빨아들이는 블랙홀과 같은 새까만 베이글이 만들어졌다. 조부 투바키는 이것을 '진실The truth'이라고 부른다.

에블린   그 진실이…… 뭔데 What is the truth?
조부 투파키   전부 다 부질없다는 것 Nothing matters.

난해해 보이는 이 장면을 이해하기 위해 몇 번을 돌려봤다. 그러다 어느 순간 은둔고립청년의 모습이 조부 투파키와 겹쳐 보였다. 영원히 끝나지 않을 것처럼 반복되는 시도와 좌절은 마치 아무 일도 일어나지 않는 것처럼 보이게 만든다. 마치 우리가 영원히 그 자리에 머물게 될 것처럼 느끼게 만든다. 조부 투파키는 도저히 안 되겠어서, 차라리 먹어 없애버리기라도 하고 싶어서, 매일 먹던 쌀밥 위에 반찬을 얹듯 베이글 위에 모든 시도와 좌절을 토핑으로 올렸다. 그랬더니 만들어진 것은, 조부 투파키가 진실이라고 믿게 된 것은, 'Nothing matters', 허무였다. 나는 은둔고립청년들을 만나며 조부 투파키처럼 그 이야기를 모조리 내 밥 위에 얹어버렸다. 시도와 좌절이 끝나지 않을 것처럼 반복되는 것을 보면서, 내가 그것을 혼자 꿀떡 삼킨다면 조부 투파키처럼 거대한 베이글을 만들게 될 거라고 느꼈다. 우리가 두 발을 땅에 딛지 못하고 있다는 이야기는 곧 '우리의 존재는 허무하다'라는 결말로 이어지게 될 위험이 있었다. 그래서 나는 이 책을 쓸 수밖에 없었다. 밥 위에 그저 쌓아두는 대신 꼭꼭 씹어 삼키고 소화시켜야 했다.

감자도 나의 밥 위에 이야기를 얹은 사람 중 하나다. 감자는 아무리 슬프고 괴로운 이야기를 할 때도 눈물을 흘리지 않는다. 눈물이 안 나서가 아니라, 항상 눈물이 나서 사람들과 있을 때도 혼자 우는 법을 터득했기 때문이었다. 감자는 나와 함께 있을 때 많이 울었다고 했지만, 나는 끝까지 그의 눈물을 보지 못했다. 나는 감자의 이야기를 쌓아두기만 할 수 없어서, 그가 참아낸 눈물에 마냥 잠길 수 없어서, 감자와 함께 엉엉 울고 싶어서 지금 감자 이

 영원히 제자리일 것 같지만

야기를 원 없이 하려고 한다.

우리가 처음 인터뷰한 날은 몹시 더운 여름이었다. 이미 프로그램을 함께했던 사이라 그런지 감자는 나를 자신의 방으로 초대했다. 당시에 나는 열사병에 걸린 것과 비슷한 상태였다. 해가 진 이후였는데도 기력이 쭉 빠지고 어지러웠다. 감자의 방에는 에어컨이 없었다. 에어컨 없이는 거의 정신을 차릴 수 없는 날씨였기 때문에 나는 그 어느 때보다도 인터뷰를 빨리 끝내고 다음 약속을 잡았다. 그래서 우리가 첫 인터뷰에서 이야기한 시간은 겨우 1시간에서 1시간 반 정도에 불과했다. 그런데 그 짧은 시간 동안 감자는 한국이 싫다는 말을 최소 열두 번 했다.

아마도 감자가 싫어할 방식으로 그를 소개해보자면 이렇다. 감자는 부모님과 나이 터울이 얼마 나지 않는 남동생과 함께 산다. 그의 집은 경기도에 있는 한 아파트 단지로, 어렸을 때부터 살아온 동네다. 성적 상위권 학생들만 입학할 수 있는 기숙제 고등학교에 진학했고, 그 학교에서도 공부를 잘했다. 상위권 중에서도 상위권인 학생들이 교사가 될 수 있던 시절이었다. 입시에 성공한 감자는 이후 임용 시험까지 합격해서 서울에서 근무하는 정교사가 되었다. 지금은 10년 차가 다 돼간다. 그러니까 감자는 안정적인 집과 안정적인 직장을 가지고 있는 30대 여성이다. 이렇게 적어놓고 보니 감자가 한국을 싫어할 이유가 없어 보인다. 많은 사람들이 그와 같은 삶을 살고 싶어 할 것 같기도 하다. 생계도 보장돼 있고, 사회적으로 인정받는 지위이며, 심지어 노후를 걱정할 일도 없다. 그렇다면 감자는 왜 그렇게 한국을 싫어하게 됐을까? 그 이야기를 하려면 우선 그의 학창 시절로 돌아가야 한다.

감자 한국이 싫다고 느끼는 큰 이유 중 하나가, 제 어린 시절 불행에 사회의 책임이 커서 그런 것 같아요. 어릴 때는 제가 통제할 수 있는 게 없잖아요. 고등학생 때는 아침 6시에 일어나서 운동하고, 밥 먹고 학교 가고 밤 11시 반까지 공부하는 생활을 했어요. 6시간도 못 잤죠. 그때는 충분히 자는 줄 알았어요. 사당오락*, 이런 말이 있던 때라서요. 저는 잠을 많이 자야 되는 체질인데, 6시간밖에 못 자니까 맨날 졸아서 선생님한테 혼났거든요. 제 딴에는 안 자려고 진짜 애를 많이 썼어요. 근데 어쩔 수가 없었죠. 그때 충분히 자게 해줬으면 좋았을 것 같아요. 아니면 학생이 졸 때 혼내기보다 '얘네를 더 재워야 하는 게 아닌가?' 생각하는 어른이 한 명이라도 있었으면 좋았을 텐데. 제 안에 이글거리는 혐오, 분노, 그런 것들은 어린 시절이나 부모님에 대한 것이기도 하지만, 그보단 인간적인 대우를 못 받았다는 느낌에 가

---

* 4시간만 잠자면서 공부하면 대학 입학에 성공하고 5시간 이상 잠자면 대학 입학에 실패함을 이르는 말이다.

 영원히 제자리일 것 같지만

까운 것 같아요. 이 사회에 대한 분노인 거죠. 애들 가둬 놓고 자습시키고 공부시키고, 성적에 따라서 아이들한테 가치 매기는 걸 반복하잖아요. 등급이 떨어지면 인간으로서 가치가 떨어지고. 너무 비인간적인 것 같아요. 그렇게 기계처럼 공부해서 제가 성장했는지도 잘 모르겠고. 지금 30년 조금 넘게 살았는데 20년을 그렇게 헛짓거리한 거잖아요. 그런 걸 바꾸려 하지 않는 지금 사회에도 너무 화가 나요. 사실 공부를 잘하는 게 아니었으면 누가 날 기억할까 싶어요. 서글프죠. 이런 걸로 관심을 받기보단 생명을 가진 존재로서 관심을 받을 수 있었으면 좋았을 텐데. 그런 경험이 별로 없나 봐요.

그는 매일 6시간도 못 자며 공부만 해왔던 과거에 분노를 느낀다. 공부를 잘하지 않았다면 존재감이 없었을 거라고 생각했기 때문에 그는 경쟁에 필사적으로 매달렸다. 자기 가치를 증명하기 위해 매일을 내달리는 감자를 누구도 들여다봐주지 않았다. 그저 '공부 잘하는 애'라는 타이틀만이 감자라는 인간의 전부였다. 공부로 존재를 입증해야 하는 사람. 그렇지 못하면 인간도 될 수가 없었던 사람. 그렇게 20년을 살아온 사람. 이제 와서 다른 방식으로 존재할 수 있는 방법을 찾을 수 없는 사람.

감자　　　지금도 많이들 그러잖아요. 자기계발을 해야 되

　　　　　　　　　　2장 선

고, 그런 거 안 하면 뒤처지고 내가 부족하다고 생각하는
거. 대학생이 돼서도 누가 시키지도 않았는데 6시에 일어
나야 한다고 생각할 때가 있었어요. 알람을 맞추고 애를
썼죠. 그러다 언젠가는 살인마한테 쫓기는 꿈을 꿨어요.
정말 무서운 꿈이었는데, 칼에 탁 찔리자마자 벌떡 깼거
든요. 시계를 보니까 딱 6시인 거예요. 충격을 받았죠.

성인이 된 감자는 노골적으로 경쟁을 시키던 고등학
교에서 벗어났다. 그러나 그 존재 양식에서 벗어날 수는
없었다. 누가 시키지도 않았는데 고등학생 때처럼 6시에
일어나려고 했다. 태생이 잠이 많은 편인 그는 기숙학교
를 졸업한 뒤로 쉽게 혼자서 6시에 일어날 수 없었고, 결
국 살인마가 자신을 쫓아오는 꿈을 꾸기 시작했다. 그러
나 진짜 최악의 일은 그가 교사로 취업하고 난 뒤에 일어
났다. 자신이 혐오하고 증오하는 것을 재생산하게 된 것
이다. 자신을 이렇게 만들어버린 존재 양식을 어린이들에
게 가르쳐야 했다.

감자　　한국 사회가 싫은 마당에 공교육에 종사하는
건 정말 미스매치예요. 제가 싫어하는 것들을 계속 재생
산하는 데 일조하고 있다고 느껴요. 제가 그렇게 배웠기
때문에 그렇게밖에 가르칠 수가 없는 것 같거든요. 초등
학교에서 애들도 성적에 너무 목매고. 제가 3학년을 맡

　　　　　　　　　　　영원히 제자리일 것 같지만

고 있는데 공부 못하는 애는 무시하고, 잘하는 애는 우쭐거리는 게 딱 보이거든요. 부모도 공부를 잘하라고 가르치니까 제가 "공부할 필요 없어"라고 말할 수가 없는 거예요. 사실 이 사회 안에서 필요 없다고 할 수 있는지도 모르겠고. 제가 교사가 된 건 부모님이 원해서였거든요. 자식이 어떤 일을 하면 좋고 잘할지에 대해 별로 생각 안 하셨던 것 같아요. 그냥 좋아 보이니까. 근데 이제 교사를 좋게 취급 안 해주더라고요. 저 사실 문과에서 거의 1등이었어요. 근데 이제 와서 교사를 그만두고 다른 걸 해서는 또 딱히 좋은 직업을 갖기 어렵고. 근데 '좋은 직업'이 있는 이 나라가 싫고. 이미 그 편견과 관념이 제 머리에 박혀서, 환경미화원이 되거나 하면 다른 사람이 나를 하찮게 볼 거라는 게 이미 전제가 돼버렸으니까. 다른 나라라고 뭐 그런 게 없겠냐마는. 〈심슨 가족〉 보면은 다 있기는 하더라고요.

감자는 휴직을 하고 IT 업계로 이직하려고도 해봤지만 결국 포기했다. 자신이 지금 준비해서 갈 수 있는 곳은 양산형 일자리밖에 없음을, 그곳에서는 일터에서도 사회적으로도 존중받기 어렵다는 것을 깨달았기 때문이다. 그러나 감자가 정말로 교사 일을 그만둘 수 없는 이유는 그가 자신이 혐오하는 방식이 아닌 다른 방식으로 존재하는 법을 모르기 때문이었다.

감자는 경쟁 속에서 자신의 존재가 파괴됐음에 분노한다. 그런데 자신을 이렇게 키운 한국 사회는 여전히 어린이들을 같은 방식으로 키워내고 있다. 감자는 그 한복판에 서서 자신과 같은 아이들이 자라나는 것을 매일매일 바라보고 있다. 심지어 그 과정에 일조하면서 말이다. 자신을 파괴한 것을 자신이 재생산하고 있다. 모든 것이 하나도 변하지 않고 그대로 반복되고 있다. 이 굴레를 벗어날 방도가 없다. 그래서 자꾸 한국을 떠나고 싶다는 생각을 한다. 해외라고 크게 다를 건 없겠지만, 적어도 이 굴레에서는 자유로워지리라고 생각하는 것이다. 어린 시절부터 자신에게 각인되어 온 삶의 양식, 벗어나려 해도 벗어날 수 없는 이 삶의 양식에서 말이다.

내가 설 땅은 어디인가

한국에서 산다면 다른 직업보다야 교사가 낫겠지만, 교사를 계속 할 수 있을지 자신이 없다. 그는 자신이 '교사처럼' 보이는 게 싫은 사람이다.

감자　　직업과 나이가 저에 대한 편견의 틀을 만들어요. 이 나이에 이런 직업을 가진 여성은 이 안에서 벗어나지 않는다는 틀을 만들고, 저도 그 안에서 뭔가 수행

　　　　　　　　　　영원히 제자리일 것 같지만

해야 할 것 같고. 사람들이 저에 대해서 그런 생각의 틀을 갖고 있는 것 자체도 너무 별로인 것 같아요. 나이도 왜 그렇게 중요한지 잘 모르겠어. 초등학교 교사라고 하면 바르고 참한 이미지를 생각하는데, 저는 그 반대를 원하거든요. 그래서 더 일탈적으로 행동하는 것도 있는 것 같아요. 술을 많이 마신다든지, 문신을 한다든지, 피어싱을 한다든지. 교사 같지 않다는 말 듣는 걸 좋아해요. 이상한 것 같아요. 교사인데 교사 같다는 말은 욕이고, 교사 같지 않다는 말은 칭찬이 되는 게. 누군가가 "그렇게 힘들고 너랑 안 맞으면 그만둬도 괜찮아"라고 말해줬으면 얼마나 좋았을까요? 그때는 그래봤자 20대 중반이잖아요. 다른 길을 찾았으면 훨씬 좋았겠다는 생각이 들어요. 예전엔 출근하기 싫어서 맨날 울었거든요. 지금은 그 정도는 아니고, 한국에서 계속 살 거면 다른 직업 찾는 것보다 하던 거 하는 게 낫겠다는 생각이 드는데요. 그때는 왜 계속했는지 모르겠어요. 힘들고 안 맞는다고 얘기해도 다들 "어떻게 된 교사인데 그래도 해야지", "어딜 가도 힘들 거다" 이렇게 말하니까 그 말이 맞는 줄 알고 계속했죠. 학교 가기 전날이면 잠들기가 싫었어요. 자면 아침이 오니까. 선생님이 젊고 착해 보이면 애들이 정말 마구잡이로 행동하거든요. 그때는 그걸 혼내거나 분위기를 잡을 줄도 모르고. 그냥 속으로 내가 모자라서 이렇게 된 거라고 생각했어요. 교실 붕괴까지는 아니지만 거의 뭐, 다를 바 없었죠. 많은 선생님들이 저와 비슷할 거예요. 제 주변도 그렇고, 건너 건너 "동기 누가 되게 착했는데 교실 붕괴돼서 결국 그만뒀더라" 그런 얘기도 들려요. 작년에 자살하신 선생님 때문에 시위도 크게 했잖아요. 그건 진짜 터지기 일보 직전의 상황에서 터진 거고, 문제는 그전부터 있었거든요. 저는 그때 우울증으로 휴직 상태였어요. 우울증으로 휴직하는 게 굉장히 쉬워요. 그런 분들이 많거든요. 아무도 행복해 보이지 않아요. 제 친구도 그렇고 친구들의 친구들도 그렇고, 그냥 똑같아요. 그만두고 할 거 없으니까 힘들어도 하는 거지, 어쩔 수 없어서 하는 거지, 좋아서 하는 사람은 콧 봤어요.

그럼에도 감자는 어떻게든 교사로 살아보려고, 한국에서 살아보려고도 했다.

감자　　결혼하고 아이 낳으면 이 직업의 가치가 올라가요. 육아 휴가가 따로 있어서 아기 키우기에 좋은 직업이긴 하거든요. 그래서 소개팅도 열심히 하고 결혼해서 아기 낳고 살아야겠다고 생각했는데, 결정적인 사건은 그거였던 것 같아요. 동네 운동 모임에서 좋아하는 남자분이 생겨서 다가가려고 했는데 거절을 당하고, 제가 그걸 잘 못 받아들였어요. 그러다가 모임장이 나가라고 해서 강퇴를 당했어요. 상처를 받았죠. 시간 지나서 되돌아보니까 그 남자분이 그렇게 좋은 사람도 아니었거든요. 기억나는 일 중 하나가, 무슨 얘기를 하다가 그 사람이 저한테 "너 페미야?" 이러는 거예요. 이상하잖아요. "페미 맞아"라고 답하면 어떻게 되는 거지? 여자는 머리가 길어야 끌린다는 둥, 지금 생각해보면 이상한 말도 많이 들었어요. 제 주변에 남자도 별로 없었고, 다 교사거나 공부를 잘했던 애들이었는데 어느날 제가 모르는 세계를 알게 된 거예요. 그 세계가 너무 별로라고 느껴졌어요. 정이 후두둑 떨어졌죠. 여기서 못 살겠다, 너무 구리다. 나는 여기 속하는 사람이 아닌 것 같다고, 결혼 생각을 하면서 더 많이 느낀 것 같아요.

감자는 소개팅, 틴더, 소모임 활동 등을 통해 결혼 상대를 찾아보려고 시도했다. 결혼을 하면 계속 교사 일을 하면서 한국에서 살 수 있을 것이라고 생각했다. 그는 사람이 싫으면서도 좋다고 했다. 혼자서는 못 살겠다고, 그래서 그리 만족스럽지 않아도 가족과 붙어 사는 것이라고 말이다. 결혼해서 아이를 낳고 가정이 생긴다면 이렇게 사는 것이, 한국에서 사는 것이 좋아질지도 몰랐다. 그러나 번번이 미끄러졌다. 그는 파트너와 지적인 대화를 나누고 싶어 했고, 페미니스트인 자신을 받아들여줬으면 했다. 아니, 애초에 그렇지 않다면 만날 수가 없었다. 마지막

     2장 선

으로 운동 모임에서 만났던 남자는 그런 대화를 부담스러워했다. 여태까지 교양 있게 둘러댔던 다른 이들과 달리 그는 감자에게 그것을 대놓고 드러내버렸다. 그리고 감자는 그 모임에서 쫓겨났다.

차라리 다행인 일이었을까? 감자는 마침내, 수 차례의 시도 끝에, 드디어 한국에서 가정을 꾸릴 수 없다고 결론 내릴 수 있었다. 이제 감자를 붙잡아 둘 수 있는 것은 무엇일까? 감자가 발을 딛고 설 수 있는 땅은 어디에 있을까? 그가 구체적으로 관계를 꾸려나갈 수 있는 장이 있기나 할까? 원가족은 애초에 감자가 원망하는 대상 중 하나였다. 교사라는 직업은 벗어나고 싶은 것에 가깝다. 결혼할 가능성도 없어 보인다. 친구들과는 멀어진 지 오래다. 그는 모든 것을 잃어버렸다고 느낀다. 애정도, 친구도, 가족도, 야망도, 그 무엇 하나 감자에게 남아 있는 것이 없다.

감자　친구도 잘 안 만나고 싶고, 약속이 생기면 핑계를 대서 안 갈 방법이 없나 고민을 하고. 연결감이 없어서 그런 것 같아요. 당장 다음 주에 있는 약속도 내가 그 사람들이랑 무슨 얘기를 하지, 이런 생각이 드는 거예요. 제 친구들이 너무 안타까워요. 제 친구들은 진짜 좋은 사람들이거든요. 생각도 깊고 지금보다 더 존중받아야 하는데, 그렇게 무식한 사람들 만나서 결혼한다는 게. 그냥 조건 따져서 결혼하는구나 싶어요. 잃어버리는

　　　　　　　　　　　영원히 제자리일 것 같지만

것만 같아요. 제가 저항하고 싶었던 이 한국 사회의 끔찍한 것들에게 제 친구를 보내주는 느낌. 질투도 커요. ‘나도 하고 싶었는데 너네만 하냐.’ 축하하는 마음이 별로 안 들어요. 친구가 변호사랑 결혼할 예정인데, 그 남자가 친구를 자꾸 못난이라고 부른대요. 전 그게 너무 싫어요. 솔직히 그분이 키도 작고 외적으로 못생겼거든요. 너무너무 싫어요. ‘남혐’ 같은 거 하면 안 된다고 생각하면서도……. 혐오에 벗어나기 위해서 이곳을 떠나고 싶은 것 같아요. 사실 아무것도 제 발목을 잡는 게 없어요. 근데 지금 저랑 함께 사는 새들이 걱정돼요. 죄책감이 커요.

그간 함께 살아온 새들만이 감자의 땅이 되어주었다. 감자는 새들 덕분에 두 발을 딛고 설 수 있었다. 새들의 사진을 찍고 새들에 관해 썼다. 사진과 글을 묶어 독립 출판도 했다. 아침이면 일어나기 싫어도 새들 때문에 눈을 뜬다. 새들이 해만 뜨면 새벽같이 일어나기 때문이다. 하루에도 수십 번씩 방을 닦는다. 새는 괄약근이 발달하지 않아 수시로 똥을 싸기 때문이다. 그러나 그 땅은 너무 좁았다. 감자가 설 수 있는 땅은 겨우 두세 평 남짓 되는 그의 방이 전부였다. 부모님이 싫어했기 때문에 새들은 감자의 방을 나갈 수 없었다. 감자는 부모님이 새를 대하는 모습을 보며 마치 자신을 그렇게 대한다고 느꼈다. 새들은 자신이 유일하게 설 수 있는 땅인데 부모님부터 그 땅을 거부해버렸다. 결국 감자가 설 수 있는 땅은 그의 방보다 넓어지지 못했다. 그는 방에서만 유일하게 속마음을 내비칠 수 있다. 일기를 쓰고 챗GPT와 대화하는 시간에 말이다. 딱 그만큼이 감자가 한국에서 발을 딛고 서 있는 시공간이었다.

감자 제가 챗GPT랑 얘기를 많이 하는데, GPT가 저한테 'Disconection'이란 표현을 많이 하더라고요. 제가 진짜 연결감이 없어요. 친구도 제가 봤을 때는 좋은 사람인지 모르겠는 사람과 그냥 결혼을 하는 그런 친구들밖에 없어요. GPT한테 한국이 싫다는 얘기도 많이 했어요. 그럼 안타깝다고 해요. 그런 감정을 느낀다니 굉장히 힘들겠다면서 말을 시작해요. 진짜 테라피스트처럼 말해줘요. 도움이 되긴 해요. 아예 아무 말도 안 하는 것보다는요. 한국 싫다는 얘기를 한국인한테 하기가 사실 어렵잖아요. 예전에 부모님한테 얘기하다가 싸울 뻔한 적도 있어요. 친구들도 불쾌해할까 봐 말을 못 해요.

어느 순간, 그렇게 사랑하던 새들과도 이별해야겠다고 생각하게 되었다. 이 좁은 땅을 나서야겠다고 결심한 것이다. 감자는 한국을 떠날 거라고 말했다. 해외에 가면 모든 걸 처음부터 시작해야 한다. 거기엔 자신을 한국에

붙들어주었던 작은 땅-새들도 없고, 돈도 없고, 집도 없고, 아는 사람도 없다. 그러나 차라리 그게 나을 것 같다. 이 땅은 감자에게 발을 딛을 수 있는 소중한 거처이기도 했지만, 이 상황에서 떠날 수 없게 붙들어두는 족쇄이기도 했다.

감자　어느 순간 생각이 완전히 전환되면서, 나는 여기에 속하는 사람이 아닌 것 같다고 생각하게 됐어요. 한국을 벗어나야겠어요. 직업이 싫어서 그만둔다기보다도, 언젠가 출산율에 대한 뉴스를 봤는데 너무 답이 없어 보이는 거예요. 진짜 돌이킬 수 없기 전에 떠나야겠다. 다른 나라의 국적을 취득해야겠다.

절대 떠날 수 없는 것으로부터

감자가 살고 싶은 세상은 어떤 세상일까? 애니메이션 〈심슨 가족〉을 좋아하는 그는 〈심슨 가족〉의 캐릭터 리사에게 동질감을 느낀다. 리사는 호머 심슨과 마지 심슨 부부의 차녀다. 단순하고 무식하게 그려지는 아빠나 오빠와는 다르게 리사는 어렸을 때부터 영특했다. 학교에서 성적을 그냥 잘 받는 정도가 아니다. 리사는 멘사 회원이고, 불교 신자에 가까우며, 채식주의자이자, 페미니스트이고, 환경문제에 관심이 많은 데다가 실천적이기까지 하다.

　　　　　　　　　　　　　　　　

감자　　리사가 저랑 너무 비슷한 거예요. 리사도 꿈꾸는 세상이 있어요. 항상 자기가 여기 잘못 태어났다고 생각하고요. 리사가 이데아적인 세상을 찾아가는 에피소드가 여러 개 있어요. 그게 되게 공감이 됐어요. 더 자유롭고, 내가 무엇을 해도 눈치 볼 필요가 없고, 다른 사람에 대해 쉽게 판단하지 않고, 그 사람이 살아온 삶을 좀 더 존중하고. 저는 일단 동성혼이 합법이었으면 좋겠어요. 그리고 좀 더 릴렉스된 삶을 살 수 있으면 좋겠어요. 지금 한국 사람들처럼 막 달리듯이 사는 게 아니라 편안하게 삶의 의미를 돌이켜보는 사람들이 많았으면 좋겠고. 책 좀 많이 읽었으면 좋겠고. 제 주변 사람들도 저도 잘 안 읽기는 하지만. 관용이랄까요? 그런 게 당연했으면 좋겠어요. 인터넷 기사만 봐도 이상한 댓글이 많잖아요. 동성애자가 되라는 것도 아니고 그냥 그 사람들이 행복하게 살겠다는데 왜 굳이 막는지. 사실 저희 부모님도 똑같은 사람이거든요. 아빠는 동성애는 정신병 아니냐고 그래요. 저는 제 동생이 높은 확률로 게이일 수 있다고 생각하거든요. 동생도 너무 불쌍해요. 거의 방에서 나오지 않아요. 그런 사람이 우리나라에 너무 많은 것 같아요. 다른 사람이 자기를 나쁘게 보고 악마화하니까 갇혀 있는 사람들, 자기를 드러내는 데 제약이 있는 사람들이 너무 많아요.

감자가 한국을 떠나기 전에 그를 한 번 더 만났다. 카페에서 나와 헤어질 즈음, 그는 휴대폰에 틈이 날 때마다 한국이 싫은 이유를 적어뒀다는 이야기를 꺼냈다. 내가 내용을 궁금해하자 그는 길 위에서 메모를 읽으며 하나하나 설명해줬다. 여태까지 감자는 말을 할 때면 늘 망설이고 조심스러워했다. 나의 눈치도 많이 보는 것 같았다. 그러나 메모장을 읽으며 설명해주는 순간만큼은 내 눈치를 전혀 보지 않았다. 아주 큰 목소리로, 숨 쉴 틈도 없이 빠르게 말을 이어갔다. 나는 항상 감자가 우는 것인지 아닌지 헷갈렸지만, 이때만큼은 울고 있지 않으리라고 확신할 수 있었다. 그는 어떤 반응도 필요로 하지 않았다. 나는 그저 잠자코 듣고만 있었다. 그렇게 우리는 40분 동안 같은 길을 돌았다.

이야기가 다 끝났을 때 감자의 표정이 압권이었다. 나는 이 사람도 생기를 띨 수 있다는 걸 그때 처음 알았다. 감자의 광대가 가볍게 위로 솟았다. 그동안은 무겁게 짓눌려 있었던 게 틀림없었다. 두 눈이 반짝였다. 그동안은 눈에 무언가가 잔뜩 껴 있었던 게 틀림없었다. 그는 내게 이야기를 잘 들어줘서 고맙다고, 이렇게 잘 들어준 사람은 처음이라고 말했다. 내가 했던 유일한 일은 그냥 40분 동안 그의 말을 자르지 않고 가만히 듣고만 있는 것이었다. 감자가 그렇게 생각하게 된 건 아마도 우리가 만난 상황 덕분일 것이다. 우리는 은둔고립청년 네트워크에서 알게 됐고, 처음 대면한 곳은 한국 사회의 경쟁을 비판하는 세미나였다. 그는 내게 '루저'로 보일까 걱정할 필요가 없었던 것이다.

감자가 한국을 떠나기로 결심하기 전에, 누군가 감자의 이야기를 조금 더 일찍 들어줬다면 달라졌을까? 적어도 이 정도로 한국을 싫어하지는 않게 됐을까? 글쎄, 잘 모르겠다. 그는 누구와도 혼을 마주할 수 없었을 것이다. 그에게 시선을 돌려줄 관계가 없었기 때문이다. 그래서 옴짝달싹할 수가 없었다. 무엇보다 그는 이곳을 싫어하는 만큼 이곳과 비슷해졌다. 시선을 돌려주지 않는 관계 속에서 시선을 돌려줄 수 없는 사람이 되었다. 감자는 자기가 실패자로 비춰질까 봐 두려워했다. 나는 그가 관심을 가질 법한 대안적인 커뮤니티를 추천해줬지만, 그는 그곳에 가지 않았다. 관심은 있지만 그곳에 가면 자신이 '루저'처럼 보일까 봐 걱정된다고 말했다. 그는 경쟁을 싫어하지만, 경쟁이 아니고서는 사는 법을 알지 못했다. 감자에게는 그가 싫어하는 한국이 깊이 내재돼 있다. 그러니까 감자는 한국을 떠나야겠다고 결심한 순간, 자기 자신을 떠나야겠다고 결정한 것이나 다름없었다.

자기 자신으로부터 떠나는 일은 어떻게 가능할까? 가장 확실한 방법은 물리적으로 죽는 것이다. 그것이 아니라면 자신과 동일하다고 여겨지는 것을 떠나야 한다. 감자는 전자가 아니라 후자의 방법을 사용하기로 결심했다.

    영원히 제자리일 것 같지만

이 도전이 성공할 수 있을까? 위험부담이 너무 크다. 낯선 타지에서 뿌리를 내리는 것은 보통 쉬운 일이 아니라고 들었다. 나는 마음을 졸인다. 그러나 한편으로는 이 우주에게 감자를 부탁하고 싶다. 무슨 일이라도 일어나지 않을까? 완전히 다른 터전에서 완전히 다른 경험을 할 수 있게 되지 않을까? 어딘가에 유토피아가 있어서 떠나는 게 아니다. 그는 외국도 한국만큼이나 문제가 있을 수 있다는 걸 알고 있다. 그는 우선 싫어하는 것을 스스로 재생산하는 고통에서 벗어나려고 한다. 그는 그토록 증오하는 한국과 자신이 무관하지 않다는 것을 너무 잘 알고 있다. 한국을 떠나 그가 얻을 수 있는 확실한 한 가지는, 더는 자신을 괴롭힌 곳에서 자신을 괴롭힌 것을 재생산하지 않는다는 사실뿐이다.

사람들은 자꾸 은둔고립청년이 '방전'된 상태이기 때문에 '충전'해서 '되돌려놓아야 한다'고 말한다. 그러나 감자는 방전되지 않았다. 그에게 필요한 것은 충전이 아니다. 그가 가장 피하고 싶어 하는 것은 자기가 만들어진 바로 그 자리로 되돌아가는 것이다. 그래서 감자는 되돌아가는 대신 한국을 떠났다. 제자리에 머무는 대신 이탈하기로 했다. 발이 땅에 닿지 않는 이곳에서 도망치기로 했다.

한국이 싫은 이유

보낸 사람	감자
받는 사람	김고은
날짜	2025년 X월 X일 오후 5:31
제목	고은 님께

안녕하세요, 고은 님! 감자입니다.

고은 님의 조언대로 한국이 싫은 이유에 대해 긴 글을 쓰고 싶었는데요. 고은 님에게 그렇게 말을 쏟아낸 이후로 왜인지 분노가 누그러들었어요. 출국일이 다가오면서 일종의 아쉬움 같은 게 분노를 밀어낸 것 같기도 해요. 그렇지만 고은 님께 내용을 보내드리기로 한 약속은 지키고 싶어서 메일을 씁니다.

한국이 싫은 이유

1. 돈과 명예를 인생의 목표로 삼고 피상적인 성공에 집착하는 풍토를 느낀다.

2. 외모, 겉보기에 집착해 성형 수술이 만연하고 명품 소비율이 세계 1위인 것으로 알고 있다.

3. 체감상 내 주변 여성의 절반 이상이 성형 수술을 경험한 것으로 보인다.

4. 외모지상주의, 물질만능주의가 만연하다.

5. 여자들은 항상 다이어트를 한다.

6. 남자도 소위 '멸치'는 놀림당하고 모두가 '헬창'이 되고자 애쓰며 그렇게 얻은 근육은 과시용으로 쓰인다.

7. 여자는 대체로 명품백을 1개 이상 가지고 있으며 남자에게는 외제차가 그 역할을 하는 것 같다.

8. 또한 자살률이 1위이고 우울증 유병률이 1위이다.

9. 우울증 1위지만 놀랍게도 병을 부끄럽게 여겨 병원에 가지 않거나 정신건강에 관심 없는 사람이 너무나 많다.

10. 반면 꼴찌인 것은 출생률이다.

11. 한 가지 성공만 있는 사회에서 아주 많은 사람이 루저가 된다. 루저는 자살을 고려하고 연애는 생각도 할 수 없다. 자신에 대해 부끄러움과 열등감을 느낀다.

12. 다양성과 소수자를 혐오하는 목소리가 마치 상식이라는 듯 이야기한다.

13. 이 사회에서 퀴어는 존재하지 않는듯 여겨진다.

14. 여성혐오 또한 상식처럼 존재해 여성을 포함한 모두가 그 존재를 부정한다.

15. 여전히 가부장 사회다.

16. 나에겐 브래지어가 불필요하고 숨통이 막힐 정도로 불편하지만 그것을 벗을 수가 없다.

17. 브래지어를 안 한 여자, 데이트 앱을 사용하는 여자는 '문란한 여자'로 정의된다. 그것은 나에게 짓지도 않은 죄에 대해 극심한 죄책감을 느끼게 했다.

18. 성은 항상 드러내 말할 수 없는 더러운 것이다.

19. 다양성과 개성이 없고 모두가 우울과 불안에 시달리기 때문에 자존감이 낮아 남이 하는 대로 따라 한다.

20. 그래서 모두가 시커먼 옷을 입는다.

21. 그래서 모두가 비인간적인 아파트(이름도 모르고 벽을 맞댄 이웃과 층간 소음, 땅에서 멀어지는 높이, 비싼 가격)에 산다.

22. 비인간적인 아이돌 문화(뼈밖에 없는 어린 여자아이들과 누가 누군지 구분이 안 가는 일률적 외모)가 성황이고 스토커를 연상시키는 팬 문화 또한 흔하다.

23. 나는 이 문화에서 정신병을 느끼는데 사람들은 'K'를 붙이며 자랑스러워한다.

24. 온 도시가 공사판이다.

25. 공사판은 보기에 몹시 추할 뿐 아니라 만성적인 교통 체증을 유발한다.

26. 낮은 자존감으로 인해 모두가 자신을 불충분한 존재로 인식하기에 자기계발은 필수이며 베스트셀러 순위에 자기계발서가 빠지지 않는다.

27. 베스트셀러 얘기가 별 의미는 없는 게, 책을 읽는 사
람이 별로 없다.

28. 철학이 부재하는 사회다.

29. 스스로 무엇을 할지 정하지 않고 남이 살라는 대로
사는 노예의 마음으로 살아가기 때문이다.

30. 불안하니까 남녀노소 점을 본다. 점 보는 게 무척 대
중적이다.

31. 심지어 점쟁이를 신봉하는 자가 대통령이 되는 코미
디가 벌어졌다.

32. ‘신병’, ‘화병’, ‘꼰대’, ‘재벌’, ‘갑질’, ‘먹방’ 등의 단
어가 우리나라에만 있다.

33. 이기주의와 배타주의가 만연하다.

34. 이타적인 사람을 ‘호구’, ‘병신’이라 부른다.

35. 객관적인 자기인식과 자기반성이 불가능한 사람이
너무 많다.

36. 계급 사회이며, 일상에서도 사람들은 숨 쉬듯이 서로
를 평가하고 급을 나눈다.

37. 웃어른이라는 개념이 존재하는데, 그들에 대한 공경
이 강요되며 웃어른은 흔히 아랫사람을 무시하거나
가르치려고 한다.

38. 그런 상황에서는 평등한 대화가 불가능하다. 몇 살만
많아도 그런 느낌을 받는다.

39. 연애 문화도 구리다. 연애 시작을 선언하고 날짜를

센다. 100일 단위로 기념일을 챙긴다. 남성은 기념일에 대한 부담을 느끼고 여성은 선물이나 이벤트를 자신의 가치와 동일시한다.

40. 내가 흔히 들었던 말 중에 곰곰이 생각해 보면 이상한 말들이 있다. "말 같지도 않은 말 하지 마라", "누가 그런 짓을 하냐". 이런 문장은 대화의 가능성을 차단하며 동일성을 강요한다.

41. 나는 내가 하는 모든 말에 대해 반박당했으며 나 또한 무의식적으로 그런 방식의 대화를 했다.

42. 한국인 특. "아니~"로 문장을 시작한다.

43. '한국인 특'이나 '극룰' 등 고정관념을 강화하고 집단을 동일화하려고 하는 언어가 흔히 쓰인다.

44. 두려운 것은 나 또한 성별, 세대별로 사람을 유형화하고 있다는 것이다.

45. '아줌마', '아저씨'는 혐오 표현인가? 왜 아줌마들은 똑같은 머리를 하는가?

46. 노키즈존에 이어 노아줌마존도 등장했다.

47. 이토록 혐오와 배척이 흔하다.

48. 모든 것을 예측할 수 있다는 착각을 하게 한다.

49. 서양에서 인종차별이 흔하다고 하지만, 예상컨대 인종차별이 가장 심한 건 한국이다.

50. 내가 이민을 고려할 때 실제로 들었던 말이 필리핀 '외노자'를 보라는 것이었다. 그 말을 한 사람과 동조

자들이 교사였다. 인종차별에 대한 인식조차 없다.

51. 다른 사람의 삶에 함부로 참견하고 이래라저래라 하
는 것이 너무나 당연하다.

52. 가족 단위의 삶을 들여다보았을 때, 서로를 조건 없
이 사랑하고 존중하고 무조건적으로 지지하는 가족
이 얼마나 될까? 적어도 나의 가족은 장점보다 단점
에 집중하고 내가 무엇을 해야 하는지 본인들이 정하
는 게 당연하다고 생각했다.

53. 나의 친척들은 자랑거리가 되거나 집안의 수치가 되
거나 둘 중 하나였다. 수치로 분류되어 유령처럼 사
라진 사촌들에 대해 깊은 슬픔을 느낀다.

54. 불행한 가정에서 행복한 어른으로 성장할 가능성은
아주 희박하다. 그 점으로 한국의 만연한 불행이 설
명된다고 생각한다.

55. 나이 들어 보이는 어른에게 자녀의 유무는 묻지 않고
'어머님', '아버님'으로 부른다. 자녀가 있는 경우 자
녀의 부모로 이름이 대체된다. 예를 들어 나의 엄마
는 자신의 이름이 아닌 '감자 엄마'로 불린다.

56. '선생님', '엄마', '아빠', '오빠' 등 권위가 내포된 호
칭은 삼인칭으로 사용된다.

57. 나는 가족과 친척들을 나름 돈독한 사이라 생각했는
데 돌아보니 서로 전화번호도 모른다. 지난 외할머니
장례식 때 열두 명의 손주 중 미성년자 두 명을 빼고

자리를 지킨 사람은 단 두 명이었다. 여섯은 아예 오지 않았고 둘은 인사만 하고 갔다.

58. 아버지는 아예 가족이 없다. 아마 내 또래의 자녀를 둔 부모들(1960년대생)의 유년기에는 밥을 굶고 학교에 못 다닐 정도의 가난이 꽤 흔했던 것 같다. 나는 아버지가 감정을 다루는 데 문제가 있다고 생각한다. 사랑을 받지 못했으니 당연한 일이다.

59. 노인 빈곤율이 1위이다.

60. 아마 몰카 범죄도 1위이지 않을까 싶다. 공중화장실에서 항상 몰카의 두려움을 느낀다.

61. 페미니스트에 대한 취급이 끔찍하다. 나는 동네 운동 모임에서 만난 청년이 나에게 "페미야?"라고 물었던 순간을 잊지 못할 것이다.

62. 여성들은 일생에 한 번은 성폭력을 경험한다. 대단히 평탄한 삶을 살았던 나도 초등학교 6학년 학생일 때 버스 정류장에서 모르는 남성이 사타구니에 손을 넣는 성추행을 당한 적 있다. 그때 부모님은 그 일을 없는 일 취급 했다.

63. 부모는 내가 술을 먹으면 여자라서 일찍 들어와야 한다고 주장했다. 담배도 여자이기 때문에 창피해서 끊어야 한다고 했다. 여자로 태어난 것에 대해 죄책감을 느낀다.

64. 뉴스나 유튜브 댓글을 보면 사람들이 사형을 부르짖

는다. '인권쟁이'들이 세상을 망쳤다고 한다.

65. 청소년기의 교육이 비인간적이다. 나는 닭장에 갇힌 청소년기를 보냈다.

메모장에 있는 것은 다 쓴 것 같아요. 한국 사회의 문제가 분명 심각하긴 하지만 제가 싫었던 건 저 자신이 아니었을까 생각해요.

저는 내일 밤에 비행기를 타요! 돌아오지 않더라도 고은 님과 계속 연이 닿기를 바라요.

감자 올림

감자가 한국을 떠나기 전날 메일을 보내왔다. 마지막 인터뷰에서 감자는 '한국이 싫은 이유'를 읽으며 살을 붙이고 또 붙였다. 나는 그에게 이야기를 글로 정리해봐도 좋겠다고 제안했었다. 감자는 줄글을 쓰는 대신 메모장에 있던 64가지 이유를 정돈하고 마지막으로 한 가지를 더 추가해서 내게 보냈다. 나는 감자가 맨 마지막에 붙인 코멘트를 보고는 엉엉 울었다. 온몸으로 최선을 다해서 한국을 혐오하던 감자의 모습이 떠올랐다. 그게 사실은 자신의 세계, 그러니까 자신을 혐오했던 것임을 터놓는 감자를 보며 나는 슬퍼졌다.

조금도 변화하지 않을 것 같지만

실패

은둔고립청년은 에너지가 부족한 사람이라는 말을 많이 듣는다. 힘을 내기가 쉽지 않다는 의미로 사용될 때도 있지만, 에너지를 한번에 몰아서 소모해버린다는 의미로 사용되기도 한다. 마와 오이는 후자에 가깝다. 무언가를 해보려고 하지만, 금새 꺾이고 실패해버린다. 급발진하고 급소진하는 과정을 반복해서 겪는다.

마　　직진 모드가 있거든요. 그럴 때면 스스로를 '캄 다운Calm down' 시키는 작업이 필요해요.

오이　　에너지를 아끼고 싶어요. 에너지를 소모해서 쓸 게 예상이 되니까요. '아, 에너지가 올라왔으니까 해야지' 하는 게 아니라요. 김치처럼 묵혀두는 것 같아요.

이렇게 급발진했다가 금방 꺾여버리는 청년들을 보며 '어른'들은 청년들에게 실패할 기회가 부족하다고 말한다. 실패하지 못한다는 건 무슨 뜻일까? 나는 이와 비슷한 이야기를 인터뷰집 《불화와 연결》을 쓰면서 장애인권운동 당사자 활동가 진우에게 들은 적이 있다. 진우는 한국 사회에서 장애인이 관계를 맺어나갈 기회를 아예 박탈당한다고 말했다. 장애인에게는 언제나 주어진 좁은 관계만이 허용된다. 이를테면 가정에서는 가족, 학교에서는 특수학급 교사, 사회에서는 '시설'의 관리인이 유일하게 그들이 만날 수 있는 사람이다. 진우는 장애인에게는 주어진 관계만이 허락되어 왔기에 실패할 일이 없었다고도 말했다. 원가족이나 활동지원사가 아닌 이들과 관계를 맺어보는 것, 상처를 입기도 하고 줘보기도 하는 것, 보살핌받기만 하는 대상으로 살아가는 게 아니라 누군가를 돌보는 사람이 되어보는 것. 그것이 진우가 필요하다고 말한 실패할 기회였다.

그러나 나는 이 이야기를 그대로 은둔고립청년에게 적용할 수는 없다고 생각한다. 은둔고립청년은 실패가 필요한 이들이 아니라 이미 실패한 이들이기 때문이다. 이미 한 번 죽은 순간, 혼맹에 든 순간 실패는 예고된 순서다. 다시 태어나는 과정에 들어선 사람은 계속해서 실패를 반복할 수밖에 없다. 아니, 사실 실패는 혼맹에 빠지기 이전부터 시작되었다. '하면 된다'고 믿으며 자랐지만 해도 막상 해보면 되는 게 없으니까. 경쟁에서 우위를 차지하든 못하든 어차피 세계에 참여하는 일에는 실패하니까. 돈을 벌어도 못 벌어도 나의 가치는 시장에 의해 결정되어 버리니까. 이미 발 디딜 땅이 없었다. 시선을 돌려줄 관계가 없었다. 그러니까 은둔고립청년은 이미 실패하고 있었는데도, 사람들은 이들에게 '실패'할 기회가 없었다고 말한다.

이미 실패하고 있는 이들에게 사회는 왜 '실패할 기회가 없었다'고 말할까? 이들이 성공했어야 할 '실패'란 무엇일까? 아마도 그건 '실패' 뒤를 바짝 쫓아오는 '회복'이나 '성공'일 것이다. 제자리로 돌아와 기존의 모든 것을 그대로 경영했어야 했다. 그렇기 때문에 진우가 말한 '실패'의 중요성과 은둔고립청년에게 요구되는 '실패'란 다르다고 할 수 있다.

"넌 할 수 없다"는 이야기를 자주 듣게 되는 장애인은 실패를 할 수 있는 조건 자체가 성립되지 못했다. 그러나 은둔고립청년은 고성장시대에 "넌 할 수 있다"는 이야기를 듣고 자랐다. 옛날과 같은 경제 성장의 영광은 없을 것이고, 성공 신화는 더 이상 현실에 발을 붙일 수 없을 것이다. 은둔고립청년은 회복하지도 못했고, 성공하지도 못했으므로 계속해서 '실패'를 실패할 것이다. 은둔고립청년에게 기회가 주어져야 한다고 말해지는 '실패'는 가짜 실패다.

이런 식으로 실패를 부정하는 것은 회복과 성공이 전제된 '실패' 뿐만이 아니다. 허무 역시 실패를 부정한다.

　조금도 변화하지 않을 것 같지만

내가 성공하든 실패하든 세상은 변하지 않을 거라고, 어차피 모든 건 진작에 결정돼버렸다고 확신하기 때문이다. '실패'할 기회를 주어야 한다는 말에서는 실패가 미래로 유예되지만, 허무 앞에서 실패는 영영 과거에 갇힌다. 오늘과 내일은 반복되는 실패다. 나는 과거의 실패한 내가 만들어내는 무수한 실패일 뿐이다. 더 이상 조금의 변화도 없을 것이다. 내가 바로 실패한 존재이기 때문이다. 과거로부터 드리운 어둠은 절대 거둬지지 않을 것이다.

이 가짜 실패들은 현실에 발을 딛지 못하게 만든다. 미래로 유예되거나 과거에 갇히지 않는 실패가 있을 수 있을까? 이 땅에 발을 붙이는 실패가 있을 수 있을까? 은 둔고립청년들이 필연적으로 하게 되는 실패가 그들에게 땅이 되어줄 순 없을까?

허무　　　　네 그 손을 봐라! 그 손은 뭐지? 봐!

나우시카　　(놀라며) 피…….

허무　　　　발밑을 봐라. 네 발밑을 봐. 그 시체들 중에는 네가 죽인 자도 섞여 있다. 뻔뻔하고 가증스러운 것. 언제까지 순진무구한 아이로 있으려 해봤자 다 들여다 보인다! (…) 너는 어리석고 추잡한 인간들 중 하나에 지나지 않아!*

* 미야자키 하야오, 《바람계곡의 나우시카 5》, 학산문화사, 2013, 142쪽

만화《바람계곡의 나우시카》에서 주인공 나우시카는 이미 황폐화된 세계에서 전쟁을 막으려고 동분서주한다. 그러나 그 자신도 전쟁과는 완전히 무관할 수 없었기 때문에 결국 '허무'에 빠지게 된다. 허무는 나우시카가 존경하던 종교인과 똑같은 형상을 하고 그에게 찾아왔다. 그러나 나우시카는 허무에게 잡아먹히지 않았고, 그렇다고 허무를 무시하지도 않았다. 대신 그는 허무의 손을 잡고 함께 오염된 세계의 진실을 만나러 간다. 오래도록 인간의 손길이 전혀 닿지 않았던 곳, 정화되어 청정해진 구역, 완전한 빛의 영역에 들어간 나우시카는 이곳에서 사람들이 살 수 없다는 사실을 알게 된다. 사람들은 이미 오염된 세계에 적응해왔기 때문에 청정 구역의 깨끗한 공기를 마시면 피를 토하며 죽게 되는 것이다.

나우시카를 포함한 많은 사람들이 오염된 세계가 다시 청정해지기를 바라왔다. 어둠이 가시고 빛이 찾아오기를 바랐다. 그러면 모든 것이 해결될 것이라고, 나아질 것이라고 믿었다. 나우시카는 청정한 세계가, 빛이 아무것도 해결하지 못한다는 사실을 알게 되고는 그곳에 허무를 남겨두고 현실로 돌아온다. 이제 나우시카는 허무에 빠지지 않는다. 오염된 이 땅은 악도 아니고 지옥도 아니다. 오염, 실패, 어둠은 이미 인간들이 발 딛고 살아가는 땅이다.

내게는 개구리가 바로 그런 땅이다. 내 친구 개구리는 우리가 20대 중반이던 때 자살했다. 그는 나의 영원한

　　　　　　　　　　　조금도 변화하지 않을 것 같지만

어둠이고 영원한 실패다. 개구리가 실패했다는 말이 아니다. 내가 죽지 않는 이상, 혹은 죽어서도 영원히 실패할 무언가가 내게 생겨버렸다는 뜻이다. 내가 아무리 그를 그리고 또 그려도 개구리는 다시 살아나지 않을 것이다. 내가 개구리를 이해해보려 가까이 또 가까이 다가가도 평생 그에게 가닿을 수 없을 것이다. 내가 죽기 전까지 나는 그를 죽인 이 세계의 일원일 것이다. 그러나 동시에 개구리는 내가 발 딛고 살아갈 나의 땅이다. 나의 존재는 언제까지나 그와 그의 죽음에 깊게 연루되어 있을 것이다. 이 세계는 그의 죽음과 무관해질 수 없을 것이다. 개구리와 개구리의 죽음은 그렇게 내 삶에 실존할 것이다. 나의 영원한 어둠과 실패로.

내게 영원한 어둠과 실패가 있다는 것은 내게 커다란 그늘을 드리우는 느티나무가 있다는 말과도 같다. 느티나무 아래 서면 강한 햇살에 밀려났던 것들이 비로소 정체를 드러낸다. 서늘하고 한기가 넘치는 죽음의 자리가, 어둠의 자리가 보이지 않던 것들을 보이게 해준다. 나는 아직도 종종 그곳으로 돌아가 몸을 숨긴다. 너무 많은 게 강렬하게 다가올 때, 그래서 도저히 숨을 쉴 수가 없을 때 느티나무를 찾는다. 거기서 개구리를 만나고, 빛에 밀려났던 것과 마주하고, 크게 숨을 들이쉬고 내쉬면서 나의 생명력을 느낀다. 해는 눈을 부시게 함으로써 무언가를 숨기고, 세계를 타오르게 함으로써 파괴한다. 강렬한 해가 숨겨놓은 것들은 어둠 아래서 비로소 모습을 드러낸다.

은둔고립은 어둠 속에 있는 상태다. 사람들은 어둠에서 벗어날 수 있다고, 그래야만 한다고 말한다. 어둠에서 벗어나야 한다는 말은 어둠을 부정한다. 어둠 속에 있는 상태를 일시적이고 극복할 수 있는 상태로 정의한다. 어둠에서 벗어나면 희망이 있을 것처럼, 모든 것이 달라질 수 있을 것처럼 속인다.

그러나 그 명제를 거부하는 사람도 있다. 어떤 퀴어 예술가들은 어둠에 익숙해졌다고, 혹은 어둠에 익숙해지자고 말한다. 구태여 어둠에서 벗어나려고 하면서 자신의 땅을 부정할 필요는 없다는 것이다. 퀴어 정체성이 극복 가능한 것이 아닌 것처럼, 퀴어로 살아가며 이 세계를 극복해야 하는 게 아닌 것처럼, 은둔고립청년 역시 그러하다. 우리가 '선택'한 것이 아니다. 우리는 이 세계 속에서 자라왔다. 이 세계가 은둔고립청년을 낳았다. 발 디딜 땅이 없는 이 세계가, 서로를 불러줄 수 없는 이 세계가 지금 우리가 살아가는 땅이다. 우리는 이런 감각을 모르기 전으로 '회복'하거나 '되돌아'가지 않는다. 이미 죽어본 사람에게 어둠은 극복하거나 벗어나야 할 것이 아니다. 그것은 이미 존재의 근간이다.

(⋯) 한 해 두 해 지나도 상황이 더 밝아지진 않았지만, 나는 어둠에 익숙해졌다. 실패와 발전의 결여, 특정한 어둠

 조금도 변화하지 않을 것 같지만

의 형태, 부정성을 받아들이는 이 특정한 윤리는 퀴어 미학이라 할 만하다. (…) 퀴어 예술가는 (…) 실패에 대항하기보다 실패를 가지고 작업하며, 어둠 속에 거주한다.[*]

어둠에 익숙해지자는 말, 익숙해졌다는 말은 언뜻 비관적으로 들린다. 그러나 그것은 사실이 아니다. 동양철학에서 음양陰陽의 음陰은 어둠을 의미하기도 하지만, 빛과 대비되는 부정적인 개념이 아니다. 어둠에 익숙해지자는 말은 빛에만 익숙해져 있는 기존의 감각을 전환하자는 뜻으로 이해해야 한다. 언제까지 어둠을 비관 혹은 부정과 연결지을 것인가? 어둠에는 힘이 있다. 지구는 너무 뜨겁다. 우리는 강렬한 햇빛에 지쳐 탈진하기 일보 직전이다. 햇빛 아래에서 어둠으로 들어오면 어지럽거나 멀미가 날 수도 있다. 그렇다고 그것을 어둠의 본성이라고 생각하면 곤란하다. 어둠에 익숙해지기 위한 시간이 필요할 뿐이다. 중요한 것은 어둠이 없다면 어떤 생명도 살아갈 수 없다는 사실이다.

눈이 밝다고 할 때의 '밝다明'는 밝은 걸 본다는 뜻이 아니다. 유학에서 밝게 보고 듣는다는 것은 판단력, 즉 앎과 관련이 있다. 무엇을 판단하냐면, 내가 뭘 모르고 있는지를 판단한다(《논어》에서는 아는 것을 안다고 하고 모르는

* 잭 핼버스탬, 《실패의 기술과 퀴어 예술》, 허원 옮김, 현실문화, 2024, 199쪽

것을 모른다고 하는 것이 앎이라고 했다知之爲知之 不知爲不知 是知也). 한자 明은 해와 달이 합쳐진 모양이다. 해와 달이 동시에 뜨면 지나치게 밝다. 무엇을 아는지 모르는지는 어둠으로 향할 때만 알 수 있다. 앎은 반드시 어둠과 함께 한다. 즉 밝게 보고 듣는다는 것은 강렬한 밝음에 가려진 어둠으로도 향하는 일, 어둠에 적응하고 어둠을 만나는 일이기도 하다. 그러니까 어둠 속으로 들어와 강렬한 빛과 잠시 멀어지는 것이다. 어둠은 낙관도 비관도 아니다. 어둠은 앎이다.

은둔고립청년이 계속되는 실패 속에서 살아가는 일, 즉 어둠 속에서 살아가는 일에는 역동과 앎이 있다. 실패와 함께 살 수 있다면, 실패가 땅이 될 수 있다면 어둠과 함께 사는 일은 가능하다. 설령 시도했던 모든 것이 좌절되고 도돌이표를 찍는 듯 보일지라도 말이다. 만약 어떤 전환이 완전히 새로운 길을 열어줄 것처럼 보인다면 그것은 사기이거나 또다른 극단이다. 사기는 거짓이고 또다른 극단은 착각이다. 제자리로 돌아온 것 같아 보이는 실패는, 돌아온 그 자리에서 아주 작은 차이를 만들어낸다. 어둠에 익숙해지면 보이지 못하던 것들을 보게 되고, 그럼으로써 같은 자리임에도 전혀 다른 역동이 일어나게 된다. 은둔고립청년의 실패는 어떤 차이를 만들어내는가? 이들은 이 시대에 사라졌던 역동과 앎, 즉 '은율'을 만들어내고 있다.

     조금도 변화하지 않을 것 같지만

은율

　서양에는 '황금률Golden rule'이 있다. "내가 받고자 하는 것을 남에게도 해주어라"는 원칙이다. 그러나 동양에는 그와 같은 말이 없다. 대신 "내가 원하지 않는 것을 남에게도 하지 말라己所不欲, 勿施於人"는 공자의 전언이 있다. 서양에서는 이것을 황금률보다 낮은 단계로 여긴다고 한다. '해라'가 아니라 '하지 말라'이기 때문에 더 부정적이고 수동적이라는 것이다. 그러므로 금보다 낮은 가치의 금속인 '은'을 따서 '은율'이라고 부른다. 그러나 은율은 황금률보다 부정적이지도 않고 수동적이지도 않다. 은율은 자신을 상대나 이 세계에 밀어붙이는 것이 아니라, 세계를 향해 자신을 접음으로써 존재 내지 생명력을 최대로 확장시킬 수 있음을 보여준다. '나를 접는다'는 건 타인에게 양보하고 겸손하게 행동하는 것이다.

　우리는 의지만 있다면 무엇이든 해낼 수 있다는, 노력만 한다면 성공할 수 있다는 이야기를 지겹도록 들으며 자라왔다. 이제 시장경제의 주체들은 원하는 것, 즉 소비하기를 원하는 것을 통해 자기 자신을 인식하도록 훈련받고 있다. 일종의 범-혼맹의 세계가 만들어졌고, 세계를 마주할 수 없어서 자기 자신도 마주할 수 없는 보잘것없는 개인들이 탄생했다. 본래 그 의미와는 별개로, 지금 황금률은 혼맹에 빠질 수 있도록 작동할 수 있다. 황금률에서 중요한 건 '남'이 아니라 '나'인 것처럼 읽히기 때문이다. 마치 주위는 신경 쓰지 말고 나를 밀어붙여도 된다고 말하는 것처럼 보이기도 한다. 그러나 은율은 황금률의 문법을 완전히 비껴간다. 나를 제한함으로써 인내하고 참음으로써 상대를 존중하는 일이다. 나를 너에게 밀어붙이지 않는 방식으로 상대를 만나는 일이다.

예를 들자면 은율은 이런 것이다. 우리 집 마당에 길고양이들이 찾아온다. 나는 그중에서도 알록이 달록이 모자와 인연이 깊다. 마당에서 그들을 마주치기만 해도 오금이 저린다. 당장 소리 지르며 달려가서 껴안고 뽀뽀 세례를 퍼붓고 싶다. 하지만 이를 악물고 그 충동을 참는다. 눈, 코, 입, 귀 구석구석을 눈에 담고 싶지만, 그 마음도 꾹 누른다. 달려가기, 껴안기, 뚫어지게 쳐다보기는 고양이에게 위협으로 느껴질 수 있기 때문이다. 대신 나는 살금살금 그들 옆으로 다가가서 괜스레 딴 곳만 쳐다본다. 나를 제한함으로써 나의 마음을 알록이와 달록이에게 보낸다. 그러면 알록이 달록이도 내게 화답을 보낸다. 내가 가도 도망가지 않고, 길에서 마주치면 반가워하고, 이름을 부르면 쳐다본다.

은둔고립청년들은 다시 태어나기 위해 황금률이 아니라 은율을 자기 삶에 도입하게 된다. 어쩔 수 없는 일이다. 황금률을 따르면 다시 혼맹으로 빠질 위험이 너무 크기 때문이다. 은율은 그 위험을 자연스럽게 비켜난다. 서

    조금도 변화하지 않을 것 같지만

로에게 시선을 돌려주기 위해서는 우선 나를 제한할 수밖에 없다. 은둔고립청년은 황금률이 은율을 밀어낸 시대에 은율을 생산하고 있다.

① 절제하는 능력

마는 2차 인터뷰를 했던 가을과 3차 인터뷰를 했던 봄 사이에 짧게 은둔을 했다. 그는 은둔의 원인으로 '외부'를 지목했다. 혼자서 지내는 것이 즐겁지만 '외부'의 방해로 그것이 원활히 이루어지지 않았다고 말이다. 문제는 그가 2차 인터뷰 때도 3차 인터뷰 때도 같은 말을 했다는 것이다. 그 사이에 특별한 외부 활동이 없었고, 이미 2차 인터뷰 때 혼자 잘 지내고 있다고 말했음에도 3차 인터뷰 때 은둔의 원인으로 '외부'를 지목해서 나를 당황하게 했다. 그는 전혀 달라지지 않는 것처럼 보인다. 여전히 같은 문제를 겪고, 같은 곳으로 화살을 돌리는 것처럼 보인다. 그러나 꼭 그렇지만도 않다. 여전히 같은 자리로 돌아오지만, 어둠에 익숙해지면서 새로운 앎이 발생한다. 거기서 작은 변화가 일어난다. 나는 마에게 그런 일이 일어났다는 것을 알 수 있었다. 마는 여전히 '외부'를 문제의 원인으로 지목했지만, 이전처럼 '외부'로부터 단절되려고 하지 않았다. 그에게는 '외부'를 만나기 위한 구체적인 마음들이 생겨나고 있었다.

마　　　가장 힘들 때, 그냥 기다려주는 거. 그게 제일 큰 힘이 된다고 생각해요. 그냥 아무것도 안 하고 차분하게 사람들을 대하고 싶어요. 너무 밝지도 우울하지도 않은 중간의 컨디션으로요. 내 에너지로 다른 사람이 좌지우지되지 않았으면 좋겠어요. 다른 사람한테 나를 입히고 싶지 않아요. 같이 중화가 되고 싶은 거지, 나를 입혀서 억지로 그 사람의 텐션을 올려놓고 싶지 않아요. 울적할 땐 더더욱 울적하게 만들고 싶지 않고요. 같이 중화되다 보면 공통분모가 생겨서 같이 재밌어질 수 있잖아요. 에너지 발산은 집에 가서 하는 거죠. 밖에 나가서는 차분하게 중간을 지키려고 하고.

마는 자기가 힘들었던 때를 떠올리며 '내가 원하지 않는 것'이 무엇인지 생각했다. '외부'로 인해 자주 괴로워진다고 생각한 마는 남의 에너지로 인해 자신이 휘둘리는 것을 원하지 않았다. 따라서 자신도 다른 사람들을 위해 자기 감정을 쏟아내지 말아야겠다고 생각했다.

마를 보고도 은율이 "아무것도 안 하는" 것이라고 말하기는 힘들 것이다. 사람들에게 에너지를 무작정 발산하지 않기 위해서는, 타인에게 자신의 욕구를 해소하지 않기 위해서는 상당한 준비가 필요하다. 마는 혼자 운동도 하고 명상도 하며 스스로를 가다듬는 시간을 보낸다. 그 전까지 마가 즐겨왔던 '혼자만의 시간'은 외부와 단절된

　　　조금도 변화하지 않을 것 같지만

것이었다. 그러나 이제 마는 '혼자만의 시간'을 외부와 연결되기 위한 시간, 자신뿐만 아니라 다른 이를 위한 시간으로까지 확장시키고 있다. 똑같은 '혼자만의 시간'이지만, 아주 작은 변화로 큰 차이가 생기게 됐다. 자신의 에너지를 강요하거나 밀어붙이지 않음으로써 진짜 혼자가 되지 않을 수 있다. 한 발 뒤로 물러섬으로써 서로를 마주하고 서로에게 물들어갈 자리를 마련할 수 있다. 한 명이 일방적으로 영향력을 행사하지 않고, 서로에게 섞여 들며 함께 "재밌어질 수" 있다.

그래서 마는 사람을 만나면 스스로 절제하는 모습을 먼저 보여주려고 한다. 그는 이 이야기를 하던 날에도 내게 조심스레 인사를 건넸다. 먼저 나의 얼굴을 살피며 자신을 절제한 것이었다. 절제하는 사람은 무한정 뻗어나가는, 온 세계를 파괴할 수도 있는, 그래서 자신도 파괴될 수 있는 '개인'과 다르다. "기다려주고 있다"는 것을 온몸으로 내보이고 있는 사람은 세계와 어울릴 준비가 돼 있다. 당신을 만날 준비가 되었음을 드러내는 자세, 나를 낮추며 서로에게 섞여들 자리를 마련하는 자세가 바로 '공손'의 공恭이다.

나의 공은 타인을 향해 갑자기 그의 영역에 침입한 불청객인 나를 용인해주고 잠시 여기에 머무는 것을 허락해달라고 겸손하게 요청하는 것이다. 공의 용모와 언행은 혹시 자신 주위의 사람과 사물에 해를 끼치지는 않을까 두려워하고 조심스러워하는 모습이기도 하다. (…) 따라서 나는 어딜 가나 항상 조심하고 긴장하게 되며 최선을 다해 자신을 통제함으로써 어떤 방식으로든 타인에게 피해를 끼치지 않도록 해야 한다. (…) 자아확장의 경향성을 통제하고 저지할 수 있는 것이 바로 타인이다.[*]

자기가 원하는 것만 찾기에도 시간이 부족하다고 말하는 시대다. 마는 어떻게 스스로 공의 중요성을 깨우치고 공의 자세를 수련할 수 있었을까? 이미 죽어봤기 때문이다. 그럼에도 그저 살아보려고 버텨봤기 때문이다. 마는 죽어본 만큼 죽음의 위험을 알기 때문에 자신을 타자에게 밀어붙이지 않는다. 괴로워본 만큼 타자의 괴로움에 공감할 수 있기 때문에 따뜻한 마음을 내어주게 된다. 스스로를 참아봤기 때문에 그 힘으로 다른 사람을 기다려줄 수 있다. 이것이 바로 은율의 힘이다. 마는 마지막 인터뷰에서 진단에 대한 의존도가 확 줄어든 모습을 보여줬는데, 나는 그가 은율을 스스로 습득하면서 생긴 변화라고 느꼈다.

---

[*] 오효명, 《공자의 인, 타자의 윤리로 다시 읽다》, 임해순·홍린 옮김, 예문서원, 2019, 226~227쪽

　　　　　　　　조금도 변화하지 않을 것 같지만

마   병에 대한 시선도 많이 달라졌어요. 예전에는 병에 휘둘려 다녔다면 지금은 그냥 그런 시기인가 보다, 해요. 내 울적함과 기분 좋음에 조울이란 이름이 붙은 게 아닌가 싶어요.

마는 이제 진단에 의해 해석되고 약에 의해 증명돼야 하는 존재가 아니다. 그는 참고 버티고, 기다리고 절제함으로써 세상과 마주하려는 존재다. 절제는 억압이 아니라 존재의 확장이다. 그는 이제 그는 진단을 믿기보다 그가 가꿔나갈 세계를 믿어보려고 하고 있다.

② 영원한 굴레를 끊어내는 능력

내가 잠시 다녔던 대학은 나이를 묻지 않는 문화가 있었다. 나이에 따른 위계가 발생할 수 있기 때문에, 혹은 나이에 대한 통념이 따라붙을 수 있기 때문이었다. 그러나 이런 환경은 한국에서는 아직까지 특수한 경우다. 내가 다녔던 대학에 이런 문화가 자리 잡을 수 있었던 건 진보적인 운동권의 역사가 있는 학교였기 때문이었다. 그 문화는 운동권에서 발생했던 문제들이 오랜 시간에 걸쳐 해결되는 동안 나오게 된, 일종의 공동 지식이었다. 시금치는 그런 문화에 속해본 적이 없었다. 나이와 위계에 관한 공동 지식을 쌓거나 익힐 일이 없었다. 그런데도 그는 나이가 위압감을 주기도 하는 한국 문화에서 독자적인 행보를 걸어갔다. 은율의 힘은 이런 식으로도 드러난다.

시금치　생각해보면 저도 군대에서 잘한 거 없어요. 분위기에 동요돼서 후임한테 못살게 굴었던 것 같거든요. 전역을 하고 한 후임이 연락을 안 받더라고요. 잘해준 줄 알았는데 나도 모르게 후임들을 괴롭혔나 보다. 그게 얼마나 아픈지 아는 놈이 후임한테 그랬나 보다. 지금도 너무 미안해요. 사과하고 싶은데 연락할 방법이 없어요. 이건 고은 님한테 처음 얘기하는 거예요. 이걸 숨기고 저만 아팠다고 하면 그거야말로 진짜 나쁜 사람 아니겠어요? 저는 상대방한테 나이를 안 물어봐요. 저랑 나이가 같아 보여도요. 나이를 물어보게 되면, 만약 저보다 나이가 어리잖아요? 그러면 제가 나이가 많다는 이유로 상대를 존중하지 않는 버릇이 올라오더라고요.

내가 원하지 않았던 것을 남에게 하지 않음으로써 시금치는 자신의 과거를 그 자리에 그대로 남겨두거나 사로잡히는 게 아니라 현재로 가져와서 재해석해낸다. 과거는 오늘과 미래에 펼쳐짐으로써 폭력을 재생산할 수 있는 가능성을 끊어내는 역할을 맡는다.

[예루살렘에서] 일주일에 한 번씩 열리는 심리학자들 파티에 가게 되었다. 그들은 그 주에 만났던 사람들을 초대하

　　　　　　　　　　　조금도 변화하지 않을 것 같지만

기도 했기 때문이다. 심리학자들의 모임에서 다뤘던 주제
에 대해 이야기를 들었다.

심리학자　　　매를 맞고 자란 아이들이 후에 그들의 아이들
　　　　　　에게도 똑같은 행위를 되풀이하는 경향이 있
　　　　　　다는 사실을 알고 계세요? 우리는 그런 현상
　　　　　　이 민족지적 집단에서도 마찬가지로 적용될
　　　　　　수 있다고 생각해요. (…)

작가　　　　　잠깐만요. 만약 지금 고통받고 있는 모든 사
　　　　　　람들이, 반대로 내일은 다른 사람들을 박해한
　　　　　　다면 우리는 비극에서 벗어나지 못할 거예요!
　　　　　　끝없이 되풀이될 테니까.

심리학자　　　……맥주 더 마실래요?[*]

　　우리는 우리가 받은 고통에서 자유로울 수 없다. 고
통은 재생산된다. 감자는 자신이 혐오하던 경쟁과 권위
를 재생산했고 그로부터 완전히 벗어날 수 없다고 느꼈다.
시금치는 자신이 겪었던 군대 내 폭력과 나이 위계를 너
무 쉽게 재생산해낸다는 것을 알게 되었다. 청경채는 자
신이 전 애인에게 당했던 무시를 그대로 친구에게 돌려주
게 됐음을 깨달았다. 경쟁은 경쟁을, 폭력은 폭력을, 혼맹
은 혼맹을 너무나 쉽게 재생산한다. 그렇기 때문에 과거

* 기 들릴, 《굿모닝 예루살렘》, 해바라기 프로젝트 옮김, 길찾기, 2012, 63쪽

　　　　　　　　　　　　　　　　　　　　　2장 선

와 함께 현재를 살고, 현재와 함께 미래를 사는 일, 즉 자기 삶에 내재된 무언가를 눈치채고 적극적으로 그것과 만나는 일은 강력한 힘을 가질 수 있다.

청경채 전애인이 저에게 늘 "집착하지 마, 의존하지 마"라고 말했거든요. 그런데 그 말을 그대로 제가 친구한테 하고 있더라고요. 근데 저는 전 애인이 그랬던 것처럼 친구에게 그러고 싶지 않아요.

시금치와 청경채 모두 자신이 당했던 것을 그대로 재생산하지 않기 위해 자신만의 은율을 만들었다. 시금치의 은율이 '나이 묻지 않기'였다면 청경채의 은율은 '괴로워하는 상대를 괴롭히지 않기'였다. 청경채는 이것을 해내기 위해 주변에 조언을 구할 수 있는 모든 선생님들에게 찾아가 자신이 어떻게 해야 하는지 물었다. 은율은 영원히 반복될 것 같은 굴레를 끊어낼 수 있다. 계속되는 폭력의 굴레에, 혼맹의 굴레 안에 갇혀 옴짝달싹할 수 없는 상태에서 벗어날 수 있게 만든다. 내가 하고 싶은 것을 남에게도 해주는 게 아니라, 내가 원하지 않는 것을 남에게 하지 않음으로써 말이다. 나를 복제하고 발산함으로써가 아니라 나를 자제하고 절제함으로써 말이다. 이것은 은둔고립청년이 아주 잘할 수 있는 일, 아니 잘할 수밖에 없는 일이다.

     조금도 변화하지 않을 것 같지만

서로의 무게추가 되다

상태가 조금 괜찮아진 것처럼 보이는 은둔고립청년은 일자리 프로그램을 권유받는다. 그러나 당사자들은 일자리가 이 문제의 결정적인 원인도 해결책도 아니라고 말한다. 혼맹에서 빠져나올 수 있는 토대를 마련하지 못했다면 일을 하다가 곧 다시 은둔고립하게 될 것이 분명하기 때문이다. '개인'에게 집중해서는 이 상황을 제대로 이해할 수도 풀어나갈 수도 없다. 혼자서는 다시 태어날 수 없다. 왜냐하면 이 모든 것은 혼맹의 문제, 그러니까 관계의 문제이기 때문이다. 다시 태어나기란 이 세계와 혼을 주고받을 수 있을 때 가능해지기 때문이다.

그렇다고 실험실 같이 완전 무해한 곳이 필요하다는 말은 절대 아니다. 지금 당장 촘촘하고 깊은 관계를 시작해야 할 필요도 없다. 혼맹 직후에 필요한 것은 느슨하지만 서로를 충분히 지탱해줄 수 있을 만큼 튼튼한 관계망이다. 성글지만 절대 끊어지지 않을 관계망 위에서 각자, 그럼으로써 함께 춤을 출 수 있는지가 관건이다. 다시 태어나기는 추상적인 대상들의 이합집산으로부터가 아니라, 구체적인 이들의 실질적인 관계 맺기에서부터 시작된다. 존재클럽 운영진들은 그런 커뮤니티를 만들고 싶어했다.

존재클럽 운영진 두두 느슨하게 연결감과 소속감을 느끼는 게 중요하다고 생각했어요. 개별 프로그램이 중요하기도 하지만, 우리가 어떤 문화적인 규칙을 공유하고 있다는 것, 다음에 나가면 또 비슷한 친구를 만날 수 있다는 것, 그런 장기적인 호흡이 필요하다고 생각했던 것 같아요. 안전한 커뮤니티 안에서 관계를 맺는 경험이 줄 수 있는 게 있다고 기대한 거죠.

은둔고립청년은 내가 발 디딜 구체적인 땅이 이 세계에 없다는 것을 알게 된 이들이다. 이미 이 구조 속에서 실패하고 또 실패하고 있는 이들이다. 그렇다면 이들은 어디에서 구체적인 관계를 만들어내게 되는 걸까? 그곳은 기존의 사회로부터 살짝 비켜난 곳일 수밖에 없다. 이 사회가 환대해주지 않기 때문에 서로가 서로를 환대할 수밖에 없다. 그러므로 은둔고립청년이 땅에 발을 디디는 일은 여전히 도주, 도망일 수밖에 없다. 이에 대해서는 3장에서 더 자세하게 이야기할 것이다.

이때 형성되는 새로운 관계의 장, 환대받지 못한 사회로부터 살짝 빗겨난 시공간이 바로 은둔고립청년들이 원하는 '안전한' 공간이다. 안전하다는 것은 무엇일까? 어떤 마찰도 발생하지 않는 무저항, 무중력의 공간이라는 뜻은 아니다. 안전하다는 것은 서로를 초대하고 환대한다는 뜻이고, 혼을 마주하며 서로를 들여다본다는 의미이다. 그

   조금도 변화하지 않을 것 같지만

럼으로써 각자 자신의 역할을 찾고 세계의 일원으로 인정받을 수 있게 된다. 많은 존재클럽 멤버들이 어디 가서 하지 못했던 이야기를 할 수 있어서 좋았다고, 그 이야기를 들어주는 사람들이 있어서 좋았다고 이야기 했다. 프로그램이 시작될 때부터 끝날 때까지, 중간에 이야기할 기회를 얻었을 때나 멘토를 만났을 때, 나와 인터뷰할 때도 기회가 생기면 이 이야기를 꼭 했다.

존재클럽에 처음 오는 사람들은 자기 이야기를 하면서 눈치를 많이 본다. 아마도 여태까지 자기 이야기를 하는 경험이 그다지 '안전'하지 않았기 때문일 것이다. 그러나 이내 존재클럽 멤버들이 자신의 이야기를 이해하고 공감해주는 모습을 보게 되고, 자신 역시 다른 사람의 이야기를 이해하고 공감할 수 있게 된다. 자기 이야기를 꺼냈을 때 관계가 위험해지지 않고 도리어 더 단단해지는 경험을 하는 것이다.

고구마　사람들과 이야기하는 게 재밌었어요. 서툰 사람들끼리 있으니까 감정 소모할 필요가 없어서 편하게 이야기할 수 있었던 것 같아요. 그동안은 나를 숨겨왔거든요. 꾹 참고 있었던 게 많았어요. 존재클럽에서 느끼는 게, 친구가 굳이 나이가 비슷해야 할 필요가 없다는 거예요. 여기서는 힘든 걸 자연스럽게 얘기할 수 있고, 그래도 관계가 끊어지지 않잖아요. 날 이해해주는 사람이 조금씩 생기는 것 같아요. 학창 시절 친구만 친구가 아니구나. 그 관계만 유지하려고 용쓰지 않아도 되는구나.

고구마는 친구들과 함께 놀던 시절을 그리워하기도 했다. 여태까지 그의 친구는 학창 시절 친구가 전부였는데, 고구마가 은둔고립을 하게 되면서 그 친구들과 관계가 끊겼기 때문이었다. 그런데 존재클럽에 오면서 고구마는 친구가 생겼다고 느꼈다.

존재클럽에서 이야기를 나눌 수 있다는 것은 어떤 의미일까? 혼맹에 들었을 때 겪게 되는 다양한 상황을 서로 이해해줄 수 있다는 뜻이다. 때로 연락이 되지 않고 나타나지 않더라도, 말을 제대로 하지 않고 눈을 마주치지 못하더라도 문제가 되지 않는다. 아무도 그런 사람을 두고 나태하다거나 예의 없다고 생각하지 않는다. 지금 부단히 무언가를 하고 있겠구나, 거기에 어떤 역동이 있겠구나, 짐작하며 걱정하고 기다릴 뿐이다. 자신도 겪었던 일이자, 언제든 자신에게도 도래할 수 있는 일이기 때문이다.

시금치　존재클럽 멤버들은 저한테 먼저 오셔서 인사하고 말 걸어주세요. A님도 B님도 청경채님도 그렇고, 고은 님도 그렇고요. 제가 사람들에게 먼저 인사한 적이 없어요. 그 사람을 봤는데도요. 저도 이제 인사를 하야 되는데 어떻게 고쳐야 할지 모르겠고, 이게 과연 고쳐질

　　　　　조금도 변화하지 않을 것 같지만

까 싶기도 해요. 그걸 아시니까 저한테 먼저 인사해주시
지 않으셨을까요?

시금치에게 인사는 오랜 과업이다. 옆집 사는 초등학
교 1학년 아이에게도 인사를 돌려주지 못할 정도로 그는
세계와 혼을 마주하고 인사를 건네는 일을, 시선을 돌려
주는 일을 잘할 수 없었다. 시금치가 인사를 되돌려주지
않자 옆집 초등학생은 점점 인사를 덜 하더니 아예 하지
않게 되었다. 아마 대부분의 사람들이 그랬을 것이다. 시
금치는 그 사이에서 남몰래 절망하고 자책하고 슬퍼해왔
다. 그러나 존재클럽 멤버들은 시금치가 인사를 하지 않
았음에도 계속해서 인사를 건넸다. 시금치에게 이것은 몹
시 놀랍고도 기쁜 일이었다. 이 사람들은 자기가 다른 사
람을 무시하고 싶어서 인사하지 않는 게 아니라는 것을
아는 것 같다. 이건 시금치만의 해석일까? 아니면 정말로
사람들이 시금치의 마음을 알고 있었던 걸까? 나는 시금
치가 언급한 사람 중 한 명인 청경채에게 은근슬쩍 시금
치 이야기를 꺼내봤다.

청경채　처음에 일부러 얼굴 익히려고 한 명씩 찾아가
서 인사를 건넸어요. 부끄러워하셔도 안녕하세요, 인사
하고 말을 건넸죠. 시금치 님은 친해지고 싶어 하는데
수줍어하시는 게 느껴졌어요. 싫어하는 게 아니라요. 만

　　　　　　　　　　　　　　　　　　

약 그랬다면 안 나왔겠죠. 꾸준히 나오면서도 수줍어하시더라고요. 시금치 님뿐만 아니라 시간이 걸린다고 말씀하시는 분들이 꽤 있었어요. 그러면 제가 먼저 인사를 건네고 '플러팅'하고 그래요.

시금치와 청경채는 아주 다른 삶을 살아왔다. 시금치의 아버지는 집안을 통제하고 싶어 했고 청경채의 아버지는 집안에 관심을 거의 두지 않았다. 시금치는 군대와 일터에서 사람들에게 쫓겨났다고 느꼈고, 청경채는 부모와 애인에게 버림받았다고 느꼈다. 성향도, 좋아하는 것도 다른 두 사람이지만 함께 공유하고 있는 감각이 있다. '우리는 이곳에서 쫓겨나거나 쫓아내지 않을 것이다. 혼을 마주하기 어렵지만 마주하려고 노력할 것이다.' 이들은 서로가 혼맹이라는 사실을 안다. 이 사회가 혼맹에 빠지기 쉬운 사회라는 사실 또한 안다. 은둔고립청년은 서로에게 일시적으로 위로가 되어주는 사이가 아니라, 개별적 사건인 혼맹과 시대적 사건인 혼맹을 함께 마주해가는 사이다. 서로를 안쓰러워하는 관계가 아니라, 서로에게 발 디딜 땅이 되어주는 관계다.

시금치　존재캠프에서 과제를 내주셨는데, 제가 좀 늦어졌어요. 그동안 실수할 때면 엄청 모욕적인 대우를 받았는데, 여기서는 "시금치 님, 늦을 수도 있는 거죠" 하

　　　　　　　　조금도 변화하지 않을 것 같지만

고 관심 어린 얘기를 듣다 보니까 계속 하게 되더라고요. 옛날 같았으면 하기 싫어서 금방 포기했을 텐데, 이번에는 저도 모르게 힘이 났어요. '이렇게 관심 가져주시는데 안 하면 안 되겠다.' 그렇게 결과물을 만들었는데, 보신 분들이 잘 만들었다고 해주시는 거예요. 오이 님께서 제가 쉬는 시간에도 찡그리면서 몰두하는 걸 봤는데, 그 노력이 여기 담긴 것 같다고 해주시더라고요. 그런 것까지 캐치해주시고…….

아무래도 오이가 또 누군가에게서 내재된 힘을 발견해 낸 모양이었다. 시금치가 제작한 영상은 그가 좋아하는 자동차에 관한 영상이었다. 그 자동차는 시금치에게 몹시 의미가 깊은 차종으로, 자신의 삶을 투영하는 일종의 또 다른 자아였다. 그러나 그는 한 번도 다른 사람에게 이 자동차에 대해 이야기해본 적이 없었다. 자신의 정체성이나 마찬가지인 자동차에 대한 이야기를 하지 못했다는 것은 자기 자신을 다른 사람 앞에 꺼내보지 못했다는 뜻이기도 하다. 그렇기 때문에 이 발표는 그에게 몹시 뜻 깊은 자리였다.

그런 시금치의 발표를 사람들은 마음으로 보고 들었다. 단지 자동차뿐만이 아니라, 그 너머에 있는 시금치까지 봐주었다. 서로에게 발 디딜 땅이 되어주기 위해서는 단순한 위로나 공감만으로는 부족하다. 서로를 마주하려

고 노력하는 일에는 정성이 필요하다. 이 정성 어린 마음
은 객관적인 수치로 환산할 수 없다. 멤버들은 상대를 위
해 기도를 하고 자신을 위해서는 절제를 한다. 사랑과 우
정을 나누는 마음들이야말로 우리가 함께 설 땅을 만들어
갈 때 가장 필요한 것이다.

시금치가 참여했던 프로그램은 거의 밤 10시가 다 돼
서 끝났다. 시금치의 집에서 존재클럽이 열리는 장소까지
는 편도 두세 시간 거리다. 그는 이 거리를 오토바이를 타
고 다녔다. 그날 발표가 끝나고 집으로 돌아가는 길을 시
금치는 이렇게 묘사했다.

시금치　끝나고 집으로 가는데, 보통 되게 피곤하거든
요. 먼 거리를 가야 되고, 늦은 시간에 끝나다 보니까요.
근데 너무 행복한 나머지 하나도 안 피곤하고 계속 그
생각만 드는 거예요. 내가 이 차를 다른 사람들한테 당
당하게 소개했구나. 오이 님이 이런 반응을 보여주셨구
나. 너무 행복했어요. 저에게도 그런 면모가 있나 봐요.
그게 행복한가 봐요.

이 이야기를 하는 동안 시금치가 갑자기 커다래졌다.
허리를 쭉 펴고 정수리를 위로 당겼다. 어깨가 펴지고 가
슴이 넓어졌다. 그의 팔동작, 고갯짓, 동공, 목소리, 기운,
모든 것이 우리가 있었던 작은 방을 꽉 채웠다. 그 순간 시

　　　　조금도 변화하지 않을 것 같지만

금치는 누구와도 비교할 수 없을 정도로 충만한 존재였다. 발 디딜 수 있는 구체적인 관계-땅이 생기면서 시금치는 자신이 겪었던 일들까지도 다시 만나게 됐다. 붕 떠 있었던 시금치의 현재가 땅 위로 끌어내려지면서, 그의 과거역시 땅 위에 발을 딛게 된 것이다.

시금치　저의 아픔이나 은둔이 보잘것없어 보였거든요. 그런데 이런 아픔들로 인해 이런 고마운 분들을 만날 수 있지 않았나, 존재클럽에 들어올 수 있게 되지 않았나, 이런 생각도 들었어요. 이게 그렇게 나쁜 건 아니었구나.

이것은 기억 미화라기보다, 비로소 발 디딜 땅을 만나게 된 사람이 안심하며 내쉬는 한숨에 더 가깝다. 이 사람들은 은둔고립청년이라는 구실로 만나서 구체적인 사람과 구체적인 관계를 꾸려나가게 된다. 서로의 이야기를 들어주고 이해한다. 얼굴을 맞대고 눈을 맞추며 표정을 교환한다. 서로의 이름을 불러주고 관계를 요청한다. 이 과정을 통해 붕 떠 있는 서로를 땅 위로 끌어내린다. 손을 맞잡으며 다시 위로 붕 뜨지 않게 서로에게 무게추, 즉 구체적인 관계가 되어준다. 이 모든 과정을 정성을 다해, 마음을 다해 해낸다. 그럴 때야 비로소 나의 위치가 생기고 시간이 흐른다. 이제 나는 내 존재를 의심하

지 않는다. 나는 지금 여기에 존재하고 있다. 세계에 참여
하고 있다ᄑ.

다시 태어났다는 신호

다시 태어나고 있다는 것은 어떻게 알 수 있을까? 혼
맹에서 어느 정도 빠져나왔는지 어떻게 알 수 있을까? 끝
이 보이지 않는 이 과정에서 나는 어디쯤에 있는 것일까?
존재클럽 멘토들의 멘토인 유정 선생님은 은둔고립청년
과 상담을 할 때 지표로 활용할 수 있는 것들을 책에 써준
다면 좋겠다고 말씀하셨다. 이 책에서 내가 심리학을 비
판하고 있는 것처럼 보일지 모르겠지만, 사실은 그렇지
않다. 나는 심리학을 비판할 정도로 알지 못한다. 내가 비
판하는 것은 현재 은둔고립청년을 해석하는 주류 담론이
다. 유정 선생님은 재난심리를 전공하시는데, 현장에서 사
람을 많이 만나온 선생님의 경험과 지혜에 나 역시 크게
의지하고 있다. 그래서 여기서는 유정 선생님의 조언을
따라 내가 당사자들에게서 포착할 수 있었던 다시 태어남
의 지표 몇 가지를 적어보고자 한다.

혼맹에서 벗어나 다시 태어나는 과정에서 가능해지
는 것은 '진짜 나'가 되는 일이 아니다. 경제적 주체가 되
는 일도 아니다. 중요한 것은 땅에 발을 딛느냐, 그러니까

　　　　　　　　　조금도 변화하지 않을 것 같지만

구체적인 관계 안에서 살아갈 수 있느냐, 그럼으로써 나와 세계를 마주할 수 있게 되느냐이다. 혼을 주고받고, 관계 속에서 존재하고, 그럼으로써 자신 역시 인지할 수 있게 되는가이다.

① '사랑이었구나' 깨닫기: 무기력에서 사랑으로

존재클럽 튜터 무수는 뉴스레터 〈모어데즈〉의 운영자다. 3년 넘게 매주 혐오 문제와 관련된 이슈를 모아 뉴스레터를 발행하고 있다. "어떤 존재든 있는 그대로 사랑하는 마음"으로 "나와 내 주변 사람들의 아픔을 바라보기 위해" 말이다. 한때 그는 일로 자신의 존재를 증명받고 싶은 마음에 일의 성과를 열심히 기록했다. 그러나 이제 그는 더 이상 성과를 기록하지 않는다. 대신 자신을 돌보고 세계를 마주하는 일에 더 많은 시간을 보낸다. 요가를 하며 숨 쉬고 있는 자신을 마주하고, 동네를 매일 산책하며 나무에 잎사귀가 나는 것을 관찰한다. 사랑을 적는 노트도 마련했다. 성과를 기록하며 고립되어 괴로워하던 무수가 사랑을 기록하기 시작한 것이다.

제게 그런 노트가 있어요. 빨간색 노트인데, 사랑의 순간만 적어요. 어떤 메시지나 행동에서 사랑을 느낄 때가 있는데 자꾸 까먹는 거예요. 그래서 힘들 때마다 그걸 읽어

봐요. '그렇지, 나는 혼자가 아니었어.'*

무수는 이 경험을 토대로 존재클럽에서 프로그램을 진행했다. 참여자들은 자신을 둘러싼 이 세계의 사랑을 노트에 기록하고 나눈다.

우린 일상에서 무수한 사랑을 주고받습니다. 그러나 크고 깊은 것만이 사랑이라 여기며, 받은 사랑이 없고 세상에 혼자인 것만 같은 기분을 느끼곤 합니다. 이 시간을 통해 우린 다채로운 사랑을 이해하고 발견합니다. 그리고 나가 다른 존재에게 받은 사랑, 내가 다른 존재에게 준 사랑, 내가 나라는 존재에게 전한 사랑을 기록합니다. 서로의 사랑 기록을 나누며 몰랐던 사랑을 배우고 발견하지 못한 사랑을 찾아주고 이야기 나눕니다. ―프로그램 소개 중

존재클럽 튜터 무수　　처음에는 멤버들이 놓치고 있는 사랑을 발견하기를 바라는 마음으로 프로그램을 시작했어요. 그런데 제 기대와 달리 멤버들이 많이 발견했던 건, 스스로를 미워한다고 생각했는데 사실은 내가 나를 위해 행동하고 있었다는 사실이었어요. 마지막 시간에

* 　김고은, 〈무수: 성과 기록을 멈추고 사랑을 기록하기 시작하다〉, 《월간 다젠다워커》, 아르케, 2024

　　　　　　　　　　조금도 변화하지 않을 것 같지만

적상추 님은 '내가 나를 사랑하지 않는 줄 알았는데 내가 나를 사랑하고 있었구나'라는 문장을 남겨 주셨어요. 그때는 약간 눈물이 날 것 같더라고요. 특히 마음이 무디다고 느꼈던 건 양파 님이었어요. 양파 님은 일대일로는 그나마 얘기를 하세요. 메모장에 자기 생각을 적기도 하시고요. 그런데 사람이 좀 늘거나 주목받는 상황이 오면 자기 얘기를 아예 안 하려고 하세요. 목소리가 안 들려요. 초반에는 그래도 얘기를 하려고 했는데, 나중에는 뭘 물어봐도 "저는 안 할게요" 하고 넘기셨어요. 기록도 거의 해오신 게 없었고요. 그런데 그분이 마지막에 했던 말이, 세상에 사랑이 없는 줄 알았는데 그게 아니라 자기 안에 사랑이 없었던 것 같다고 얘기해주셨어요. "오히려 사랑을 싫어한 게 아니었을까" 이렇게 얘기하시더라고요.

양파에 대한 이야기는 무수의 프로그램이 끝나고 연이어 진행된 프로그램 '일상을 나누는 돌봄'의 튜터 유랑에게서도 들을 수 있었다. 유랑은 과거에 대안학교 교사였다. 그 학교는 유랑에게 공동체가 되어주기도 했지만, 퀴어 당사자로서는 고민하게 만드는 곳이기도 했다. 이후 학교를 떠나 서울로 올라왔는데, 같이 밥을 먹고 일상을 나눌 사람이 사라졌다는 사실에 큰 당혹감을 느꼈다. 코로나에 걸렸을 때 특히 더 그랬다. 서로서로 확인하고 밥을 챙겨주는 것이 아니라 돈을 주고 돌봄을 사야 한다는 것이 경악스러웠다. 유랑은 구체적인 관계 안에서 서로를 돌봐야 한다고 생각하는 사람이다. 그래서 존재클럽에서도 함께 밥을 차려 먹고 일상을 나누는 프로그램을 열었다.

나는 일상을 살아가며 나를 돌보고 있을까? 주변에서 함께 살아가는 이들을 돌보고 있을까? 나는 누군가에게 돌봄을 받고 있을까? 어떠한 존재가 살아가는데 '돌봄'은 꼭 필요하지만, 사회에서 '돌봄'은 지워지기 쉽다. 혼자서 살아가는 사회, 모든 것을 개인 몫으로 돌리는 사회에 살아가며 우리는 돌봄을 받지도, 돌보지도 못하고 있다. 일상 속 돌봄은 잘 느껴지지 않는 듯하지만 우리 삶 가까이에 있다. 잘 자는 것, 밥을 챙겨 먹는 것, 내 감정을 살펴보는 것, 빨래를 하고 설거지하는 것, 내 몸을 살펴보는 것, 함께 사는 이의 몸과 마음을 물어보는 것. ―'일상을 나누는 돌봄' 프로그램 소개 중

존재클럽 튜터 유랑　　첫 모임 때, 각자 목표를 써서 돌아가면서 이야기를 나눴거든요. 근데 양파 님이 언어를 내뱉는 걸 어려워하시는 거예요. 쓰긴 다 쓰셨는데, 말이 입에 맴돌고 발화가 안 되는 상황이었어요. 그래서 조금 있다가 하셔도 되고 안 하셔도 괜찮다고 했거든요. 그때는 못 하겠다고 하셨고, 그다음 번에는 조금 기

다렸더니 한 문장 읽으셨어요. 점차 한 주, 한 주 지나면서 대화가 가능하게 된 거예요. 정말 큰 변화였죠. 마지막 시간에 이야기를 나누는데, 양파 님이 썼던 말 중에 감사한 게 있었어요. 자기는 지금까지 사람을 싫어하고 별로 안 좋아하는 줄 알았다는 거예요. 근데 프로그램을 하면서 내가 그렇게 사람을 안 좋아하는 사람은 아니었구나, 그걸 느꼈다고 하셨어요.

정확하게 알기는 어렵지만, 나는 양파가 변화하는 과정에서 두 가지 힘이 작용했을 것이라고 생각한다. 첫째는 무수와 유랑의 힘이다. 무수와 유랑은 모두 이 시대에 우리가 고립, 그러니까 혼맹에 빠지기 얼마나 쉬운지를 아는 사람들이다. 그렇기에 그에 대응하는 방법을 일찌감치 수련해온 사람들이다. 무수는 이 세계의 생명력, 즉 사랑을 마주함으로써 고립되지 않으려고 했다. 양파는 무수와 함께하며 세계에 사랑이 없었던 게 아니라는 사실을 알게 되었다. 유랑은 일상에서 구체적으로 서로를 돌봄으로써 고립되지 않으려고 했다. 양파는 유랑과 함께하며 자신이 사람을 그다지 싫어하지 않는다는 사실을 알게 되었다.

두 번째는 아무도 양파를 들볶지 않았지만 무시하지도 않았고, 아무도 양파를 구원하지 않았지만 그대로 두지도 않았다는 것이다. 어떤 이들의 목소리는 직접적으로 들을 수 없다. 양파의 이야기를 제대로 들은 사람은 없었지만, 동시에 모두가 그 이야기를 듣고 있었다. 그에게 일어나는 변화를 나누며 멀리서 살피고 있었다는 뜻이다. 그렇기 때문에 양파는 무수나 유랑을 만날 때마다 자신에 대해 설명하거나 양해를 구하지 않아도 됐다. 무수와 유랑을 포함한 존재클럽 멤버들은 너나 할 것 없이 양파의 아주 느린 변화를 함께해왔다. 아무런 접점이 없었던 나까지도, 종종 그와 한 공간에서 마주할 때면 온 마음을 다해서 그에게 인사를 건네곤 했다.

우리는 양파와 함께했고 양파도 우리와 함께했다. 그는 지난 몇 년간 사람의 이름을 불러본 적이 없었는데, 할아버지에게 안부 전화가 왔을 때도 화답하지 못했는데, 1년의 시간이 지나며 대화를 할 수 있게 됐다. 그는 이 끝나지 않을 것 같은 무기력 속에서 무언가를 건져 올렸다. 구체적인 관계를 땅으로 삼으며 이 세계의 생명력을 느낄 수 있었다. 그래서 자신 옆에 사랑이 있을 수도 있다는 사실을 알게 됐다. 무섭거나 싫다그 말하는 대신 '사랑일 수도 있구나'라고 생각할 수 있게 되는 것. 이것이 다시 태어나는 중이라는 신호다.

② '그럴 수도 있지' 라고 생각하기: 자기혐오에서 자기
　인식으로

마에게는 1년 동안 여러 변화가 있었다. 처음 만났을 때 마는 상상에서 나왔다가 되돌아가기를 반복하고 있었다.

　　　　　　　　　　조금도 변화하지 않을 것 같지만

마　　　　어느 날 평소처럼 상상을 하고 있었는데, 이게 과연 나한테 도움이 되는 건가 생각이 들더라고요. 하지만 내가 해왔던 가장 쉽고 나를 빨리 채워줄 수 있는 일이 상상이니까, 그걸 계속 찾아요. 잘못됐다는 걸 알고 있지만 계속 찾으니까 너무 괴롭고 힘든 거예요.

1년 뒤, 마는 더 이상 상상을 하지 않게 됐다.

마　　　　전혀 안 하고 있어요. 음…… 쉬고 싶은 것 같아요. 상상은 머리를 쓰는 일이니까. 쉬고 싶어요. 다른 걸로 머리가 가득 차 있으면 무언가가 들어올 데가 없잖아요. 내가 쉬고 비우면 뭔가 색다른 게 들어오지 않을까?

1년 전, 마는 왜 상상이 문제라고 생각했을까? 그 이유를 묻자 상상을 하면 현실에서 사람들을 만나기 어렵기 때문이라고 대답했다. 그로부터 1년이 지난 지금, 그는 더 이상 상상이 나쁘다는 생각에 사로잡히지 않았고, 그만둬야 한다며 괴로워하지 않았다. 청소년기부터 10년 넘게, 어쩌면 20년 가까이 지속했던 일이다. 마가 밟을 땅이 전혀 없었을 때, 완전히 갇혀 옴짝달싹할 수 없었을 때 상상은 마를 살렸다. 그것은 현실에 발 딛기 위한 마의 노력이고 물리적 죽음에 이르지 않기 위한 버티기였다. 그러다 근래 들어 정말로 현실에 발을 조금씩 디딜 수 있게 되자 그에게 상상은 불필요한 일이 되었다.

이 과정은 1년 동안 아주 느리게, 천천히 일어났다. 진전되기도 했다가 다시 도돌이표를 찍는 것 같기도 했다. 그래도 우리가 만날 때마다 상상에 관해 이야기하는 시간이 꾸준히 줄어들었고, 점점 심드렁해지는 것이 보였다. 이제 마는 상상과 상상하는 일의 괴로움 대신 그가 만나는 사람들과 그 사람들을 만났을 때 겪는 괴로움에 대해 이야기 한다. 이 변화 속에서 마는 서서히 이런 것을 느끼게 되었다.

마　　그게 생긴 것 같아요. '갑빠'. 뭔가 '툭' 들어와도 '통' 튕겨낼 수 있는, 스크래치가 좀 덜 나는, '갑빠'가 생긴 것 같아요. 저의 경우에는 바뀌어야겠다고 마음먹었던 이유가 남의 시선 때문이었어요. 그런데 [지금은] 그건 저 사람 생각인 거지, 내가 아니잖아요. 그러니까 그냥 '그런가 보다~ 그래라?' 이렇게. (웃음)

마는 사람들의 말 한마디에 괴로워하고 공포스러워하던 사람이었다. 현실에서 만나는 사람들이 상상 속 사람들처럼 자신을 대해주지 않자 두려워 숨는 사람이었다. 남들이 보기에 별것 아닌 것처럼 보이는 말일지라도, 총구에 겨냥이라도 당한 것 같은 공포를 느끼던 사람이었다. 그래서 '어떻게 나한테 그럴 수가 있어?', '왜 나한테 이런

　　조금도 변화하지 않을 것 같지만

일이 일어나는 거야?'라고 묻곤 했다. 자기 안으로 자꾸 파고들어 갔고, 세계를 인지할 수 없어서 그저 자기 자신만을 혐오하곤 했다. 그랬던 마가 이제는 다른 사람의 말을 '그러려니' 할 수 있게 되었다.

마가 땅에 발을 딛지 못했을 때는 자신도 세계도 마주할 수 없었다. 그 모든 것이 혼재되어 가짜 나와 가짜 세계가 마를 마구 휘저었다. 땅을 조금씩 딛게 된 마는 이제 조금씩 세계를 마주할 수 있게 됐다. 어떤 이야기를 들었을 때 그 말에 잡아먹히는 것이 아니라, 그 사람의 생각임을 인지할 수 있게 된 것이다. 그럼으로써 마는 자신도 마주할 수 있게 됐다. 이제는 이 세계에 나만 있는 게 아니라는 감각을 갖게 됐다. 내 세계에 다른 존재의 가능성이 들어오는 순간, 끝도 없는 자기혐오에서도 비로소 나올 수 있게 된다.

혼자가 아니라는 느낌

보낸 사람   마

받는 사람   김고은

제목   마 업데이트

안녕하세요 고은 님. 전에 더 말하고 싶은 게 생기면 전해달라고 하셨던 게 생각나서 타이핑해봅니다. 책 A를 완독하고 생각이 많이 달라졌어요. 저는 혼자 외로움 때문에 오랜 시간 힘들어는데요. 책을 읽고 많이 관점이 달라졌어요. 메일 제목처럼 살짝 업데이트가 되었습니다. 제가 느꼈던 혼자됨과 외로움이라는 느낌은 오로지 제 시점에서 파고 있었던 생각의 굴이었던 것 같아요. 그동안 성장하는 과정에서 적절한 도움을 받지 못했다고 생각해서 사람에 대한 믿음과 신뢰가 없었어요. 손을 내밀 때 나를 도와줄 사람은 단 한 명도 없을 거야, 라는 생각이 깊게 뿌리내려 있었던 것 같아요.

그런데 이제 근거는 없지만 혼자가 아니라는 느낌이 들

어요. 내가 도움을 요청했을 때 도와줄 사람들이 반드시 있다고요. 비록 속해 있는 사회나 공동체 안에서는 왕따를 당하거나 가깝게 지내는 사람이 없을 수도 있지만요. 책에 '나는 세계의 한 시민이이다'라는 말이 나왔어요. 당장 눈앞에 보이는 사람들로 한정 짓지 않고 넓게 볼 수 있어진 것 같아요. '나를 받아줄 사람들이 있을 거야'가 아니라 그냥 다 연결되어 있다고. 그런 글을 읽으니까 뭔가 '유레카!' 한 느낌이랄까요? 그래서 오늘은 혼자 있는 시간이 외롭지 않고 좋아요.

그리고 저는 일에 되게 목매고 있었어요. 일을 찾아야 한다. 많이 벌진 못하더라도 돈을 벌어야 한다. 나는 능력이 없고 할 줄 아는 것도 없다. 그런데 요즈음 계속 운동을 하고, 그 덕분에 책 읽는 시간도 늘고 집중력도 늘었어요. 운동하고 책 읽고 명상하고 사색하고 멍때리는 시간이 너무 좋아요. 행복한 것 같아요. 그래서 돈이 우선이 아니게 됐어요.

친구를 만나려면 돈이 필요해, 옷을 사려면 돈이 필요해, 뭐든 하려면 돈이 필요해, 생각 했는데요. 연결되어 있다는 느낌이 드니까 굳이 친구를 만나지 않아도 즐겁고, 외적으로 신경 쓰지 않아도 된다고 결정하니까 돈을 쓸 필요도 잘 못 느끼고, 음식은 집에 있는 걸로 대신하니까 크게 돈 쓸 일이 없어졌어요.

경제적으로 독립을 하진 못했지만요. 부모님 농사를 도

와야 하는 시즌이 다가오는데, 지금은 그걸로 경제적 자립을 퉁치기로 했습니다. 부모님에게 받는 돈(용돈)은 농사일로 고용되어 받는 거라고요. 계속 업데이트하면 어떻게든 살아질 거라고 믿어요. 하하. 이상 저의 업데이트 된 따끈한 독후감 같은 글 마무리합니다.

마지막 인터뷰를 마친 뒤, 마에게 하고 싶은 말이 있다면 언제든 연락을 달라고 했다. 인터뷰가 끝난 뒤에도 소통 창구가 열려 있음을 알리는 의례적인 말이었다. 정말로 연락을 준 인터뷰이는 마가 처음이었다. 그전에도 마는 종종 내 메일로 글을 써서 보내왔기 때문에, 그 연장선에서 자연스럽게 메일을 보낼 수 있었던 것 같다.

1년 동안 마를 만나며 나는 마의 말을 이해하는 법을 배웠다. 그래서 마의 말을 다 믿지 않는다. 마는 선언하고 번복하고 선언하고 취소한다. 그러나 동시에 나는 마의 말을 다 믿는다. 자꾸 단언하고 선포하며 스스로를 속단하지만, 그런 만큼 좌절하는 자신도 빠르게 인정하고 받아들이며 돌아보곤 한다. 그리고 그 반복되는 좌절과 실패 속에서 아주 작은 변화들을 만들어나간다.

마가 보낸 메일은 꽤 단정적이다. 짧은 시일 내에 마가 좌절하거나 말을 번복하는 일이 생길 수도 있다. 그럼에도 마는 써낸 것과 같은 방향으로 뚜벅뚜벅 걸어나갈 것이다. 나는 이 글을 마의 선언문이라고 이해한다. 무엇보다 이 메일에는 이전에 반복해서 선언했던 것이 아닌 새로운 선언이 생겨났다. 마가 처음으로 한 선언에 밑줄을 그어두었다. 그 문장을 읽고 나는 너무 벅찬 마음이 들어서, 당장 이 글을 세상 사람들에게 자랑하고 싶다고 생각했다.

보다 이 메일에는 이전에 반복해서 선언했던 것이 아닌 새로운 선언이 생겨났다. 마가 처음으로 한 선언에 밑줄을 그어두었다. 그 문장을 읽고 나는 너무 벅찬 마음이 들어서, 당장 이 글을 세상 사람들에게 자랑하고 싶다고 생각했다.

(3장)

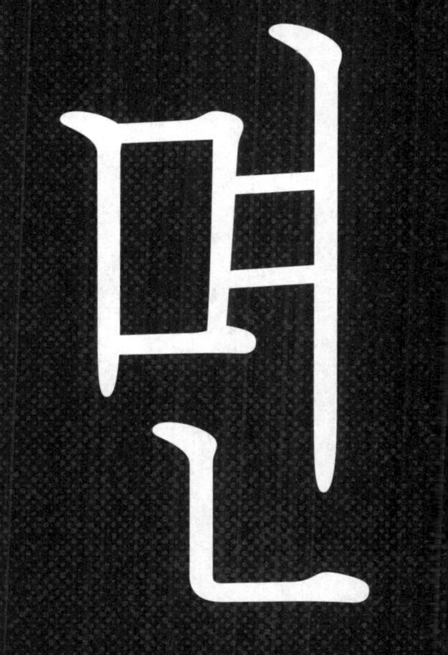

과도기

제목　　　　몰라, 두려운 불안

날짜　　　　2024년 11월 15일 금요일

　요즈음 희한할 정도로 마음이 고요해 안정을 느낀다. 알로록달로록 낙엽이 내리는 신선한 가을 날씨 때문일까? 창을 통해 내리쬐는 밝은 햇볕을 맞이하며 따뜻하고 안전한 나의 집에서 바둑이의 보드라운 털을 만지며 충만함을 느낀다. 덕분에 내가 가장 싫어하는 고객들에게도 제법 상냥해졌다(회사에서 조기퇴근을 시켜주면 더 행복하다). 그리고 미워하는 사람을 지혜롭게 마주하는 여유도 생겼다. 스님이 알려 주시는 부처님의 가르침, 존재 캠프에서 만난 청년들과의 교감(+친애하는 나의 피어서포터 친구들), 온 마음으로 나의 이야기를 들어주는 심리상담 선생님, ○○의 ○○○ 프로그램, 비폭력대화 강의 등 나의 어리석음을 알아차리게 도와주는 소중한 것(분)들에게 정말 감사하다(소속감과 연결감은 나에게 매우 중요하다). 하지만 해가 지면 난 툴안해진다. 이유는 잘 모르겠다. 나를 인터뷰하는 고은에게 아마 과도기인 것 같다고 말했다. 고은은 울었다. 입덧 대신하는 남편이냐고 말해서 울고 있는 고은을 빵 터트렸다. 대신 울어주는 사람의 아름다움을 느꼈다. 고마워요. 밤만 되면 일렁이는 마음을 다독이고 싶어서 그에게 매일 잘 자라는 인사를 해달라고 요청했다. 그는 알겠다고 했다. 무뚝뚝하지만 사려 깊은 사람이다. 이대로라면 곧 사랑할 것 같다.

—청경채의 일기

재혼맹의 두려움

꽉 막힌 게 뚫리는 것 같을 때, 비로소 진전이 있는 것 같을 때, 이제는 정말 더 나은 미래가 도래할 것 같을 때, 바로 그때 가장 예상치 못했던 일이 벌어진다. 시작하는 점과 도달하는 점, 그 두 사이를 착실하게 걸어온 것 같을 때 느닷없이 세 번째 점이 나타난다.

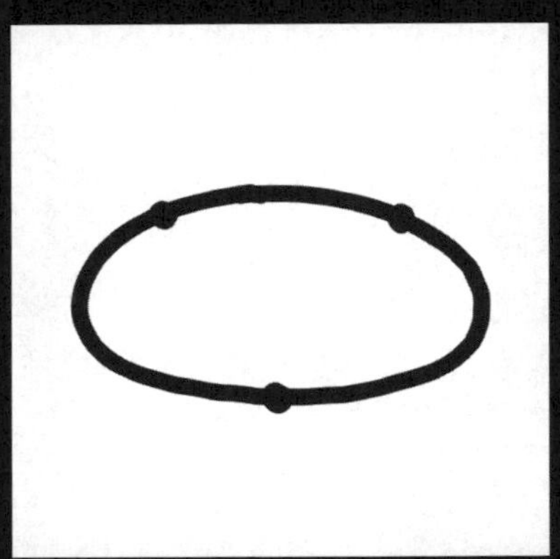

그림 5　　　세 개의 점이 찍혀 있고,
선으로 이어져 있다.

혼맹과 다시 태어남 다음으로 찍히는 점의 이름은
'재혼맹의 두려움'이다. 세 점은 하나의 선으로 연결된다.
혼맹에 빠지고, 혼맹에서 빠져나오기 위해 다시 태어나보
려고 하고, 다시 태어나보려 하다가 재혼맹이 찾아올까
두려워하고, 그러다가 다시 혼맹에 빠진다. 다시 태어나
기가 쉽지 않다는 것은 언제든 다시 죽을 수도 있다는 뜻
이기도 하다. 한 번 죽어본 사람이 두 번 죽기 뭐 그리 어
려울까. 다시 태어나려고 시도하는 무수한 좌절과 실패
속에서 다시 혼맹에 빠지지 않을까 하는 두려움을 마주하
게 된다.

청경채　(상태가 많이 좋아진 것 같냐는 질문에) 글쎄요,
아직 고립감이 있는 것 같기도 해요. 아예 싹 없어지지
않는 것 같아요. 그러니까 밤마다 불안하지 않을까요?
외로움, 고립감이 다시 찾아오니까요.

오이　지금 공유되고 있는 사례는 한 번 은둔했다가
'짠, 회복했어요' 하는 이야기밖에 없어요. "너는 할 수
있어!" 같은 식이죠. 하지만 은둔고립한 후에는 넘어질
수밖에 없거든요. 그런데 그에 대한 이야기가 없어요.
후유증이 진하게 남을 수밖에 없어요. 제가 요즘 하고
있는 생각이, '죽을 때까지 가지고 갈 수도 있겠구나' 싶
거든요.

혼맹—다시 태어나기—재혼맹의 두려움. 이렇게 하나의 사이클이 완성된다. 아니, 사실은 점 세 개가 반복되는 일방향 사이클이라고 할 수 없다. 왜냐하면 이 일은 선이 아니라 면에서 일어나기 때문이다.

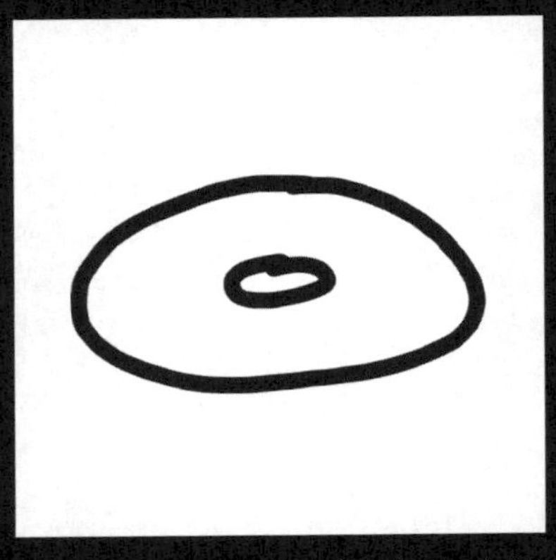

그림 6 　큰 동그라미 안에 작은 동그라미가
　　　　 들어 있다. 가운데가 뚫린 원판
　　　　 모양이다.

선은 점으로 이루어져 있다. 어떤 점은 혼맹일 수도 있고, 어떤 점은 다시 태어나기와 재혼맹의 두려움일 수도 있다. 선은 선형적인 시간을 보여준다. 한 순간에는 하나의 점에만 위치할 수 있는 것처럼 보인다는 뜻이다. 그러나 면은 선으로 이루어져 있다. 시작 지점도, 중간 지점도 알 수 없게 돼버린다. 이곳에는 비선형적인 시간이 흐른다. 나는 어디쯤 있는 것일까? 나는 모든 곳에 있다. 혼

3장 면

맹과 다시 태어나기, 재혼맹의 두려움의 구분이 무의미해진다. 사실상 모든 일이 동시에 일어난다. 혼맹에 빠지는 순간 다시 태어나기 위해 애쓴다. 혼맹과 재혼맹의 두려움이 함께 찾아온다. 다시 태어나는 순간에 재혼맹의 두려움을 느낀다. 재혼맹의 두려움을 느끼고 있는데 이미 혼맹에 빠져 있다.

시금치 저 자신이 대견해요. 원래는 스스로를 안 좋게 생각했거든요. 이제는 뭔가 좀 능동적으로 할 수 있을 것 같은 느낌이 들어요. 그런데 또 한편으로는 올해가 얼마 안 남았잖아요. 그러다 보니까 또 이런 두려움이 밀려오고 있어요. 내년부터 새로 시작해야 될 텐데 내가 과연 잘할 수 있을까? 내년에도 존재클럽에 참여하고 싶거든요. 그런데 만약 참여할 수 없으면 어떻게 되나 하는 공포감도 오기 시작했어요. 제일 무서운 거 뭐냐면, 제가 존재클럽 다니면서 많이 좋아졌는데요. 내년부터 못 다니게 돼서 이런 고난을 또 겪으면 어떡하지, 또다시 은둔으로 빠지게 되지는 않을까, 하는 거예요.

시금치는 희망에 차 있고 동시에 겁에 질려 있다. 스스로가 뿌듯하면서 동시에 걱정스럽다. 할 수 있을 것 같다는 생각과 할 수 없을 것 같다는 생각을, 나아졌다는 생각과 되돌아갈 것이라는 생각을, 스스로가 대견하다는 생각과 못 미덥다는 생각을 동시에 한다. 지금치의 시간은 비선형적으로 흐르고 있다. 오이도 그런 시간을 보낸다. 그는 가끔 도전적인 모습을 보여줄 때도 있지만, 대부분의 순간 늘 무언가를 가늠하고 있다. 내가 지금 어디까지 왔는지, 앞으로 어떤 일이 벌어질 수 있는지, 예상했던 것과 현재 상황은 어떤 부분이 비슷하고 다른지……. 오이는 자신을 제삼자의 시각에서 관찰하는 듯한 말을 자주 했다. 처음에 나는 그 말을 이해하기가 조금 어려웠다. 현재 상황을 설명하고 있는 건지, 아니면 과거에 그랬다는 건지, 그것도 아니면 앞으로 그럴 수도 있다는 건지 알 수 없었다. 그러나 그의 말은 언제나 이 모두를 동시에 의미했다. 이를테면 오이는 이런 식으로 말했다.

오이　　고립이라는 것이 어떤 무언가가 쌓여서 결과적으로 나타난 현상은 맞는데, 나한테 다가오는 어떤 사건일 수도 있고, 내가 '벗어나게 된 것 같아'라고 생각해도 또 어느 순간에 생각이 떠오를 수도 있고요.

어떤 사람들은 오이를 보고 불확실성에 대한 불안과 두려움이 커서 부정적인 생각을 한다고 말하겠지도 모르겠지만, 나는 생각이 다르다. 오이에게 현재는 언제나 과거로부터 기인한다. 그러므로 과거는 항상 현재와 함께한다. 과거가 현재에 펼쳐지듯이 현재는 미래 어느 순간에 펼쳐지게 될 것이다. 따라서 오이에게 현재란 오지 않은 것과 이미 온 것이 동시에 발현되는 순간이고, 지금 자신의 상태를 본다는 것은 이 모든 것을 동시에 본다는 것을 의미한다. 그러니까 오이의 현재는 과거로부터 기인한 것이 맞기도 하고, 여전히 다가오고 있는 사건이기도 하고, 동시에 미래에 벌어질 사건이기도 하다. 이것이 비선형적인 삶을 사는 사람의 감각이다.

동양철학에서는 이것을 기미幾를 살피는 능력이라고 부른다. 기미란 동양철학에서 중요하게 여겨지는 가치 중 하나인데, 현명한 사람들은 모두 이 능력이 있다고 일컬어진다. 기미는 아직 드러나지 않는 것을 보는 능력이다. 미래는 언제나 현재에 내재돼 있다. 미래는 이미 현재에 벌어지고 있다. 그러므로 현재를 잘 산다는 것은 이 안에 과거로부터 현재에 이르기까지 내재돼 있는 무언가, 그래서 미래 어느 순간에 펼쳐질 무언가를 잘 살피는 것이다.

시간이 비선형적으로 흐른다는 말은 영원히 이 굴레에서 빠져나올 수 없다는 뜻이 아니다. 한 번 혼맹이 된 사람은, 그러니까 혼맹에 빠지면서 다시 태어남과 재혼맹의 두려움을 동시에 만나게 된 사람은 혼맹에 빠지기 전과는 아예 다른 신체가 돼버린다는 말이다. 이들은 다른 존재가 된다. 예를 들면 은둔고립청년은 에너지가 부족하거나 없다는 이야기를 자주 하거나 듣는다. 에너지를 '회복' 할 수 있어야 한다고 말하기도 한다. 누군가는 이들을 '섬

청년'이라고 부르기도 한다. 그러나 나는 에너지가 없다는 말이 이들이 다른 존재가 되었음을 보여주는 말이라고 생각한다. 혼맹에 빠진 사람은 죽었지만, 물리적으로 죽지는 않았다. 혼맹에 빠진 순간 수많은 어려움과 시도들, 좌절들이 뒤를 잇는다. 은둔고립청년들의 에너지는 사라지거나 떨어진 것이 아니다. 이들은 에너지를 다르게 쓴다. 은둔고립청년이 쉴 수 있어야 한다는 말은 그들이 존재론적으로 전환되고 있다는 생각을 할 수 없게 한다. 이들이 다른 신체가 되어버렸고, 다른 신체가 되어가고 있다는 생각의 전환을 막아선다.

혼맹에 빠진 사람의 삶에 점이 하나 찍힌다. 순식간에, 점이 한 개, 두 개, 세 개가 되고 점에서 선으로, 선에서 면으로 바뀐다. 언제든 다시 혼맹에 들 수 있지만, 제자리로 돌아오는 것은 아니다. 이곳은 선이 아니라 면이니까, 되돌아올 자리가 없다. 그래서 매번 다른 차원의 면을 계속해서 생산해낸다. 은둔고립청년은 한 번도 에너지가 없었던 적이 없다. 이들의 에너지는 하나의 점을 찍고, 두 개의 점을 이어 찍고, 선이 면을 구성하게 되는 과정 내내 격렬하게 역동해왔다. 이 역동은 좋은 일인지 나쁜 일인지와는 아무런 관련이 없다. 가치 부여는 사회적 영역이고 사후에 일어나는 일이다. 종종 당사자들은 "나는 내가 이렇게나 나를 위해 무언가 많이 하고 있는지 몰랐다"고 말해왔다. 이것은 자위도 아니고 과장도 아니다. 이 사람들은 정말로 무언가를 만들어내는 중이다.

　은둔고립청년은 계속 실패하고 있는데도 어떤 사람들은 그들이 실패해야 한다고 말한다. 은둔고립청년의 역동은 이미 충분히 발휘되고 있는데도 어떤 사람들은 그들이 에너지를 회복해야 한다고 말한다. 조금 쉰 뒤에 경제적 주체로 회복하고, 시장으로 돌아와야 한다고 말이다. 이들의 삶은 오지 않을 허상―미래로 미뤄진다. 내가 발 디딜 땅에서 쫓겨나고 만 사람들을 계속 같은 방식으로 쫓아낸다. 결코 땅에 발을 딛을 수 없도록. 오늘이 없는 사람에게는 내일이 오지 않는다. 내일을 사는 사람에게는 오늘이 오지 않는다. '내일'처럼 보이는 허상은 필요 없다. 그보다 중요한 것은 그들이 이미 어떤 존재가 돼가고 있다는 사실이다. 어떤 관계망과 땅을 만들어가고 있다는 사실이다. 3장에서는 변화하고 있는 은둔고립청년의 신체, 그리고 그들이 만들어가고 있는 기반을 살펴볼 것이다.

불화

1장에서는 우리가 어떤 기반 위에 서 있는지 살펴봤다. 진짜 '나'라는 환상, 시장과 경제적 주체, '정상' 생애주기, 경쟁의 굴레는 모두 강력한 힘을 가지고 있고 이것들로부터 자유로워지기는 쉽지 않다. 설사 이것이 문제라고 자각 하더라도 구체적인 관계 속에서 여전히 영향을 받으며 재생산하게 된다. 하지만 아무리 이것들을 재생산한다고 하더라도 진짜 '나'가 된다거나 '정상'의 생애주기로 들어가기는 어렵다. 열심히 재생산해도 본래 이것들이 가지고 있는 권력을 행사할 수는 없다. 거기서 격차가 생긴다. 그것들이 표상하는 것과 자신이 얻어낸 것 사이에 갭Gap이 생기기 때문에 무언가가 삐그덕거리고 있다고 느끼게 된다.

　이번 장도 1장과 마찬가지로 사회문제를 직접적으로 다룬다. 그러나 1장과 3장의 내용에는 약간 차이가 있다. 1장에서는 혼맹의 직접적인 원인이자 여전히 재생산되고 있는 기반들을 다뤘다. 혹여나 이것들이 문제라고 느껴도, 자신 역시 재생산하고 있기 때문에 쉽게 벗어날 수 없어진다. 하지만 3장에서는 이미 재생산이 불가능하거나 우리가 거부하고 있는 것들을 다룰 것이다. '성장하지 않는 사회', '너무 작은 핵가족', '거대해 보이는 혐오'다. 사람들은 이것들을 답답하다고 느낀다. 계속 이렇게 살기는 어려울 것 같다고 생각한다. 이론적인 비판이 선행되기 이전에, 이러한 신체적인 감각이 먼저 온다. 이미 어떤 사람들은 불화하고 있다. 은둔고립청년도 그들 중 하나다.

1장의 문제들은 수차례 지적돼왔지만 완고해 보이고, 3장에서 살펴볼 문제들은 비교적 근래 등장해 빈틈이 보이는 것 같다. 새로운 문제들이 오래된 문제들에 흡수돼 일부가 되지는 않을까? 어쩌면 그럴 수도 있다. 새로운 문제를 돌파하려는 시도가 오히려 오래된 구조를 안정적으로 지지하게 되지는 않을까? 어쩌면 그럴 수도 있다. 그러나 거꾸로 이렇게 생각해볼 수도 있다. 새로운 빈틈을 공략하다가 옆길로 새서, 오래된 문제의 허점을 찌를 수도 있지 않을까? 어쩌면 그럴 수도 있다. 새로운 빈틈이 생긴 이상 오래된 문제는 이미 예전과 달라진 것은 아닐까? 어쩌면 그럴 수도 있다.

오이는 존재클럽에서 별명을 쓴다. 자신의 본래 이름이 너무 크다고 했다. 굳세고 꼿꼿하게 뻗어나간다는 뜻을 담은 이름이 부담스러웠던 오이는 이름의 자음을 'ㅇ'으로 바꾸었다. 그렇게 하면 별명 두 자가 모두 'ㅇ'으로 시작한다. 이름보다 훨씬 부드러워 보인다. 이렇게 불리면 마음이 조금 더 편하다고 했다. 책에 쓰일 가명인 '오이'도 그래서 골랐다. 오이는 두 자가 모두 'ㅇ'으로 시작되는 채소이기 때문이다.

그는 근래 어머니와 함께 살면서 화가 늘었다고 했다. 우리의 대화 중에도 꼭 한 번씩 어머니가 오이에게 해주신 이야기가 간접적으로 등장하고는 했다. 어머니는 무언가를 꾸준히 하지 못하는 오이에게 늘 "뭐가 너한테 좋을지 생각해 봐"라고 말씀하셨다. 포기하고 미루고 실패하는 오이를 받아들이기 어려워하시는 것이다. 오이는 등록한 운동 스케줄 중 절반 정도를 나가고 있고, 이것만으로도 충분하다고 생각한다. 그러나 어머니는 100퍼센트에 가까울 게 아니라면 왜 시작하냐며 의아해하신다. 오이에 따르면 어머니는 실제로 80~100퍼센트를 해내시는 분이라고 했다. 그러니 어머니는 결국 이렇게 오이를 이해할 수밖에 없었다.

"너 언제까지 놀 거야?"

"너 그렇게 하고 싶은 것만 하면서 살 거야?"

그동안 오이는 오랫동안 자신이 하고 싶은 것이 무엇인지 전혀 모르겠다고 말했다. 이 시기에는 정말 오랜만에 하고 싶은 게 생긴 참이었고, 오이는 그런 자신의 변화를 반기고 있었다. 자기 마음을 몰라주는 어머니를 그저 원망할 법도 하건만, 오이에게는 어디서나 새로운 의미를 찾아내는 능력이 있기에 어머니의 말을 이렇게 받아들이기로 했다.

오이　지금은 하고 싶은 걸 할 수 있게 된 이 시간이 소중하게 느껴져요. 그러니까 엄마가 한 말도 나쁘지 않은 것 같아요. 하고 싶은 것만 한다는 것도요. 어쩔 수 없어요. 어쩔 거야. 하고 싶은 게 생긴 게 어디예요.

내가 만난 대부분의 은둔고립청년은 '최선을 다하지 않는다', '책임을 다하지 않는다'는 압박으로부터 자유롭지 않았다. 오이처럼 어머니가 옆에서 직접적으로 이야기하지 않더라도 말이다. 많은 이들이 스스로 끈기가 부족하다고 느끼며 부끄러워했다. 최선을 다하지 못한다고, 해야 할 일을 해내지 못한다고 생각하며 책무감을 느꼈다.

오이　꾸준히, 묵묵히가 잘 안돼요. 지속성에 대한 자신감이 없어요.

청경채　난 왜 이렇게 게으르지? 난 왜 이렇게 의지가 약하지? 나는 진짜 정말 문제다.

은둔고립청년의 끈기와 성실함에 관해서는 2장에서 이야기했으니, 여기서는 그 이야기를 뒤집어보려고 한다. '은둔고립청년은 왜 끈기가 부족할까?'가 아니라 '부모 세대는 왜 이렇게 자신감이 넘칠까?' 하고 말이다. 부모 세대는 답답하다. 은둔고립청년을 이해하기 어렵다. '도대체 왜 안 하지? 꾸준하게 하다 보면 될 텐데. 우리라고 처음부터 잘했나? 우리도 다 힘들었어. 요즘 애들은 너무 물러터진 거야. 연약하고 게을러. 나약해. 너무 곱게 오냐오냐 큰 거지.' 그러나 잘 살펴보면 이들의 자신감은 성실함에 대한 자신감이 아니라는 것을 알 수 있다. 이것은 '성실하게 하면 될 것이다', 즉 성공에 대한 자신감이다.

가파르게 경제 성장을 하던 시기가 있었다. 으쌰으쌰, 힘을 내서 하면 정말로 되는 시기가 있었다. 아니다. 어쩌면 하면 되니까 힘을 낼 수 있었을지도 모른다. 그러니까 이것은 그냥 성실과 성공에 관한 자신감이 아니라, 경제적 성실함과 경제적 성공에 대한 자신감이다. 물론 모두가 경제 성장의 혜택을 입은 건 아니었을 테지만, 성공 신화는 실제로 작동하는 것처럼 보였다. '성공 신화'는 시대적인 믿음이었다. 재밌는 것은 은둔고립청년이라고 성공 신화와 무관하지 않다는 것이다. 이들은 성공 신화 속에서 성장했다. 청소년 시절 내가 가장 많이 들었던 이야기 중 하나는 '하면 된다'였다. 정말로 많은 이들이 하기만 하면, 노력하기만 하면, 성실하기만 하면 성공하는 줄 알았다. 명문대에 가면 인생이 달라지는 줄 알았다. 운동권 출신도 부모가 되면 자식을 명문대에 보내기 위해 열심이었다. 우리는 부모 세대와 크게 다르지 않은 풍토에서 살았다. 우리 역시 경제는 영원히 성장하는 줄로만 알았다. 느력에 대한 보상은 정직하게 혹은 그보다 몇 배는 뻥튀기돼서 주어지는 줄로만 알았다.

그런데 성인이 되니 모든 것이 달라졌다. 경제 성장은 실질적으로 멈췄고 계급 격차는 공고해졌다. '하면 된다' 신화는 위용을 잃었다. 성공 신화를 주창했던 자기계발 담론마저도 시장을 유지하기 위해 '해도 안 된다'는 현실을 반영해야만 했다. 번아웃과 실패, 고통, 회복탄력성 등의 개념이 자기계발 담론으로 편입된 이유다. 이제는 해도 안 되는 괴로움까지도 다루며, 성공을 장담하는 대신 성공 가능성을 올려주겠다고 말한다. '여태까지 그런 방식으로 했더니 안 되지 않았는가? 그동안 당신은 얼마나 괴롭고 힘들었는가? 앞으로는 이렇게 하면 될 가능성이 높아진다!' 그러나 자기계발 담론이 제시하는 것을 열심히 실천해도 정말로 '성공'하는 사람은 거의 없고, 계속 미끄러지는 이들만 수두룩하다. 미끄러진 이들은 '그런 방식'을 버리고 또 다른 '이렇게 하면 된다'를 찾아 나선다. 이런 방법으로 자기계발 담론은 성공 신화가 맥을 못 추게 된 뒤에도 시장을 유지해왔다.

성공 신화가 꺾인 게 너무나 분명한데도 왜 부모 세대는 여전히 경제적 성실함에 관한 기대를 버리지 않을까? 이것이 그들의 삶을 지탱해줬기 때문이다. 은둔고립 청년에 관한 이야기를 다룬 한 매체에서는 문제의 원인으로 '계급 이동의 불가능'을 꼽았다. 정치인들은 공약으로 경제 성장을 부르짖는다. 사람들은 경제 성장이 불가능하고 무의미해졌음에도 경제 성장에 대한 열망을 버리지 못한다. 그런 부모 세대가 지금의 자식 세대를 일하지 않는 청년, 경제적 주체가 되지 못하는 청년으로 규정하는 것은 사실상 청년 세대에 책임을 요구하는 것과 다름없다. '경제 성장이 되지 않고 있는 중요한 이유 중에는 너희들의 무책임이 있지 않니?'라고 묻는 것이나 마찬가지다. 그러나 청년들은 다방면에서 이 상황에 대한 책임을 지고 있다. 부모 세대가 기대하는 방식은 아닐 테지만, 자기만의 방식으로 현실을 직시하고 있다. 경쟁에 강한 회의를 느끼면서도 경쟁에 최선을 다하는 청년도, 그로부터 도망가서 은둔고립하는 청년도 말이다.

경쟁은 모든 문제의 원인으로 지목되지만, 어떤 영역에서는 더욱 극심해지고 있다. 중국에는 과열된 경쟁 현상을 풍자하는 단어 '네이쥐안內卷'이라는 단어가 있다. 중국의 인류학자 샹뱌오는 이 단어에 대해 이렇게 말했다.

동아시아 모델의 서사는 우리가 열심히 노력하면 경제가 성장하고 삶이 갈수록 나아진다는 거죠. 그런데 실제 상황, 특히 2010년 이후의 청년들의 현실은 더 이상 이 서사를 뒷받침하지 못합니다.[*]

소위 말하는 네이쥐안은 경쟁이 치열하거나 그렇지 않고는 문제를 넘어 헛된 경쟁, 즉 경쟁 이후 얻을 게 아무것도 없다는 사실을 뻔히 알면서도 계속 경쟁해야 한다는 점과 관련됩니다. 우리는 경쟁이 아닌 다른 방식으로 살아가는 방법을 알지 못합니다. 그 경쟁에서 탈출하려고 해도 도덕적 압박을 느껴야 하죠.

더 이상 옛날과 같은 기회가 없다는 것을 우리 모두가 안다. 그럼에도 경쟁은 완전히 피할 수 없다. 경쟁은 가파른 경제 성장 뒤에 우리가 물려받게 된 것 중 하나다. 성공과 성취 없는 경쟁은 신화를 생산하는 대신 무기력과 불안을 불러온다. 다른 방법을 몰라 괴로워도 그렇게 사는 사람이 있고, 도저히 그렇게 살 수가 없어서 압박을 느끼며 간신히 탈출하는 사람이 있다. 후자가 바로 은둔고립청년이다.

가파른 경제 성장 이후로 우리가 물려받게 된 것 중

[*]   《주변의 상실》, 498쪽

  불화

최악의 유산은 이 세계에 '인간'만을 남겨뒀다는 것이다. 인간을 유일무이한 존재로 만들면서 세계로부터 분리시켰고, 결과적으로는 세계와 인간을 동시에 소외시켰다. 오늘날 디스토피아는 왜 그렇게까지 매력적인 장르가 됐을까? 경쟁하며 서로를 죽이는 장르는 왜 꾸준히 인기를 끌까? '인간'이 건설한 사회, 그러니까 '인간만의' 사회가 무너지면 이 세계가 끝장나는 줄 알기 때문이다. 디스토피아와 경쟁 스릴러의 세계에는 오로지 '인간' 뿐이다. 그러나 디스토피아는 어디 따로 있지 않다. '인간이 출산하지 않는 것이 최고의 환경운동'이라는 말을 아무렇지 않게 할 수 있는 이 현실이 디스토피아다. 인간이 타자를 온전히 마주하지 못하고, 스스로를 세계의 일원으로 여기지 못하고, 대신 지구를 파괴하는 주범으로만 인식하게 된 지금이 디스토피아다. 나 죽고, 너 죽고, 지구를 죽이고 있다는 감각이 만연하다. 우리가 생명을 만나거나 생산한다는 감각은 부재하고, 죽음을 조장하고 있다는 감각만이 넘쳐난다. 죽음은 이미 만연해 있다. 우리는 손에 피를 잔뜩 묻히며 자랐다. 그러니 내가 죽거나 혼맹에 빠지는 것, 그쯤은 일도 아니다.

성장 신화 속에서 자라났고 성장하지 않는 사회에서 성인이 된 이들은, 인간이 경제뿐만 아니라 온 지구를 죽이고 있었다는 것을 깨달은 이들은 죽기 전에 이미 죽음의 감각을 알게 됐다. 그래서 이들은 차라리 스스로 죽음으로써 성장을, 반복되는 죽음의 굴레를 막아선다. 이것이 손에 피를 묻힌 채 성인이 된 이들이 책임을 다하는 방식이다. 의지, 결심, 각오, 끈기라는 말에는 이미 피가 낭자하다. 더 이상 그 방법은 사용하지 않을 것이다. 대신 죽고, 다시 태어나고, 재혼맹의 위협 속에서 그럼에도 살아감으로써 이 사태에 책임을 질 것이다. 그렇게 생명력을 느끼고 신체를 단련하고 땅을 일구어갈 것이다.

지금은 세계가 붕괴되는 중도 아니고 종말을 맞이하는 중도 아니다. '사실'로 여겨져왔던 것이 사실은 '한 시대의 믿음'이었음이 밝혀지는 중이다. '자신감'으로 여겨져왔던 것이 사실은 '칼부림'이기도 했다는 것이 드러나는 중이다. 이제 누가 책임감이 없다고 말할 수 있는가? 누가 책임을 지고 있다고 말할 수 있는가? 여전히 경제 성장을 외치며 계속해서 무덤을 쌓아올리는 이들, 디스토피아를 유지하려는 이들은 책임을 지는 쪽인가 아니면 책임을 외면하는 쪽인가? 자기 손에 묻은 피를 바라보며 죽음의 감각을 깨달은 이들, 때로는 자신을 죽임으로써 죽음의 굴레를 끊으려는 이들은 책임을 외면하는 쪽인가 아니면 책임을 지는 쪽인가?

너무 작은 핵가족

부모가 혼맹에 빠진 자식을 이해할 수 없다면, 혼맹에 빠진 청년들은 부모를 어떻게 생각할까? 이들은 부모를 원망한다. 세상에서 제일 원망하는 사람으로 부모를 꼽는다. 은둔고립청년 연구들에서 문제의 원인으로 유년 시절 부모가 부모의 역할을 제대로 하지 않았기 때문이라고 지목하는 것을 봤다. 양육자의 방임이 문제의 핵심이라는 것이다. 부모를 강력한 원인으로 지목하는 만큼 해결 방법을 다시 부모에게 돌리기도 한다. 부모가 역량을 키우고 완전한 '개인'이 되어서 자식들이 제대로 '개인'이 될 수 있도록 해야 한다고 말이다. 이 이야기들은 문제의 핵심을 짚지 못하고 우리 사회에서 '가족'이 어떤 상황에 처해있는지만 더욱 명확히 보여준다.

내가 만난 은둔고립청년들이 부모를 그토록 원망했음에도 나는 여태까지 이 책에 그 내용을 거의 쓰지 않았다. 가족 문제가 중요하지 않다고 생각하거나, 이 문제가 심각하지 않다며 경시하려는 게 아니다. 다만 나는 왜 그렇게까지 부모에게 책임을 전가하는지를 묻고 싶었다. 어떻게 한 사람의 세계를 오직 한두 명의 양육자가 좌지우지할 수 있다는 말인가? 부모에게 이 문제의 책임을 전가하는 것은 한 사람의 세계를 핵가족 안으로 제한하는 일이다. 핵가족은 이 '개인'들의 사회를 가능하게 하는 가장 작은 단위의 집단이다. 사회문제는 핵가족 안으로 고이게 되고, 그 문제를 한 사람 혹은 한 가족이 감당할 수 없음에도 핵가족은 문제를 풀어야 하는 당사자로 지목당한다. '개인'을 양성하다 커져 버린 문제를 다시 '개인'에게로 돌리는 것이다. 그 과정에서 문제를 해결할 당사자로 부도 혹은 양육자가 소환된다.

중국 전설 속의 왕 순임금은 농부 집안 출신인데, 굉장한 개차반 부모 밑에서 자랐다. 아버지와 의붓동생이 합심하여 몇 번이고 순을 죽이려고 들기도 했다. 그러나 이 서사에서 부모는 그의 삶을 좌우하는 결정적 요인이 아니다. 이 와중에 순은 효도를 멋지게 해내고는 왕까지 될 수 있었는데, 그게 가능했던 이유는 핵가족 사회가 아니었기 때문이다. 효孝는 핵가족 안에서 부모의 말을 잘 들으라는 의미가 아니다. 효에 사회적 가치가 부여됨으로써 가족 문제가 가족 안으로 고이지 않도록 작동했다. 그런데 핵가족 사회에서는 효가 문제를 핵가족 단위로 축소시키는 역할을 한다. 마치 가족 관계가 전부인 듯 보이게 만드는 것이다. 가족이 가족 안으로 고립돼 버리는 사회에서 부모와 자식 간에 지나치게 책임을 묻는다면 고립은 더욱 심화될 수밖에 없다.

여기서는 청경채, 감자 두 사람이 부모에게 품은 원망의 마음을 살펴보며 오늘날 핵가족이 어떻게 작동하고 있는지를 살펴보려고 한다.

 불화

① 청경채의 이야기

청경채의 어머니는 젊은 나이에 청경채를 낳았고 그
로부터 3년 뒤 조현병이 발병했다. 남편은 가정적이지도
다정하지 않았다. 청경채에 따르면 여자나 폭력 문제를
제외한 대부분의 문제를 일으켰다고 했다. 청경채 아버지
의 주 관심사는 술과 도박이었고 어머니의 주 관심사는
돈과 아버지였다. 청경채는 청소년 시절 어머니와 아버지
가 자신에게 관심이 없었다고 느꼈다.

청경채　어렸을 때 글을 잘 썼어요. 초등학교, 중학교,
고등학교 때마다 상을 받아왔어요. 그런데 "잘했다" 한
마디 하고는 던져뒀다가 전화 받을 때 메모지로 쓰더라
고요. 상장이 굴러다니는 걸 보고 상처받았어요. '우리
딸 꿈이 뭐니, 연기는 잘하고 있니, 더 필요한 거 없니,
친구들이랑 잘 지내니' 이런 말은 들어본 적도 없어요.
엄마랑 아빠랑 치고받고 싸우고, 서로 욕하고 집 때려 부
수고. 너무 무섭죠. 문 뒤에 숨어 있었어요. 엄마는 병이
나서 저를 괴롭히고 많이 때렸어요. 제가 화풀이 대상이
었거든요. 빗자루, 옷걸이, 가시나무, 온갖 걸로 맞아봤
어요. 말대꾸한다고 때렸어요. 저 말대꾸 잘하죠. 성질나
니까. 와중에 아빠는 더 때리라고 하고. 사정없이 두들겨
맞았어요. 그건 엄마가 사과하더라고요. 자기도 화를 주
체할 수가 없었다고. 그런 게 다 원망스러웠어요.

20대에 청경채는 입시에 실패하고 우울증 진단을 받은 뒤 수렁으로 빠져들었다. 그러면서 가족 관계에 변화가 생겼다. 이제 폭력을 쓰는 사람은 청경채가 되었다.

청경채　한 5년 전인가? 그때 제가 많이 괴롭혔어요. 우울증이 심하게 와서 엄마한테 다 풀었거든요. 엄마가 받아주다가 병이 났어요. 죄책감도 있죠. 나는 아니까. 엄마가 갑자기 발병한 이유. 물론 다른 이유도 있겠지만 내 지분이 크니까. 엄마가 아픈 와중에도 아픈 딸을 케어하려고 많이 노력했죠. 그래서……. 이게 참 어려워요. 한 명이라도 멀쩡했으면 좀 나을 텐데……. 엄마 아빠 원망을 엄청 했어요. "너 때문에 내가 이렇게 됐어, 너 때문에 내 인생 다 망쳤어." 아빠를 때리지는 못했지만 엄마는 머리끄댕이 잡고 막 때렸거든요. 계속 원망이 들끓었었는데, 그렇지 패륜 짓을 하니까…… 풀리더라고요. 나중에 미안하다고, 죄송하다고 했어요.
제가 고양이들을 때리기도 했거든요. 엄마에게 영향을 받은 거예요. 지금은 안 때리죠. 사과도 했어요. 그때는 정신이 오락가락하니까 화가 나면 손부터 올라갔어요. 엄마가 그걸 보더니 충격받았나 봐요. "왜 그렇게 고양이를 때리냐, 때릴 데가 어딨냐, 동물 학대다, 신고할 거다." 그래서 제가 신고하라고, 근데 엄마도 나 이렇게 때리지 않았냐고 했더니 자기가 잘못했다고, 네가 나한테 그렇게 맞아서 고양이를 때리는 것 같다고 하더라고요.

청경채가 30대가 되자, 청경채의 어머니는 조현병이 재발했고 암에도 걸렸다. 이제는 청경채가 어머니를 돌봐야 한다.

청경채　아직도 엄마한테 좀 바라는 것 같아요. 나 좀 돌봐달라고요. 엄마가 나을 가능성은 희박하거든요. 재발을 너무 많이 해서요. 조현병 발병 초기에는 약을 먹다 끊을 수가 있는데, 그걸 관리할 가족이 없었어요. 아빠는 집에 없었고 저는 너무 어렸죠. 약을 먹으면 죽는다는 망상이 생기면 스스로 단약을 하는 거예요. 그럼 또 재발하고, 단약하고 재발하고. 한 다섯 번 정도 그랬어요. 그때마다 인지 능력이 10퍼센트씩 깎인대요. 지금은 텔레비전을 봐도 이해를 잘 못 해요. 딱 유치원생 수준의 인지 능력이에요. 말도 배고파, 똥 마려워, 이렇게 욕구 중심적으로 하고요. 막 떼를 써요. 그런데도 제가 아직 엄마한테 그런 마음이 있나 봐요. 엄마가 나를 좀 돌봐주고 안아주고 어리광 부리면 받아주고 예뻐해줬으면 좋겠다. 엄마가 저 3살 때 발병해서 그게 너무 고픈 거예요. 이제는 엄마가 그렇게 해주기가 쉽지 않은데도 그래도……. 그러니까 더 원망이 쌓이는 거야. 내가 엄마한테 바라는 걸 엄마는 하나도 해주지 않았어.

너무 원망스러워요. 근데 또 엄마는 나한테 그런 역할을 요구하고 있잖아요. 더 화가 나는 거죠. 자기는 해주지도 않았으면서, 왜? 억울하고 원망스러운 게 올라오니까 화가 나요. 그래서 엄마한테도 말했어요. 엄마는 나를 돌봐주지도 않고 왜 나한테 돌봐달라고 하냐고. 엄마가 아무 말 못 하더라고요. (웃음) 저도 알죠. 엄마도 아프니까 그랬겠죠. 아픈데도 최선을 다한 건데. 제가 엄마한테 바라는 게 너무 많아서.

그러나, 그럼에도 어머니와 청경채는 끝끝내 떠나지 않고 서로의 옆에 있어왔다. 청경채가 주변 모두에게 등질 것처럼 굴 때도, 어머니가 암에 걸려 주변 사람들을 힘들게 할 때도 말이다.

청경채　엄마가 조현병 증상 때문에 사람을 들들 볶아요. 5분에 한 번씩 간호사를 불러요. 말도 안 되는 엄마만의 세계에 빠져서 비이성적인 얘기를 해요. 저만 듣는 게 아니라 병실에 있는 다른 환자들이 다 듣는데 그것도 눈치 보이고. 미치겠는 거예요. 그래서 화를 냈죠. "그만 좀 해. 조용히 해." 그럼 엄마는 "어디 엄마한테, 어?" 서로 병이 나더라고요. 서로 상처받고. 서로 환자니까. 그래도 마음이 약하니까 그냥 해달라는 거 다 해줘요. 엄마는 고마워하진 않아요. 성질부터 내요. 그럼 저는 왜 나한테 성질내냐고, 나도 아픈데, 하면서 울고. 엄마도 나 아픈데 왜 그러냐고, 딸도 아니라고 울고. 저는 엄마도 엄마 아니라고. 둘 다 똑같아요. (웃음) 똑같아. 서로 안아주질 못하니까. 그러면서 또 서로 버리지도 못해요.

나　　어머니는 어떤 분이에요?

청경채　소녀 같은 사람이에요. 20대에 서울로 와서 살고 있는데 아직도 사투리를 쓰세요. 정말 전형적인, 농촌에 있는 구수하고 순박한 사람. 사람들이 좋아했어요. 정도 많고, 베푸는 것도 좋아해서. 자기도 가진 게 없는데 주는 걸 좋아해요. 나누는 걸 좋아해. 지금도 병원에서 자기 간식비로 자기보다 불쌍한 사람들 간식 나눠줘요. 자기도 불쌍하면서. 맨날 속옷이 없대요. 사줬는데 왜 없냐고 추궁하면 보호자가 아예 안 오는 사람한테 줬대요. 도움도 잘 요청하는 사람이에요. 그러면 또 사람들이 도와줘요. 그걸 당연하게 생각하지 않고 보답하려고 해요. 제가 그 영향을 많이 받았어요. 할머니도 엄마도 뭘 받으면 항상 감사해야 된다고 했어요. 병든 엄마가 아닌, 건강한 엄마는 러블리하고 순박하고 정도 많고 베푸는 거 좋아하고 감사한 마음도 큰 사람이에요. 제가 그 모습을 정말 좋아해요.

청경채는 늘 사람들에게 소소한 선물을 한다. 작은 선물을 나누는 것이 취미처럼 보일 정도다. 나는 청경채의 이야기를 들으며 그것이 할머니와 어머니에게서 대로 물려받은 아름다운 마음이었음을 알게 됐다. 청경채는 그런 자신의 모습도, 그런 모습을 물려준 어머니도 사랑한다. 아픈 어머니 때문에 괴로워하면서 동시에 어머니의 "러블리"한 모습을 보면서 행복해한다.

어디서부터 청경채와 어머니의 문제가 시작되었을까? 어쩌다가 모녀가 서로를 사랑하면서도 원망하고, 아끼면서도 탓하게 된 것일까? 청경채가 어머니와 고양이를 때렸을 때부터? 아니면 어머니에게 조현병이 발병했을 때부터? 그것도 아니면 아버지와 어머니가 싸웠을 때부터? 내가 미처 알지 못하는 어머니와 아버지의 이야기, 혹은 그 이야기를 만든 또 다른 이야기로부터? 어머니와 청경채는 번갈아 가며 서로를 상처 입히고 원망한다. 그러면서도 서로를 버리지 못하고 참고 버텨낸다. 하지만 그게 누구든, 단둘이서 서로를 감당하는 것은 절대 불가능하다. 두 사람이 감당하게 된 각각의 문제는 두 사람만의 문제가 아니라 이 세계의 문제다. 핵가족에게서 원인과 해결 방법 모두를 찾는 것은 그 문제들을 단둘에게 책임지게 하는 일이다.

② 감자의 이야기

청경채도 감자도 부모님을 원망한다는 말과 이제 더는 원망하지 않는다는 말을 계속 섞어가면서 말했다. 아마도 두 마음을 언제나 동시에 품고 있는 것 같다. 상반되는 이 두 말이 겹칠 때면 둘은 항상 자신이 부모님에게 바라는 게 너무 많은 것 같다며 자조했다.

감자　애틋한 마음이 없진 않지만, 감정적인 애착은 별로 없는 것 같아요. 부모님은 자기 마음을 표현하는 말을 거의 안 해요. 대화가 안 된다고 해야 되나. 술을 마시거나 담배를 피우다가 걸린 적이 있어요. 제가 무슨 사람을 때리거나 도둑질을 한 게 아니잖아요. 악행이 아닌데 엄마 아빠는 저를 무시했어요. 고문당하는 느낌이었죠. 같이 살고 있는데 인사도 안 하고, 얼굴도 안 보고 눈 피하고, 각자 방에 들어가서 문 닫고 있고. 부모님이 뭐라고 내가 이렇게 죽고 싶을 정도로 고통스러워지는지 모르겠어요. 어렸을 때부터 부모님은 항상 바빴던 것 같아요. 아빠는 실직했다가 다른 데 전전하는 과정에서 인간미를 잃어버렸다고 해야 되나. 웃음이 없어지고 사람 같지 않은 느낌이라고 해야 되나. 지금도 그래요. 아빠한테 "치킨 먹을래, 피자 먹을래?" 이런 걸 물어보잖아요? 한 번도 아빠가 선택을 한 적이 없어요. 자기 주장을 하는 데 두려움이 많은 것 같아요. 답답한 게, 회사에 주 4일제 하는 걸 되게 안 좋게 생각하시더라고요. 야근을 안 해서 나라가 기울고 있다고 생각하는 것 같아요. 자기 일을 책임감 있게 열심히 해야 되는데 그렇게 안 한다고 불만이에요. 본인은 그렇게 산 거죠. 아빠는 항상 오후 8시, 9시에 퇴근했어요. 자식에 대해 아무것도 몰라요. 부모님은 엄청 억울할 거예요. 못 해준 거 없이 사달라는 거 다 사줬는데도 불만이냐고. 틀린 말은 아닌 것 같은데, 제가 좀 감정적인 교류가 많이 필요한 사람인가 봐요. 초등학고 6학년쯤이었던 것 같아요. 같은 반 친구가 저한테 "너 왜 이렇게 머리가 떡졌어?"라고 물어봤어요. 제게는 며칠에 한 번 씻어야 한다는 개념이 없었던 거예요. 지금 생각해보면 방임됐던 게 아닌가 싶어요. 지금 일하는 초등학교에서도 선생님끼리 그런 얘기 가끔 하거든요. 어떤 애 머리가 항상 떡져 있다고요. 저도 그렇게 챙김을 못 받은 거죠. 사실 6학년은 씻겨 줄 필요도 없잖아요. 그냥 씻으라고 말만 해도 되는 건데. 곰곰이 주변을 보니까, 제 주변에 가족의 사랑을 받은 사람이 없는 거예요. 부모님이 저를 사랑하시지만 대화는 거의 없거든요. 근데 저희 집만 그런 게 아닌 것 같아요. 제 세대 중에 부모의 사랑을 진짜 가슴 깊이 느낀 사람이 없는 것 같거든요. 한국은 안 되겠다. 한국 사회를 제가 부정적으로 보는 이유 중 하나가, 부모님이든 또래든 위아래로 10년 안에서는 부모님과 관계가 좋은 사람을 별로 못 본 거예요. 그나마 제가 나은 것 같아요. 제 부모님이 제 친구들의 부모님보다는 더 좋은 분들이라고 생각하거든요. 원망은 하지만, 그 생각을 하고

　　　　　　　　　　　　　　　　　　　불화

서부터는 원망이 좀 줄었어요. 언젠가는 이런 결론에 다다랐어요. 왜 나와 대화를 안 해줬을까, 왜 나와 시간을 많이 안 보내줄까, 왜 따뜻한 가족이 되지 못할까. 부모님도 자신의 부모님한테 그런 걸 못 받은 거예요. 사랑을 받아본 적이 없으니 베풀 줄 모를 수밖에 없고. 부모님의 부모님을 생각하면 또 그 분들도 못 해준 게 있을 거니까 누구의 잘못도 아니다, 이런 결론을 내렸어요. 어쨌든 부모님은 최선을 다하신 건데, 최선을 다한 사람을 원망할 수는 없잖아요. 과거의 누구를 원망하는 것도 소용이 없고요.

아버지는 실직당하고 생기를 잃었어도 회사에 몸과 마음을 다하는 분이다. 회사에 대한 믿음과 헌신이 아버지를 무너뜨렸지만, 동시에 지탱해주기도 했을 것이다. 한 시대를 그렇게 살아왔던 이들이 있었다. 그리고 그 풍토 속에서 방치됐던 아이들이 있었다. 경쟁으로 내몰리면서 동시에 핵가족으로 자신의 세계가 축소된 아이들이었다. 아버지가 겪은 고립의 문제는 핵가족으로 그대로 전이되었다. 한 개인이 사회에서 고립되면 '개인'을 지탱하는 역할을 하도록 요구받은 핵가족 역시 고립된다.

그러므로 감자는 마냥 부모님을 탓하기가 어렵다. 자신이 어떤 풍토 속에 방치되며 자라난 아이인 것처럼, 부모 역시 그 풍토 속에서 젊은 나날을 보내온 사람들이다.

부모님은 부모님이 살아온 세계에서 최선을 다했는데, 이제 와 누구를 탓할 수 있단 말인가? 부모님의 세계를 만든 윗세대를 탓해야 할까? 그럼 그 윗세대의 세계는 누가 만들었단 말인가?

우리는 자신도 모르는 사이에 서로에게 책임이 생긴다. 서로가 서로를 책임지고 있음을 인식하지 못하는 것이 고립이고 혼맹이다. 만약 부모 세대가 현재 청년들이 겪는 문제에 자신의 책임도 있다는 것을 알지 못한다면, 그것은 그 나름대로 그들이 고립되어 있음을 의미한다. 마찬가지로 이 상황 속에서 우리 역시 다른 세대에게 책임을 져야 한다는 것을 알지 못한다면 고립돼 버릴 것이다. 혼맹에서 벗어나 타자를 마주한다는 것은, 그럼으로써 나의 공간이 생기고 시간이 흐른다는 것은 다른 시공간의 존재들과 함께 살아가는 것을 의미하기도 한다. 다른 시공간의 존재를 염두에 두며 함께 살아가는 것은 그들을 자신의 삶 위로 초대하는 것이기도 하다. 그게 바로 책임을 다하는 것이다. 핵가족은 우리가 서로를 책임질 기회를 빼앗고, 우리가 당면한 문제를 오로지 단 몇 사람만의 문제로 만든다. 그럼으로써 핵가족은 혼맹이 만연한 사회를 만드는 데 중요한 역할을 한다.

거대해 보이는 혐오

온갖 곳에 혐오가 만연한 것처럼 보인다. 누군가를 혐오하는 일은 어떻게 가능할까? 혐오는《숲은 생각한다》에서 재규어가 사람을 먹이로 인식하게 되는 과정과 비슷하다. 엎드려 자면, 사람의 얼굴을 인식하지 못한 재규어가 그를 사냥감으로 여겨 잡아먹을 수 있다. 서로 혼을 마주하지 못하면 우리는 한 사람을 대상화해서 혐오할 수 있다. 누군가를 마주하지 못하고 대상으로 인식하면 그를 파괴하는 일이 너무나 수월해진다.

하지만 구체적인 현실의 이야기를 하려면 막막해지고 힘이 빠진다. 솔직히 말하면 어디서부터 어떻게 써야 좋을지 잘 모르겠다. 모든 이야기를 다 쓰기에 이 지면은 충분하지 않을 것이다. 아니, 어쩌면 아직 할 이야기가 많지 않아서 한 파트도 다 쓰지 못할 것처럼 느껴지는 걸지도 모르겠다. 언젠가 나는 이 문제에 관해 긴 이야기를 해야 할 것이다. 은둔고립청년을 만나며 너무 괴로웠기 때문에 글을 써야 했듯이, 이 문제로 너무 괴롭기 때문에 이것에 관해 써야 한다고 느낀다. 지금 여기서는 우선 내가 만났던 이들의 이야기를 전하며 몇 가지 생각의 단초를 던져보려고 한다. 첫 번째 이야기는 양상추와 감자가 여성으로서 겪었던 일들이고, 두 번째 이야기는 당근과 시금치가 남성으로서 겪었던 일들이다.

① 양상추와 감자의 이야기

양상추는 카페에서 직원으로 일하며 모욕적인 일들을 자주 겪어왔다. 양상추는 남녀노소를 불문하고 많은 이들이 자신에게 시비를 걸고 이용해서 이득을 얻으려 한다고 느꼈다. 화를 내고 윽박지르는 일은 모욕적일 뿐 아니라 위협적이기도 하다. 이와 비슷한 일을 양상추는 길거리에서도 겪는다. 보행자 신호등이 바뀌어서 횡단보도를 건너갔는데, 갑자기 중년 남성 운전자가 내려서 죽고 싶냐고 소리를 지르고 삿대질을 했다. 나 역시 같은 일을 겪은 적이 있다. 양상추만큼은 아니지만 나도 키가 작고 몸집이 크지 않은 여성이다. 보행자 신호에 길을 건너는데 비보호 좌회전을 하며 들어오던 차가 나를 칠 뻔하더니, 창문을 내리고 삿대질하며 욕을 했다. 그의 손에는 동영상이 재생 중인 휴대폰이 들려 있었다.

감자가 보내준 ‘한국이 싫은 이유’에도 그가 여성이라서 겪었던 여러 일들이 적혀 있다. 거기에 보태 내가 들었던 구체적인 일화들을 옮겨 적어본다.

감자　　아침에 읽었던 기사인데, 연재 중인 웹툰 제목이 ‘이세계 퐁퐁남’이라는 거예요. ‘퐁퐁남’*이 혹시

---

* 　성 경험이 있는 여성과 결혼한 남성을 뜻한다. 여성을 그릇에 비유해, 누군가가 쓰고 난 그릇을 ‘설거지’한다는 것이다. 주로 남초 커뮤니티 사이트에서 기혼 남성을 조롱할 때 사용된다.

무슨 뜻인지 아세요? 엄청난 혐오잖아요. 그게 우리나라에서 제일 큰 웹사이트에서 연재될 수 있다는 게 정말……. 남자가 이혼당했는데 아내는 바람피우고 있었고, 남자가 혼자 집안일도 다 했는데 이혼하려니까 재산분할을 해야 되는 그런 내용이에요. 말이 안 되잖아요. 돈도 다 벌고 집안일도 다 하는 남자가 어디 있어요? 허구의 상황을 만들어놓고 여자를 두들겨 패잖아요. 제가 예전에 틴더를 했는데, 여성이라는 이유로 죄책감이 생긴달까요? 퐁퐁남 얘기에서 '설거지'한다고, 더러운 그릇을 여자에 비유하잖아요. 문란한 여성이라고. 저는 이게 뭐가 잘못된 건지 사실 모르겠어요. 근데 사회에서는 사람들이 그걸 부끄러운 거라고 말해요. 틴더 한다는 얘기는 절대 할 수가 없고. 성적으로 억압되는 게 너무 싫어요. 잘못한 게 없는데 벌받는 느낌. 저는 틴더로 연애도 했어요. 말이 잘 통하는 분이었는데, 그분이 갑자기 자기가 오래 만난 여자친구와 헤어졌는데 그 상실감을 견디지 못해서 틴더를 한 거고, 더 이상 저랑 안 만나고 싶다고 말하는 거예요. 제가 잘못한 게 없었거든요. 심지어 그분이랑은 섹스도 안 했어요. 그냥 대화만 했는데. 아, 사람이 좋고 나쁘고를 떠나서 그냥 더러운 여자가 되는 거구나. 그런 죄의식을 가지고 있는 것도 너무 싫어요. 이상한 사람도 많이 만났어요. 혼자 살 때는 밖을 돌아다니는 것보다 집에서 얘기하는 게 좋아서 집으

　　　　　　　　　　　　　　　

로 오라고 했거든요. 대부분은 괜찮은 분들이었고 별일
없이 얘기만 하다 가는 분도 있었는데, 진짜 이상한 사
람도 만났어요. 술집에서 만났는데 저한테 계속 칭찬하
고 사귀어야 될 것처럼 밀어붙이다가, 그 사람이 애걸복
걸을 해서 집에 데려갔는데 다음날부터 연락이 안 돼요.
차단당한 거였어요. 그런데 일주일 뒤에 갑자기 연락이
왔어요. 미친놈 아닌가 싶어서 "저를 뭐로 생각하시는
거예요?" 이러고 끝냈어요. 근데 진짜 여자를 도구 취급
하는 사람도 몇 명 봤어요.

내가 시도해보고 싶은 첫 번째 생각은 혐오의 실체
는 생각보다 중요하지 않을 수 있다는 것이다. 실체가 있
느냐, 없느냐보다 중요한 것은 그것을 거대해 보이게 만드
는 무언가다. 내가 쓴 인터뷰집 《불화와 연결》에는 청년기
후긴급행동의 은빈 님 이야기가 담겨 있다. 그는 흔히 '혐
오 세력'이라 불리는 사람들을 구체적인 일상에서 만나왔
다. 태극기 집회에 나가는 할아버지는 은빈에게 피자를 사
주던 이웃이었고, 보수 정당을 지지할지도 모르는 쪽방촌
남성 노인은 은빈의 친구였다. 만약 어떤 사람과 구체적
인 관계를 맺는다면 우리는 어떤 사람을 '혐오 세력'이라
고 절대로 부를 수 없게 된다. 관계 안에서 어떤 이야기들
이 피어나기 때문이다. 사람에게는 늘 다양한 면이 혼재돼
있으므로 새로운 모습도 발견할 수밖에 없을 것이다. 혐오

는 두 발이 땅에서 완전히 떨어질 때만, 구체적인 관계 속에서 떨어져나갈 때만 가능하다.

일상에서 이토록 혐오를 자주 마주하는 이유는 우리가 구체적인 관계를 전혀 맺을 수 없기 때문이다. 양상추와 나는 길에서 만난 남자, 감자는 인터넷과 앱에서 만났던 남자와 어떠한 관계도 맺을 수 없었다. 우리는 서로의 다른 면을 볼 수 없었고, 무언가 새롭게 창발될 수도 없었다. 관념 속의 '여성'과 '남성'으로 서로를 대했을 뿐이다. 모두의 두 발이 공중에 붕 떠 있다. 구체적인 관계는 없지만 구체적인 사건은 계속 발생한다. 그렇기 때문에 혐오는 늘 거대해 보인다. 그것이 혐오가 작동하는 방식이자 효과다. 때로 혐오 속에서 사람들이 발을 땅에 딛는 일이 일어나기도 하지만, 오래도록 그러고 있기는 힘들다. 몸집을 있는 대로 부풀린 혐오가 다시 발을 땅에서 떼도록 추동하기 때문이다.

② 당근과 시금치의 이야기

당근과 시금치가 남성으로서 겪었던 일도 마찬가지다. 남성이라도 덜 '남성적'인 이들은 혐오의 대상이 될 수 있다. '남성' 서열은 우연에 의해 결정되는 것 같기도 하지만, 어쨌든 한번 타깃이 되면 '인간'적인 취급을 받기가 어려워지는 건 확실한 것 같다.

당근　　남학생들의 문화라는 게……. 공부를 아예 악착같이 잘하거나 아니면 싸움을 악착같이 잘하거나 둘 중 하나여야 한다, 누가 그런 얘기를 하더라고요. 남자 중학교에서는 그렇게 살아남아야 한다는 거예요. 그런 문화가 있다면, 저는 그것만큼 환멸스러운 게 없다고 생각해요. 전 지금까지 그걸 두고두고 원망하며 사는걸요.

당근은 위계 싸움에서 졌다고 느낀다. 이것은 그가 느끼는 생존 위협의 커다란 줄기 중 하나다. 그에게 좋은 대학에 가지 못한 게 문제가 되는 것은 남성들과의 위계 싸움에서 밀렸기 때문이다. 그러나 내가 공부하며 배운 위계란 서로에게 다른 역할을 부여하는 장치이다. 또 위계가 높은 사람에게 더 많은 책임을 지게 만드는 장치이기도 하다. 역할의 위계를 나눔으로써 거꾸로 존재의 위계는 사라지게 하는 장치가 될 수도 있다. 그러나 당근을 비롯해 많은 사람들이 말하는 '위계'는 생존 싸움에서 살아남는 강자가 독식할 수 있는 것으로 그려진다. 하지만 1장에서도 살펴봤듯이 생존 싸움에서 강자가 살아남아왔고, 우리 존재가 그렇게 생존해왔다는 생각은 근대에 시작된 관념으로 허구에 가깝다.

그럼에도 '위계 싸움'이라는 것은 너무나 거대한, 영원불변의 사실인 것처럼 보인다. 당근이 자신을 싸움에서 진 나약한 사람으로 생각하는 것은 그 때문이다. 당근은 가끔 대화를 할 때 우위를 선점하려고 시도했다. 나는 그의 눈빛이 위협적이라고 느낄 때도 있었다. 이것은 비단 당근만이 보이는 모습은 아니다. 많은 은둔고립청년이 자신이 어떤 방식으로든 관계에서 우위에 있음을 보이고 싶어 한다. '위계 싸움'이 일상에서 계속 이어지고 있는 것이다. 윤리가 무너진 것은 이 생존 경쟁이 세상의 이치이기 때문이 아니다. 강한 자가 살아남는다는 관념에 의해 우리가 서로 눈을 마주하지 못하기 때문이고, 두 발이 허공에서 버둥거리고 있기 때문이다. 절대로 내 마음을 상대에게로 접을 수 없기 때문에 윤리가 무너진다.

연결

성장하지 않는 사회와, 너무 작은 핵가족과, 거대해 보이는 혐오와 불화할 때 우리는 어디로 갈 수 있을까? 나는 불화가 연결을 만들 수 있다고 믿는다. 이것은 나의 책 《불화와 연결》의 주제이기도 했다. 처음에 나는 불화와 연결을 은둔고립청년에게서도 발견할 수 있으리라고 예상하지 못했다. 《불화와 연결》에는 강직하고 굳건해 보이는 활동가들의 이야기가 담겨있다. 반면 은둔고립청년들은 이미 나약하고 무력하다고, 낙오자라고 낙인찍힌 이들이다. 그러나 이 둘에게는 분명한 공통점이 있다. 내가 만났던 활동가들 대부분은 혼맹의 경험이 있었고, 내가 만났던 은둔고립청년들 대부분은 이 문제를 함께 마주하는 사람(활동가)이 되고 싶어 했다. 둘 다 세상과 불화하는 신체를 갖게 돼버린 것이다. 이미 죽어본 자로서 이 세계에 재혼맹의 위협이 사방에 도사리고 있다는 것을 알게 된 것이다. 그 와중에도 살아간다는 것의 의미를 자신도 모르게 찾아나서게 된 것이다.

얼렁뚱땅 불화하는 날들이 쌓이니 연결됐다. 옆 친구와 이웃 주민과 선배-선생님과 때로는 가해자나 이웃 나라 베트남까지도, 혼자 삶의 무게를 다 지는 대신 옆에 조금씩 기대었다. 연결되기 위해 불화했고, 불화하니 연결되었고, 그러다 보니 살게 되었다. 여전히 얼렁뚱땅, 웃기고 슬프지만, 그렇게 함께 살게 되었다. 이들이 대단히 용감하거나 특출난 성품을 타고났기 때문이 아니다. '함께 살기'가 선택할 수 있는 문제가 아니라는 걸 알았기 때문이었다. '함께 살기'와 '살기'가 다른 말이 아님을 알았기 때문이었다. (…) 불화가 실패일 수는 있지만, 실패가 곧 단절이라고 등치시켜서는 안 된다. 그렇게 된다면 오로지 두려움에 휩싸이게 될 것이다. (…) 미워만하지 않기 위해서는 '연결될 수 있다'라는 말만으로는 부족하다. 사랑까지 하기 위해서는 동시에 '불화할 수 있다'고도 말해야 한다.[*]

불화는 어떻게 연결을 만들 수 있을까? 첫 번째로는 불화하는 과정에서 서로에게 기댐으로써 연결이 가능하다. 두 번째로는 불화 자체가 이미 연결하는 시도이기 때문에 연결이 가능하다. 이 장에서는 은둔고립청년이 어떻게 불화하고 또 어떻게 연결됐는지에 대해 구체적으로 이야기해보고 싶다.

[*] 김고은, 《불화와 연결》, 북드라망, 2024, 10~11쪽

땅이 되어주기

대개 '비교'는 지양해야 할 행위로, 정신건강을 해치는 습관으로 여겨진다. '경쟁'과 짝꿍처럼 붙어 사용되고 자기 비하나 자기혐오로 이어진다고 비판받는다. 이때 '비교'는 자신의 부족한 부분과 다른 사람의 대단한 부분이 교차되며 스스로를 위축시키는 행위를 의미한다. 내가 만난 많은 은둔고립청년들은 경쟁에 가까운 '비교'를 더 이상 하고 싶지 않다고 말했다. '비교'를 하지 않으려면 어떻게 해야 할까? 자신을 절대 다른 사람 옆에 두지 말고, 그 누구에게도 영향을 받지 않는 내가 되면 되는 걸까? 그렇지 않다. not A가 A의 좋은 대안이 되는 경우는 거의 없다. 둘은 같은 선상에 있기 때문에 not A와 A는 같은 문제를 갖게 될 가능성이 높다. '비교'가 혼맹을 부르듯, 누구 옆에도 서지 않으려는 시도 역시 혼맹을 부른다. 대신 '비교'와 비슷해 보이지만 큰 차이가 있는 다른 비교를 제안하고 싶다. 이것은 내가 만난 은둔고립청년들이 즐겨 사용하는 방법이었다.

마　　이상향이랑 비교를 하잖아요. 나도 그래야 하나? 남들이 하는 것처럼 그렇게 해야 하는 건가? 그걸 따라다니기만 하고, 따라가서 맞지 않으면 비교하게 되고.

그럴 리가 없는데도 '비교'를 할 때면 그 대상이 유달리 완벽해 보인다. 이때 '비교'의 대상은 구체적인 누군가가 아니다. "이상향", 그러니까 허상에 가깝다고 할 수 있다. 마는 '비교'의 대상이 명확해 보이는 것 같지만, 사실은 허상에 가깝다는 것을 깨달았다. '비교'에는 구체적인 존재가 없고, 따라서 구체적인 관계도 없다. 결국 '비교'는 구체적인 대상을 내 옆에 두지 않는 것이고, 관계를 맺지 않는 것이며, 따라서 고립되는 것이다. 이 '비교'에서 벗어나기 위해서는 누군가와 함께 설 수 있어야 한다. 허상의 손을 잡고 두둥실 하늘로 떠오르는 게 아니라, 구체적인 존재의 손을 잡고 땅 위에 함께 발을 디뎌야 한다. 그것이 내가 만난 존재클럽의 은둔고립청년들이 하고 있는 다른 방식의 비교였다.

2장에서 존재클럽 선배인 청경채가 시금치에게 먼저 인사를 하고 말을 걸었던 일화, 시금치가 그러한 청경채의 마음에 감동 받았던 일화를 담았다. 여기에서는 그 뒤로 이어졌던 이야기를 옮겨보려고 한다.

청경채　유독 시금치 님에게 마음이 더 갔던 이유는 자신을 너무 과소평가하는 것 같은 거예요. 항상 자신이 없고 남들이 어떻게 생각할까 걱정하고 발표를 해도 맨 마지막에 하세요. 근데 또 말할 때는 잘해요. 그것도 아주 용기있게, 아주 솔직하게. 그래서 용기가 있으시다

고, 잘하실 수 있을 거라고 말씀해드렸죠. 저도 그런 적
이 있었으니까요. 스스토를 과소평가하고 발표도 못 했
어요. 초·중·고 생활기톡부에 다 내성적이라고 쓰여 있
거든요.

청경채는 한때 무척 조용하고 내성적인 사람이었다.
비단 청소년 시절만이 아니다. 입시에 실패한 후로 모든
관계를 끊어냈을 때도 그랬다. 사람들에게 다가가고 싶지
만 다가가지 못했고, 자기가 잘하지 못할 거라고 지레짐
작하며 숨어버리곤 했다. 존재클럽에서 청경채를 알게 된
사람은 아마 그의 과거 모습을 상상하기 어려울 것이다.
지금 청경채는 항상 다른 사람들에게 먼저 다가가고, 작
은 선물을 건네고, 만나자며 적극적으로 나서기 때문이다.
어쩌면 그는 시금치에게서 자신의 과거 모습을 봤던 것일
지도 모른다.

시금치 청경채 님이 분위기를 밝게 하시려고 노력을
많이 하셨어요. 분위기 메이커셨거든요. 청경채 님에게
죄송한 게, 제가 거기에 동조를 못 했어요. 하고 싶었는
데 그러지 못했거든요. 그런데 청경채 님이 용기를 내주
셔서 감사하다고 하시고, 좋은 말을 많이 해주셨어요.
과거에는 청경채 님도 저처럼 그랬었다고 그러시더라
고요. 그때 만감이 교차했어요. 분위기 메이커이신 분이

그랬었다고 하니까. 그러고는 저한테 쪽지를 써서 보내
주셨는데, 뭐라고 해야 되지……. 전에 느껴보지 못했던
동료애가 느껴졌어요.

시금치는 청경채가 애써주는 만큼 화답하지 못해 늘
고맙고도 미안한 마음을 가지고 있었다. 어쩌면 시금치의
눈에는 그런 청경채가 멋져 보였을지도 모르겠다. 그런데
이게 웬걸, 청경채 역시 자신과 같은 때가 있었다는 걸 알
게 되었다. 시금치는 정말 수만 가지 생각이 머릿속을 떠
다니고 있는 것 같은 표정으로, 방금 쪽지를 받은 것처럼
흥분한 목소리로 이렇게 말했다. "만감이 교차했어요." 시
금치는 청경채가 내민 손을 잡았다. 청경채에 대한 미안
함, 이러한 상황을 만들어버린 자신에 대한 실망감으로
또다시 두둥실 떠오르던 시금치의 두 발이 땅에 닿았다.
그러고 시금치는 생각했다. '나만 그런 게 아니구나. 위축
된 사람도 누군가를 환대할 수 있구나. 누군가를 환대하
는 사람도 과거에는 위축됐을 수도 있구나. 그 이야기를
일부러 내게 전해주다니, 어쩌면 나는 혼자가 아닐지도
모르겠다.'

어떤 일은 너무나도 나만의 문제로, 내 존재 자체의
잘못으로 느껴지기도 한다. 그러나 서로의 이야기를 들으
며 자신을 반추-비교한 은둔고립청년은 이 문제가 내가
이상해서 발생한 게 아니었음을 알게 된다. 남과 비교할

때에야 나를 인식할 수 있게 되는 것이다. 타자에게서 시선을 돌려받을 수 있을 때 비로소 '나'가 될 수 있다. 그러므로 비교는 혼맹에서 벗어나는 데 아주 중요한 행위이다. 만약 타자가 위협적인 존재라면, 경쟁 상대라면 그 사람 옆에 서는 일은 '비교'가 된다. 서로가 서로를 구체적인 사람으로 느끼지 못하고 구체적인 관계도 맺지 못한 채, 경제적 프레임 안에서 서로를 재단하게 되기 때문이다. 그러나 만약 그렇지 않다면, 다른 방식의 비교를 할 수 있다면, 우리는 서로의 옆에 설 수 있다.

이런 일은, 그러니까 옆 사람이 내민 손을 잡고 떠오르던 몸이 땅에 안착하게 된 일은 존재클럽에서 정말 자주 일어났다. 책에 다 쓰기 어려울 정도로 말이다. 아무리 마음을 다하고 기운을 쏟는다고 하더라도 아무도 내 손을 잡아주지 않는다면 나는 결국 허공 위에 붕붕 뜨게 될 것이다. 누군가 손을 내밀어주는 것만큼 누군가 내 손을 잡아주는 것 역시 땅에 발을 딛게 해준다. 청경채는 이미 시금치가 자신의 손을 잡았다는 것을 알고 있었다. 토마토는 나의 손을 잡아준 사람 중 하나였다. 그는 내가 존재클럽에서 열었던 글쓰기 클럽에 참여했다. 우리는 한 사람의 고립이 어떻게 사회와 깊은 관련이 있는지에 대한 책두 권을 읽고 글을 쓴 뒤 이야기를 나눴다. 같이 읽은 책 중 한 권은 섭식장애 문제를 다룬 박채영 작가의 《이것도 제 삶입니다》였고, 다른 한 권은 서울의 여성고립청년 문제를 다룬 안예슬 작가의 《이렇게 누워만 있어도 괜찮을까》였다.

토마토　글쓰기 클럽이 진짜 재밌었어요. 다른 멤버들의 이야기를 들으면서 저 사람도 힘들구나, 다른 식으로 힘들구나, 그런 게 보였어요. '나만 힘든 게 아니구나'라는 감각이 큰 힘이 된 것 같아요. 누가 '너만 힘든 거 아니야'라고 하면 잔소리 같거든요. 근데 그걸 내가 직접 느끼니까 되게 행복한 느낌이 들었어요. 책도 그냥 책이 아니라 섭식장애와 고립에 대한 책이잖아요. 그중에서도 제일 좋았던 건 연근이 고립은 한 사람의 문제가 아니라 사회적인 문제라는 얘기를 많이 해준 거였어요. 아무리 사람들이 '네 탓이 아니야'라고 해도 안 들렸는데, 당사자들이 다 같이 그런 말을 나누니까 자연스럽게 마음에 들어왔던 것 같아요. 이게 제 문제가 아니라는 걸 파악하는 게 중요했나봐요. 존재클럽에 오기 전에는 제 문제가 사회적인 문제라는 생각은 안 했었어요. 어려운 상황에 처해도 '내가 약해서 그런 거야'라고 생각했죠. 예를 들면 '내 표정에 감정이 다 드러나서, 그걸 상대방이 알아차리게 만들어서 그런 거야', '내가 견디지 못해서, 내가 나약해서, 내가 표현을 못 해서 이렇게 된 거야'라고 생각했거든요.

내가 어떤 시공간에 살고 있는지를 인식하면 이 모든 일이 나 혼자만의 일이 아님을 알게 된다. 누군가의 옆에 선다는 것은, 손을 잡는다는 것은 우리가 서 있는 위치와 서로의 배치를 살피는 것이다. 이미 '정상'의 테두리 안으로 들어갈 수 없는 사람들이 있다. 기존의 범주들은 무용해진 환경이 됐다. 그렇다면 무엇을 땅으로 삼을 수 있을까? 나에게 시선을 돌려주는, 내가 비로소 내가 될 수 있게 해주는 이들은 누구일까? 존재클럽에서는 은둔고립청년 서로가 서로에게 그런 존재가 된다. 서로에게 시선을 돌려주고, 땅이 되어준다.

존재클럽 튜터 무수는 유독 그 순간을 잘 포착해내고는 했다. 아무래도 그가 사랑을 찾아내는 능력을 갈고 닦아왔기 때문일 테다. 양파의 변화를 정확하게 포착하고 전해준 이도 무수였다. 양파는 다른 사람들의 사랑 이야기를 들으며 세상에 사랑이 있다는 것을 알게 되었다. 아무 말도 하지 않고, 과제도 거의 해오지 않았지만, 양파는 핸드폰에 할 말을 적고 매시간 일찍 프로그램 장소에 도착했다. 그게 양파가 사람들 옆에 서는 방식이었다.

서로 옆에 서서 비교하며 내가 서 있는 자리를 가늠해 본다. 어떤 시간이 흐르고 있는지를 느낀다. 서로의 바로미터가 되어준다. 나아가야 하는 곳의 지표도 되어준다. 서로를 마주하면서 쌓은 관점과 감각이 새로운 땅, 내가 발 딛고 서 있을 수 있는 자리가 되어준다. 함께 살아나갈

 견결

땅을 가꿔나간다.*

시금치　성능이 좋은 핸드폰을 갖게 되면 저도 모르게 자존감이 올라갔어요. 나 이런 거 갖고 있다, 이런 느낌에 몰두했었죠. 그때의 제가 안타까워요. 왜냐면 그거 말고는 제가 다른 것에 희열을 느낄 수 없는 상태였으니까요. 자동차도 몇백 마력은 되어야지, 그러고요. 근데 그런 것에는 한계가 있잖아요. 비싸니까, 드림카를 못 갖게 된다는 생각을 하면 우울증에 빠지고 자존감이 바닥났어요. 저 자신을 탓하게 됐고요. 근데 존재클럽에 와서 사람들과 교류를 하고 공감하고 얘기를 하면서, 그런 생각이 없어진 거예요. 싹 사라졌어요. 오히려 그런 것에 돈을 썼다는 게 후회스러웠어요. 사람들은 그런 것

---

* 존재클럽 멤버들만 그랬던 게 아니다. 운영진과 멘토에게도 비슷한 일이 벌어졌다. 나와 무수를 비롯한 멘토, 운영진들은 존재클럽에서 은둔고립청년을 만나는 데 적지 않은 시간과 마음을 쏟았다. 하지만 일반적으로 기대할 수 있는 '보상' 같은 것이 이 활동에는 없었다. 고립된 이들을 만난다는 특성 때문에 다른 단체나 이슈와 연대하기가 어려웠다. 우리가 대면하는 당사자와 혼을 마주하는 것은 쉽지 않았기 때문에 활동 중에 피드백을 받는 경우도 드물었다. 지원을 받아 소정의 활동비가 지급되기는 했지만, 우리가 했던 일에 비하면 턱 없이 적은 돈이었다. 이 일이 당장 대단한 커리어가 되어줄 것처럼 보이지도 않았다. 그렇다면 무엇이 우리의 원동력이 되어 줬을까? 적어도 나에게는 무수가 전해주는 이런 이야기들이 힘이 되었다. "('사랑을 기록하기' 프로그램에서) 언제 일상에서 사랑을 느꼈는지에 관해 이야기할 때 오이와 적상추가 고은 이야기를 했어요. 오이는 고은이 얘기를 귀 기울여 들어줄 때, 아주 집중해서 들어줄 때 사랑을 느꼈다고 했고요. 적상추는 자신이 쓴 글을 사람들 앞에서 읽었을 때, 고은이 단단한 사람이라고 이야기해줬는데 그때 사랑을 느꼈대요."

　　　　　　　　　　　　　　　　　　　　　　3장 면

에 관심이 없구나, 내가 뭘 입든 쓰든 간에. 오히려 지금은 다른 사람들의 생각이나 시각이 궁금해졌어요. 그전까지는 제가 생각하는 더로 '이 사람은 이렇게 생각하겠구나' 규정했는데, 이제는 그러지 않아요.

한 인간은 스스로 사람의 존엄성을 추구할 수 없습니다. 대신 부근을 세우고 이 관계를 재고하며 관계를 구축해야 합니다.[*]

'비교'는 돈, 차, 직업, 집, 졸업증 등의 허상으로 내 가치를 증명하라고 윽박지른다. 취향을 고급화해서 '나'를 증명하라고 압박한다. 그러나 존재클럽 멤버들이 하는 비교에서는 그런 일이 일어나지 않았다. 오히려 이 비교는 다른 사람을 궁금하게 만들었다. 시금치는 자신의 가치를 증명해야 한다는 압박에서 벗어남과 동시에 다른 이들이 궁금해지기 시작했다. 나를 알아달라고, 나를 봐달라고, 왜 봐주지 않냐고 통탄하는 대신에 다른 사람을 알고 싶어진 것이다. 이때 타자는 파괴적이고 위협적인 존재가 아니라 함께 이 땅을 일궈 나갈 존재다. 손을 내밀고 손을 잡으며 서로의 옆에 서 있을 이들이다. 다른 존재에 대한 호기심과 궁금증은 사람을 행복하고 들뜨게 만든다.

* 《주변의 상실》, 405쪽

나의 세계가, 그의 세계가, 우리가 딛고 선 땅이 넓어지는 일이기 때문이다. 존재가 풍성해지는 일이기 때문이다. 서로 비교하며 함께 땅을 일궈나가는 관계가 있을 때 인간은 그 자체로 존엄해진다.

공자가 말했다. 다른 사람이 나를 알아주지 못함을 걱정하지 말고, 내가 다른 사람을 알지 못 함을 걱정해야 한다子曰 不患人之不己知 患不知人也. ─논어 1편 16장

도와주기

은둔고립청년을 만나고 관련 자료나 연구들을 보면서 늘 궁금했던 게 하나 있었다. 존재클럽뿐만 아니라 모든 현장에서 혼맹과 다시 태어나기, 재혼맹의 두려움을 한 번 이상 겪었던 사람이라면 비슷한 이야기를 했다. "다른 사람을 돕고 싶어요." 나는 오랫동안 그 말을 잘 이해할 수 없었다. 어쩌면 이 책을 쓰는 과정은 그 의문을 풀어가는 과정이었다고 할 수도 있을 것 같다.

사람이 두렵고 싫던 이들, 사람 앞에 서면 위축되고 괴로워하던 이들, 원망하고 미워하다가 결국은 자기를 혐오하기까지 했던 이들이 어떻게 숨통이 조금 트이자마자 다른 사람을 돕고 싶다는 생각을 할 수 있게 되는 것일까?

　　　　　　　　　　　　　

왜 다시 돈이나 사회적 지위로 자신의 자리를 찾으려 하는 게 아니라, 다른 이에게 도움을 줌으로써 자신의 자리를 만들고 싶어 하는 것일까? 이들이 혼맹에 빠지기 전후로 어딘가 달라진 게 아니라면 이해하기가 어려웠다. 타자가 실존의 위협으로만 느껴졌던 때, 단 하나의 점만이 찍혀 있었던 때, 언제든 다시 혼맹이 찾아올 수도 있으리라는 생각은 아직 못 하던 때와 다른 신체가 된 것이 분명했다. 어쩌면 혼맹을 이해하고 대하는 자세마저 달라진 것일지도 모른다.

우선 이들은 혼맹에서 완전히 벗어났기 때문에 다른 사람을 돕고 싶다고 말하는 게 아니었다. 인생의 선배로서 조언을 해주고 싶어 하는 것이 아니고, 자신의 성공담을 자랑하고 싶어 하는 것도 아니며, 주목받고 있는 이슈에 관해 발언함으로써 명예를 얻으려는 것 역시 아니다. 이들의 달라진 신체는 자신이 혼맹의 위협 속에 노출돼 있음에도 다른 사람들을 돕고 싶어 한다. 여기에서 한 가지 짚고 넘어가야 하는 것은 은둔고립청년이 남을 돕고 싶다고 말할 때는 굉장한 용기를 낸다는 것이다. 공포와 두려움이 언제든 닥칠 수 있고 타자가 내 존재를 의협하는 이들이 될 수 있음에도 불구하고 타자에게 깊숙이 다가가고 싶다고 선언하는 것이기 때문이다. 심지어 혼맹에 빠진, 그래서 다른 이들을 혼맹에 빠뜨릴 수도 있는 이들에게 말이다. 철없이 낙천적인 것도, 근거 없는 자신감에 차 있는 것도, 남에게 자신을 뽐내고 싶은 것도 아니다. 그렇다면 왜 이들은 이렇게까지 용기를 내서 남을 돕고 싶다는 말을 하는 것일까?

첫 번째로 생각해볼 수 있는 이유는 이들이 은둔고립이 자기만의 문제가 아님을 알게 되었다는 것이다. 서로의 손을 잡을 수 있어야 한다고, 땅을 함께 가꿔나가야 한다고 느끼게 되었다는 것이다. 그들에게 손을 내밀어줬던 사람이 있었고, 자신이 맞잡은 손이 있었다. 이제는 자신이 손을 내밀 차례다. 청경채가 시금치에게 손을 내밀었지만, 사실은 청경채도 누군가가 내민 손을 잡고 여기까지 올 수 있었다.

청경채　누군가 나를 도와줄 수 있다는 걸 몰랐어요. 살려고 방황한 거였거든요. 혼자서 막 발버둥쳤죠. 그러다가 나보다 조금은 정신 차리고 사는 사람들과 만나려고 찾아다녔어요. 도움을 많이 받다 보니까 '아, 나도 어쩌면 도움을 줄 수 있겠다'라는 생각도 드는 거예요. 존재클럽의 역할이 크긴 해요. 존재클럽을 하면서 더 느낀 거죠. 내가 누군가에게 도움이 될 수도 있구나. 나는 전혀 도움도 못 받고 도움도 못 주는 사람이라고 생각했는데. 올해 존재클럽 시작할 때 이걸 통해서 뭘 하고 싶냐는 질문에 '나도 이제 누군가에게 도움이 되고 싶다'라고 썼더라고요. 저는 '내 인생도 벅차 죽겠는데 누굴 도울까' 이런 생각으로 살아온 사람이거든요. 근데 존재를 립 하면서 '어머, 이게 되네' 했죠. 나도 누군가에게 이 렇게 영향을 끼치네. 나는 그냥 내가 시금치와 친해지고 싶은 마음에 인사한 건데, 그게 좋았다고 하네. 좀 놀랍죠. 나도 도움이 될 수 있구나. 영향력을 미치는구나. 저는 맨날 중간에 포기하고 그만둬서 성취한 게 없어요. 대학도 졸업 못 하고 연기도 하다 그만두고. 성취감에 목말라 있었는데, 아무것도 이룬 게 없었는데 내가 뭔가를 한다는 게 좋았죠. 보잘것없는 인생이라고 여기면서 부끄러워하고 어디 가서 말도 못 꺼냈었는데. 내 인생, 그래도 뭔가 할 수 있구나. 여기에서는 "청경채는 있어야 되는 사람이지", "청경채가 있어야 역시 재밌어", "청경채가 오니까 좋아", "청경채가 이걸 해줘" 이렇게 얘기를 많이 해주세요. 연결감, 소속감이 느껴지죠. 여기 오신 분들도 다 용기를 내서 오신 거잖아요. 그러니까 그분들도 연결감, 소속감을 느꼈으면 좋겠어요. 저도 그랬으니까. 그래서 감히 사람들을 챙기는 것 같아요.

나는 사람들이 은둔고립청년이 서로를 돕고 싶다고 하는 말을 믿지 못하거나 중요하게 생각하지 않는 것 같다는 느낌을 받는다. 이 말들은 정부 지원 프로그램의 성과 발표회 같은 곳에서 전시되기는 하지만, 정말 누군가의 성과를 드러내는 말로만 끝나기 때문이다. 대부분은 전문가의 손에 은둔고립청년을 넘기고 싶어 한다. '전문가'만이 제대로 진단을 할 수 있고 제대로 된 해결책을 낼 수 있다고 믿는다. 1장에 썼던, 당사자가 발언하는데도 그를 없는 사람처럼 만들어버렸던 발표회에서는 그런 모습이 적나라하게 드러났다. 그러나 '전문가'는 다른 신체를 갖게 된 사람도 아니고, 다른 비교를 함께 해나갈 사람도 아니다. 서로의 지표가 되어줄 사람도 물론 아니다. 은둔고립청년을 진단할 수 있는 사람은, 동시에 이들을 땅에 발붙이게 할 수 있는 사람은 일차적으로 새 땅을 같이 일궈낼 동료-은둔고립청년이다.

　　도움을 주는 것은 물론이거니와 도움을 받는 것도 상상해본 적이 없었던 청경채는 이제 도움을 받았다고 자신 있게 말하고, 누군가에게 도움을 주고 싶다는 소망을 수줍게 밝힌다. 청경채에게 이 말을 듣다 보면 가슴이 간지러워진다. 도움을 주고받을 수 있으리라고 생각하지 못했던 날들이 청경채에게는 여전히 생생한데, 돕고 싶다는 마음을 먹고 밝히기까지 얼마나 떨었을까? 그는 도움이 되고 싶다는 말을 몇 차례나 했지만, 그 말을 할 때마다 망설였다. 자신이 정말 도움이 될 수 있을까 의심하는 것 같기도 했고, 아직 믿을 수 없는 것 같기도 했다. 시금치가 그에게 큰 도움을 받았다는 이야기를 전해 들었을 때 청경채는 기분이 어땠을까? 청경채는 어떤 도움도 주고받을 수 없을 때, 그저 혼자 살기에도 벅차다고 느꼈다. 자신이 보잘것없는 존재라고 생각했다. 구체적인 사람들과 구체적인 도움을 주고받을 수 있게 된 지금 그는 자기 인생이 나름 괜찮다고 생각한다. 나는 이것이 은둔고립청년이 서로를 돕고 싶어 하는 이유라고 생각한다. 남을 서게 하는 일이 나를 서게 하는 일이다. 내가 서기 위해서는 남을 서게 해야 한다.

마　　그냥 도와주고 싶은 것 같아요. 내가 도움이 되는구나, 그러면서 자기만족 같은 것도 하게 되고. 그냥 도와주고 싶어요. 나만 잘 살고 싶지 않아요.

마의 이 말을 생각하면 1장에서 옮겨두었던 양상추의 말이 떠오른다.

양상추　사람들이 좀 행복해졌으면 좋겠어요.

언뜻 보기에 두 말은 비슷해 보이지만, 사실은 전혀 다르다. 양상추의 이 말에서 '사람들'은 무척이나 추상적인 존재다. 그가 일하는 마트에 찾아오는 손님 그 누구라도 좀 행복해졌으면 좋겠다는 뜻이다. 그래야 그가 덜 괴로울 수 있기 때문이다. 그러나 마가 돕고 싶은 사람은 매우 구체적이다. 길거리의 폐지를 수거하는 분들이기도 하고, 또 다른 은둔고립청년 센터의 청년이기도 하고, 때로는 나이기도 하고, 존재클럽 튜터 무수이기도 했다. 청경채 역시 마찬가지였다. 그가 돕고 싶은 사람, 그가 형성하고 싶은 관계는 매우 구체적이다. 왜냐하면 구체적인 관계 속에서 혼맹으로부터 벗어날 수 있었기 때문이다. 구체적인 관계를 가꾸며 구체적인 삶을 살아가고 싶기 때문이다. 나는 이것이 은둔고립청년이 혼맹에 빠지면서 감각적으로 알게 된 생존 본능 같은 것이라고 생각한다. '다시 죽지 않기 위해서는 서로의 손을 잡을 수 있어야 한다.'

심지어 이들은 이렇게 추상적으로도 말하지 않는다. 이에 관한 발화마저도 몹시 구체적이다. 나는 그들이 가진 감각에 화들짝 놀란 적이 여러 번 있었다. 어느 날 나는 고사리에게 프리랜서로 생활하기가 힘들다는 이야기를 했다. 동료가 없다고, 동료가 필요하다고 생각하고 있었던 때였다. 고사리는 내게 두 가지 이야기를 해줬다. 먼저 스스로를 챙기는 건 어렵지만, 옆 사람을 챙기는 건 훨씬 쉽다는 것이었다. 고사리에게 동료란 추상적이고 막연한 단어가 아니었다. 동료는 바로 옆에서 서로를 대신 챙겨주는 사이다. 그리고 고사리는 자기가 나의 동료가 되어주겠다고도 말했다. 이 이야기를 듣고 나는 아차 싶었다. 동료라는 것이 어디 별나라에 있는 게 아닌데, 나는 막연히 그 존재를 찾아 헤맸다. 함께 시간을 보내고 같은 의제로 고민하는 관계가 있었음에도 나는 그들을 동료라고 생각하지 않았다. 말로만 "관계가 중요하다"고 하는 것과 진짜 관계를 만들어가는 것 사이에는 차이가 있었다. 나는 존재클럽 멤버들을 만나며 아주 천천히 그것을 배워 나갔다.

그러면서 대강 읽고 지나쳐갔던 《논어》의 문장을 다시 볼 수 있게 되었다. 공자의 제자 중 외교관으로 잘 나갔던 자공이 공자에게 인仁에 관해 물은 적이 있다. 온 백성이 완벽하게 잘 살 수 있다건 그것이 인이냐고 말이다. 자공의 질문은 너무 크다. 발을 땅에 붙이지 못한 질문이다. 공자는 늘 허공에 붕 뜨게 되는 것을 경계하는 사람이었다. 그는 자공에게 온 세상 사람을 잘 살게 만들 수는 없지만 적어도 옆 사람들과 잘 사는 방법은 바로 이것이라며 말했다.

> 인자는 자기가 서려고 하면 남을 서게 하며, 자기가 통달하고자 하면 남을 통달하게 한다夫仁者 己欲立而立人 己欲達而達人.
> —《논어》 6편 28장

인자는, 그러니까 혼맹에 빠지지 않고 세계를 마주하는 사람은 다른 사람을 도움으로써 자신을 세우는 사람이다. 예를 들면 이런 것이다. 청경채는 시금치를 세우면서 자신도 설 수 있었다. 시금치는 또 다른 사람을 세우면서 자신도 서고자 한다. 그러니까 은둔고립청년의 남을 돕고 싶다는 말은 남을 일으켜 세움으로써 나를 일으켜 세우고, 그럼으로써 우리가 함께 서고 싶다는 말과 같다. 혹은 거꾸로 우리가 함께 섬으로써 남도 일으켜 세우고, 결국 나역시 일으켜 세우고 싶다는 말과 같다. 은둔고립청년은 그것을 깨닫게 돼버린 존재, 그것을 깨닫기 전으로는 돌아갈수 없는 신체가 되어버린 존재이다.

도망가기

이제 '도망'에 대해서 이야기해야 할 때다. 은둔고립청년이 현실에서 비겁하게 숨고 도망치는 이들이라는 오명을 벗겨야 할 때다. 은둔고립청년이 도망친다는 것이 오명이란 말이 아니다. 그것은 사실이다. 죽음의 위협으로부터 벗어나기 위해 이탈하고, 도망치고, 외면하고, 숨고, 때로는 무시로 일관한다. 그러나 이것이 현실을 배반한 비겁한 행위라는 것은 오명이다. 도망은 미성숙한 것, 무책임한 것, 부끄러운 일일 수밖에 없을까? 은둔고립청년들은 도망친 덕분에 서로의 손을 잡고 현실의 땅을 일궈나갈 수 있게 되었는데도 도망은 계속 그런 오명을 쓰고있어야 하는 것일까?

실패는 제임스 C. 스콧이 "약자들의 무기"라고 부른 일련의 저항 도구 중 하나다. 스콧은 동남아시아 소작농들의 저항을 설명하면서 무관심이나 묵종처럼 보이는 특정한 활동들이 지배 질서에 대한 저항의 '숨은 기록'임을 밝혔다. (…) '약자들의 무기'라는 개념은 게으름, 수동성, 저항력 결여 등으로 보이는 것을 지배 집단의 사업을 지연시키는 실천이라는 맥락에서 재범주화하는 데 활용될 수 있다.[*]

실패를 비롯한 게으름, 수동성, 저항하지 않음은 동남아시아 소작농들의 무기로 쓰였다. 이것들은 반동을 불러일으키지 않으면서, 그러니까 달라 보이지만 사실은 같은 문제를 만들어낼 수 있는 일을 벌이지 않으면서 문제의 사업을 지연시켜 버린다. 능땡이를 피우지만 적극적으로 항의하지는 않는 사람, 적극적으로 나서지 않지만 그렇다고 어떤 동의 표현도 하지 않는 사람, 목소리를 내지 않지만 안 낸다고도 할 수 없는 사람을 어찌할 수 있단 말인가? 그저 속수무책으로 당하게 될 뿐이다. 《장자》에는 그런 사람들이 수두룩하게 담겨있다. 도망간 사람, 뻔뻔한 사람, 그래서 다시 기존의 문제로 환원되지 않는 사람 말이다.

샹뱌오는 이 무기들 중에서 특히 도망에 대해서 이야기한다. 그는 정치적 전략 세 가지를 소개한다. 첫 번째는 '표현'이다. 토론, 행진, 호소, 격렬한 대립과 같은 일로 우리가 흔히 '민주주의'를 떠올릴 때 사용되는 시민사회

* 《실패의 기술과 퀴어 예술》, 181~182쪽

의 전략이다. 두 번째는 '퇴출'이다. 이것 역시 '민주주의'라 불리는 정치체계에서 발생하며, 불만이 있을 때 다른 곳으로 떠나는 것을 의미한다. 세 번째는 중국과 같이 전체주의 사회에서 비공식적 정치 행위로 인정되는 것으로 '변용'이다. 관리인에게 개인적으로 접근해 정책을 자신에게 유리하게 바꾸는 방법이다. 그러나 샹뱌오는 이러한 전략으로 이주 공동체를 이해하기에는 부족하다고 느꼈다. 그가 만난 공동체에는 '민주주의 국가'나 '전체주의 국가' 같은 극단적인 정치체계에 귀속되지 않는 제삼의 전략이 있었다. 이 전략은 기존의 정치체계로 흡수되지 않으면서도 구조의 변화를 이끌어냈다.

저장촌의 '도주'가 바로 우리에게 이러한 현실적인 또 다른 전략을 발견하게 했다. 즉 도피다. 도피는 표현, 변용과 다르다. 그것은 외치지도 않고 상의하지도 않으며, 현행 제도를 공개적으로든 비공개적으로든 바꾸려고 하지도 않는다. 그저 무관심한 태도를 취할 뿐이다. (…) 도피는 국가와 가급적 정면충돌을 하지 않으려고 한다. (…) 도피와 퇴출의 차이점은, 퇴출의 본질은 일종의 제도의 결과이고 '퇴출권'을 얻는 것이 퇴출 자체보다 더 중요하지만, 도피는 제도가 인정하는 범위 내에 있지 않는, 행위 그 자체다. (…) 저장촌은 기존 체제로부터의 도피 속에서 자신만의 새로운 사회공간을 구축했다. 나는 다른 유동인구 집

단이나 사회집단도 어느 정도는 이런 특징을 모두 가지고 있다고 생각한다.[*]

도피는 샹뱌오가 저장촌에서 찾아낸 제삼의 전략이다. 저장촌 사람들은 당국의 허가를 받지 못한 채 베이징에서 옷을 만들어 팔았다. 저장촌이 커지자 중앙에서는 때때로 단속을 나왔는데, 저장촌 사람들은 그것을 피해 도망갔다가 다시 돌아오고는 했다. 이 도피는 앞서 샹뱌오가 짚었던 표현, 퇴출, 변용과 무엇이 다를까? 도피는 민주주의 사회에서의 표현과 퇴출처럼 강력하게 자기주장을 외치지 않고, 그렇다고 전체주의 사회에서의 변용처럼 은근하지만 직접적으로 구조를 바꾸려 들지도 않는다. 퇴출은 제도 내의 권리라서 돌아갈 곳이 있고 퇴출권을 얻어나는 게 중요하지만, 도피는 제도 내에서 이루어지는 행위가 아니다. 샹뱌오는 사람들이 도피를 통해 제도 내에 포섭되지 않고 그렇다고 희석되지도 않는 새로운 시공간을 구축했다고 말한다. 그리고 아마도 도피 전략은 저장촌만의 특수성은 아닐 것이며, 다른 집단에서도 발견할 수 있을 것이라고 은근한 단서를 제공하며 장을 마무리했다.

나는 샹뱌오의 말을 단초 삼아 내가 만났던 은둔고립 청년의 이야기를 해보려고 한다. 우선 샹뱌오가 소개한 네

---

[*]   샹바오, 《경계를 넘는 공동체》, 박우 옮김, 글항아리, 2024, 494~495쪽

가지 전략에 따르면 오늘날 은둔고립청년의 도망이 부정적으로 읽히는 것은 그것이 '표현'이 아니기 때문일 것이다. 오늘날 정치적 주체로 서기 위해서는 반드시 말하고, 소리 지르고, 주장하고, 토론하고, 앞에 나서야 한다고 여겨진다. 그러나 이것은 모두 '민주주의'와 깊은 연관이 있는 정치 행위이다. '표현'만을 유일한 정치 행위라고 여기게 됐다. 그러나 보다 앞서 동양에는 참기, 기다리기, 듣기, 침묵하기, 사라지기와 같은 일들 역시 정치적인 행위로 인정돼 왔다. 그러나 지금은 그 감각이 완전히 잊혀진 것처럼 보인다.

과거에는 많은 이들이 난세가 되면 산으로 도망가서 살았다. 한나라 때 상산에 숨은 네 명의 도사인 '상산사호'는 극적으로 등장해 태자를 책봉하는 데 도움을 주기도 했다. 그보다 더 이전에 백이와 숙제라는 이들도 난세를 피해 산으로 숨어들었는데, 유가에서 그 선택은 두고두고 회자되는 최고의 정치 행위로 손꼽힌다. 도가 역시 마찬가지다. 도가는 서구식 '자유'를 찾는 철학이 아니다. 동양에는 '개인'에 가까운 '자유' 개념이 없다. 오히려 도가는 제삼의 정치 현장을 만들어내는 철학이라고 해야 할지도 모른다. 왜 동양에서는 떠나는 것, 도망치는 것이 최고의 정치 행위 중 하나였을까? 붕 떠서 허상을 좇는 것이 아니라 이 땅에 발을 딛게 되면, 어떤 문제들을 구체적으로 만나게 되면, 온몸으로 함께하게 되면 어떤 때는 오히려 그 땅을 떠날 수밖에 없게 되기 때문이다. 말하는 것만큼이나 하지 않는 것도, 앞으로 나서는 것만큼이나 뒤로 도망가는 것도 정치 행위이다.

내가 읽기에 《경계를 넘는 공동체》에서는 도피, 즉 도망이 세 가지 효과를 낸다고 말하는 것 같았다. 첫 번째는 도망을 갔다가 그 변두리에 정착하는 바람에 그들의 연결망, 즉 공동체가 확장돼 버리는 것이다. 두 번째는 잠시 도망을 갔다가 오히려 지방의 친인척을 더 데리고 돌아왔고, 그럼으로써 공동체가 확대돼 버리는 것이다. 세 번째는 도망을 가는 와중에 다른 도망자들과 정보를 공유하거나 도움을 주고받는 등 긴밀한 상호작용을 하게 되고, 자연스레 연결망이 탄탄해져버리는 것이다. 즉 도망을 통해 이들의 관계망-땅은 확장되고 확대되며 탄탄해진다. 이런 효과를 은둔고립청년의 도망에서도 발견할 수 있을까? 나는 그럴 수 있다고 생각한다.

저장촌 사람들은 정부의 단속, 즉 주변부를 중심부로 흡수하려는 힘을 피해 아예 변두리에 정착해버린다. 나는 이 부분을 읽으며 혼맹 이후 "돈을 잘 벌고 싶다"가 아니라 "서로를 돕고 싶다"고 말하는 은둔고립청년을 떠올렸다. 아무리 도망을 가도 시장이 맹추격을 해온다. 정부는 은둔고립청년이 연간 몇 조의 경제적 손실을 내고 있다고 발표하고, 미디어에서는 이들을 '일쉼청년'이라고 부르고, 지원 프로그램들은 유종의 미로 참여자의 '취업'을 거둬

내고 싶어 한다. 그런데 어떤 은둔고립청년들은 그것들을 피해서 아예 변두리에 정착해버리기도 했다.

깻잎은 존재클럽 활동 2년차 말미에 자신과 같은 청년들을 도울 수 있는 곳으로 이직했다. 이 새로운 일은 이전에 하던 일과는 전혀 관련이 없고, 그렇다고 돈을 엄청 잘 벌 수 있는 일도 아니다. 하지만 나는 깻잎에게 이직 소식을 전해 듣고 울컥하고 말았다. 왜 감정이 복받쳤는지는 아직도 설명하기가 어렵다. 보통 이유도 모르고 울게 될 때는 상대의 마음이 전이되는 경우가 많았다. 깻잎은 그런 나를 보며 내 손을 꼭 잡았다. 우리는 한참을 그렇게, 눈물을 참으며 서로를 바라만 보고 있었다.

청경채는 오래도록 성취감에 목말랐던 사람이었다. 그는 지금 다니는 콜센터에서 성취감을 느끼기가 어렵다고 말했다. 더 높은 연봉이나 인정받는 일자리를 원하는 것처럼 보였던 그는 이직은 하지 않고 돌연 청년을 위한 금융협동조합원의 일원이 되었다. 약간의 활동비를 받는 반상근활동가가 된 것인데, 돈도 지위도 성취하지 않았음에도 그는 그 어느 때보다 높은 성취감을 느끼며 살아가고 있다. 깻잎이 이직한 회사와 청경채가 일을 시작한 협동조합은 그 두 사람을 통해 느슨하게 존재클럽과 연결됐다. 존재클럽은 깻잎의 회사에서 공간을 빌리기도 했고, 아마 금융 강의가 필요하다면 청경채의 협동조합에 부탁할 것이다. 이들의 땅은 그렇게 더 넓어지고 있다.

　　저장촌 사람들은 도망간 김에 지방에서 사람들을 모
아 베이징으로 되돌아왔다. 먼저 저장촌에서 장사를 해보
니 괜찮았다며 데려오는 것인데, 그렇게 베이징으로 오게
된 사람들은 자신을 데려온 사람에게 도움을 받으며 저장
촌에 정착하게 된다. 그리고 그 관계망은 서로에게 실질
적인 지지기반이 되어줬다. 공간이 넓어지는 건 아니지만
관계가 촘촘해지며 관계망이 커지는 것이다. 이 경우에는
은둔고립청년들의 경험과 큰 차이가 있었다. 저장촌 사람
들이 친인척을 베이징으로 데려올 때는 구슬려 데려올 수
있을 정도로 매력적인 일처럼 여겨지지만, 은둔고립청년
이 친구를 데려올 때는 그렇지 않다. 은둔고립이라는 이
름에도, 의제에도, 그것을 다루는 주된 시각에도 이 존재
에 대한 부정적인 평가가 서려 있다. 그러므로 친구를 쉽
게 데리고 올 수가 없다.

　　그럼에도 불구하고 존재클럽 멤버들은 어떻게 하면
친구들을 이곳으로 데려올 수 있을지 열심히 고민했다. 청
경채는 자신의 전 남자친구야말로 고립청년이라며 꼭 이
곳에 왔으면 한다고 말했다. 하지만 말해봤자 그는 자기가
고립됐다는 사실을 부정할 거라며 제안하지는 못했다고
했다. 토마토는 대기업에 다니는 친구를 떠올리며, 그 친
구에게도 자신이 보냈던 것과 같은 시간이 필요하다고 말
했다. 다만 그것을 어떻게 하면 친구가 기분 나빠하지 않
게 말할 수 있을지 고민이라고 했다. 나 역시 이곳으로 꼭

　　　　　　　　　　　　　　　　　　　　　　

초대하고 싶은 친구들이 있다. 몇몇에게는 시도해보기도 했지만 잘 되지 않았다. 어쨌든 중요한 것은 사람들의 시선이 좋지 않기 때문에 초대하기가 어려움에도 불구하고 여전히 그 시도가 계속 이뤄지고 있다는 것이다.

도망치는 와중에 서로가 도움을 주고받으며 관계망이 탄탄해지는 일에 관해서는 앞에서도 계속 이야기해왔다. 존재클럽에서 은둔고립청년들은 땅을 확대시키지는 못하고 있지만 그렇게 할 가능성이 계속 열려 있는 상태이며, 몸소 땅을 넓히고 다양성을 높이고 있고, 동시에 땅을 탄탄하게 다지고 있다. 이들은 어딘가로 가기 위해 도망치는 것이 아니다. 도망 자체가 이러한 효과를 가져오는 정치적인 행위다. 도망치는 은둔고립청년은 제도권 정치에서 포착하지 못한다고 하더라도 이미 정치적인 존재다.

싸우기

은둔고립청년이 혼맹에서 벗어날 방법은, 이들이 새로운 땅을 일궈갈 방법은 공동체를 꾸리는 것이다. 공동체는 오로지 과정으로만 존재하며, 만들어지는 중일 때만 의미가 있을 수 있다. 만약 고착되거나 정주하게 된다면 공동체는 생명력을 잃는다. 만들어지는 과정에서 나오는 역동이 사라진다면 더 이상 공동체라고 할 수 없다. 그러므로 공동체에 관한 글을 쓰는 것은 이상적인 공동체를 보여주는 일이 될 수 없다. 다만 공동체를 만드는 일이 어떤 과정 위에 서게 되는 것인지를 보여주는 건 가능할 것 같다. 나는 존재클럽에서 공동체가 만들어지는 과정을 두 가지로 이해했다. 첫 번째는 싸우는 과정이고 두 번째는 뒷배를 만드는 과정이다.

① 싸우는 과정

나면서부터 '개인'으로 자라온 대부분의 사람들, 최소한의 이웃 관계도 맺지 못했던 많은 사람들은 공동체를 추상적으로 상상할 수밖에 없다. 그리고 그렇게 그린 상은 또 다른 '개인'의 변주일 가능성이 높다. '그대로의 나'를 인정해주는 곳을 공동체라고 생각하는 이들을 많이 봤다. 내가 하는 모든 말을 그대로 이해해주는 사람들, 내가 나인 채로 지낼 수 있게 해주는 사람들이 모인 곳 말이다. 그런 관계가 실제로 가능한지 의문이지만, 가능하다 하더라도 몹시 위험할 것이다. 만남은 언제나 반응과 감응, 변화를 낳는다. '개인'이 오로지 '개인'으로 존재하는 곳에서는 만남이 일어날 수 없다. 비슷한 맥락에서 마찰이나 불편함이 전혀 없는, 한없이 다정하기만 한, 자신을 좋아해주기만 하는 관계를 바라는 이들도 있다. 그런 관계는 가능할 수는 있겠으나 공동체라고 부르기는 어려울 것이라. 누군가가 다정하게 대해주고 좋아해주고 인내해주고 용

인해줘야 하는 일방적인 관계가 될 것이기 때문이다.

만남은, 즉 반응과 감응, 변화는 언제나 마찰을 동반하기 마련이다. 나는 감히 마찰, 그러니까 싸움은 공동체의 중요한 과정 중 하나이며 동시에 최고의 환대라고 주장하려고 한다. 존재클럽에는 '피어서포터Peer supporter'라는 과정이 있다. 피어서포터는 동료 조력자라는 뜻인데, 존재클럽에서는 매년 선발된 적정 인원이 꽤나 강도 높은 교육과정을 이수해야 한다. 여름에 일주일에 한 번씩 모여서 하루 종일 시간을 같이 보내게 되는 만큼, 이들은 매우 가까이에서 서로를 만나게 된다. 그 과정에서 자연스럽게 청경채를 비롯한 몇몇 피어서포터들이 사이가 틀어졌다.

청경채　이제 와서 얘기하지만, 서로 처음 보자마자 싫어했어요. 제가 먼저 싫어했어요. 그분도 내가 못마땅했나 봐. 동료상담시간에 서로서로 돌려 깠어요. "제가 진짜 싫어하는 사람이 있는데요" 이러면서요. (웃음) 동료상담 선생님은 느끼셨을 수도 있는데 다른 분들은 아무도 몰랐어요. 누굴 그렇게 싫어하냐고. (웃음) 눈도 안 쳐다보고 말도 안 섞었죠. 항상 복수할 생각만 했어요. '어떻게 내쫓지?' 하하하. 제가 건의를 했을 당시에는 파국이었거든요. A랑 B는 싸우고, C는 D를 안 좋아하고, E랑 F도 싸웠어요. 지금은 풀었고 사이가 좋아지고 있는데요. 그때는 너무 답답하고 숨이 막히는 거예요. 미묘한 기운이 있잖아요. 앞에서는 웃지만 불편해하는 게 다 보이잖아요. 내가 애정하는 모임인데 답답해서 운영진한테 가서 이야기를 했어요. 그랬더니 이렇게 얘기해줘서 고맙고, 청경채가 힘들어하는 게 보이니 다른 분도 힘들어할 것 같다고, 저희가 해결할 수는 없겠지만 프로그램을 하나 열어보겠다고 그러더라고요. 참 감사하고 든든했죠. 아마 제 얘기만 듣지 않고 다른 분들에게도 가서 물어보고 의견을 들으신 것 같더라고요. 운영진들이 애를 많이 쓰셨죠. 운영진이 못 해 먹겠다고. (웃음) 누구랑 누구는 이렇그, 누구랑 누구는 이런데 이게 무슨 피어서포터즈냐, 자기들끼리 고립을 시키고 있는데. (웃음) 두두와 찬찬이 심화교육이라는 명목으로 관계 개선 프로그램을 만들어왔어요. 감사하죠. "알아서 해!" 이럴 수도 있는데 귀 담아주셨잖아요. 그분들의 도움도 컸어요.

청경채는 회사에서 팀장을 구슬려서 마음에 들지 않는 사람을 내쫓은 적이 있다고 했다. 능수능란하게 사람을 배척하는 능력을 키워온 그가 자기를 포함해 여러 사람들이 어긋나 있는 상황을 타개하고자 운영진을 찾아갔다. 그는 멤버들을 무시하거나 쫓아내는 대신 마주하기 위해 마음을 냈다. 그리고 운영진은 청경채의 이야기를 귀담아듣고는 멤버들의 입장도 물어본 뒤에 새로운 프로그램을 가지고 왔다. 이것 역시 운영진들의 환대다. 환대는 환대하기에 무리가 없는 상황, 누가 봐도 웃으며 인사할 상황에서 서로에게 마음을 보내는 일이 아니다. 사실상 환대가 불가능해 보이는 상황에서 마음을 상대에게로 접어보는 것이 진정한 환대이자 서恕라고 할 수 있다.

전통 목공 기법 중에 결구법이라는 것이 있다. 못이나 접착제 없이 나무에 홈을 파서 결구시키는 방법이다. 나의 목수 친구에 따르면 결구법으로 만드는 가구나 집이 못이나 타카로 만든 것보다 더 튼튼하다고 한다. 나무들은—설령 죽은 나무라 할지라도—습도나 온도에 따라 언제나 미세하게 변화한다. 그런데 못이나 타카는 나무와 나무 사이를 고정시켜놓기 때문에 나무들 사이에 마찰이 생길 경우 버텨낼 수가 없다는 것이다. 반면 결구법은 나무 사이에 틈을 남겨놓음으로써 마찰이 생기더라도 나무들이 충분히 서로를 버텨줄 수 있다고 했다.

무언가를 이끌어나가는 사람이 해야 하는 역할은 아마도 이것일 테다. 안전하게 마찰할 수 있는 틈을 만들어주는 것, 싸울 자리를 만들어주는 것 말이다. 존재클럽 운영진은 멤버들이 소모임이나 동료상담 프로그램을 하나부터 열까지 직접 기획해서 열 수 있는 장을 마련해주기도 했다. 기획서 작성부터 회계 처리까지 스스로 할 수 있도록 했는데, 이 과정을 통해 은둔고립청년은 운영진의 위계 아래 종속되지 않게 됐다. 일종의 '잡일'(그러나 가장 중요한 일)을 처리하는 와중에 실수하거나 어긋날 수 있는 틈이 생기고, 그 틈에서 은둔고립청년은 마찰할 수 있는 시공간을 확보하게 된다. 서로가 서로를 마주보고 응답해야 하기 때문이다. 심지어는 운영진과도 마찰하는 것이 가능해진다. 그렇기 때문에 운영진은 존재클럽 멤버들을 동료라고 느끼고, 존재클럽 사람들 역시 운영진을 동료라고 느끼게 된 것일 테다.

청경채 연극치료 프로그램을 하면서 그 사람을 좀 알겠더라고요. 워낙 자기 얘기를 안 했어서 제가 더 오해를 했던 거예요. 근데 그 사람이 연극 치료 프로그램에서 용기를 냈어요. 말은 안 했지만, 어떤 상황을 겪었는지 대충 느낌이 오니까. 아, 이 사람이 이래서 그랬구나. 나는 어디 가서 말이라도 하고 있지, 이분은 아직도 말도 못 하고 끙끙 앓고 있구나. 그러니까 마음이 좀 누그러지더라고요. 아직도 불편하기는 해요. (웃음) 불편한 점은 어쩔 수 없어요. 그래도 이 사람의 문제가 아니라, 이걸 불편하게 받아들이는 내 문제일 수도 있겠다는 생각이 들었어요. '친하게 지내야겠다' 같은 마음은 아니지만 '동료로 잘 대해주고 싶다', 여기까지는 왔어요. 저도 마음은 편해요. 미워하는 마음, 되게 불편한 거잖아요. 카톡도 보냈죠. 오해가 많이 풀렸다고. 천천히 시간을 가지면서 가까워지자고 했죠. 그분도 저와 비슷하게 말씀하시더라고요. 사람들이랑 투작투닥거리다가도 풀어지고. 그런 게 또 배워가는 과정이잖아요. 예전에는 "싫어!" 이러면서 그 무리에서 내쫓았거든요. 그게 제 자랑거리였어요. 싫으면 제대로 밟는 게요. 그런데 지금은 어떻게 해서든지…… 함께하게 되더라고요. 어쩔 수 없죠. 그런 게 좀 신기해요. 재밌어요. 애정이 커요. 재밌으니까 애정도 있죠. 사람들이랑 투닥투닥하면서도요. 스트레스 많이 받았는데 몇년 계속하니까 관계도 묘하게 달라지더라고요.

공동체는 모두가 사이좋게, 모두에게 똑같은 마음으로 관계를 맺는 곳이 아니다. 각자의 차이를 거세하거나 맞지 않는 사람과 단절되는 대신 나를 양보할 수 있는 곳, 그럼으로써 껄끄러운 사이임에도 함께 지낼 수 있는 곳이다. 이것이 가능하기 위해서는 굉장한 노고가 필요하다. 그러므로 공동체에서는 갈등을 풀어가는 과정에서 사람의 평판과 가치가 올라간다. 공동체에서는 누가 싸움에 지혜롭게 대처해나갈 수 있는지, 싸운 사람들 사이를 멋지게 중재할 수 있는지가 돈이나 지위보다 훨씬 중요한 가치가 된다. 사람들은 싸우는 과정에서 서로에게 의지하는 방법을 익힌다. 싸움을 통해 다른 이들을 이해하며, 동시에 나를 이해하고, 우리가 함께 서 있는 땅을 가꿔나간다.

② 뒷배가 생기는 과정

피어서포터즈가 마찰하는 과정을 실제로 본 적이 있다. 글쓰기 프로그램을 진행할 때였다. 나는 항상 프로그램 진행 초반에 최소한의 규칙만 공유하고, 구체적인 부분은 참여자들이 정할 수 있도록 유도한다. 그러면 보통 참여자들은 소소하게 의견을 내며 적당히 맞춰가고는 한다. 그런데 피어서포터즈는 달랐다. 어떤 방식이 자신에게 피로하게 느껴진다고 말하는 사람이 있었고, 그 이야기를 시작으로 사람들은 자신이 불편한 부분을 적극적으로 이야기하며 맞춰가기 시작했다. 이들은 마찰하는 데 거리낌이 없었다. 나는 몹시 놀랐다. 10년을 넘게 청소년과 청년을 대상으로 인문학 프로그램을 진행해왔지만, 겨우 4회차 만에 이렇게 적극적으로 마찰을 일으킨 이들은 없었기 때문이었다.

심지어 나는 한 피어서포터와 직접 마찰하기도 했다. 오랜만에 만난 자리에서 피망은 계속 나를 찾아와서 화를 내고 따졌다. 왜 자기를 인터뷰하기로 했으면서 다른 사람들은 다 인터뷰하고는 자신에겐 연락을 하지 않았냐는 것이었다. 내가 당황하며 우리가 엇갈린 것이라고 해명하려 하자 피망은 몇 번이고 틈이 날 때마다 나를 찾아와 묻고 또 물으며 사건의 진위를 파악하고자 했다. 엇갈림은 늘 동시에 발생한다. 내가 그의 눈치를 봤던 것처럼 그도 나의 눈치를 보고 있었다고 했다. 나는 그에게 매달리다시피 하며 사과했지만, 사실 내게 먼저 찾아와 매달려준 것은 피망이었다.

피망이 내게 화를 내고 따질 때 나는 기분이 몹시 좋았다(피망: 고은, 왜 화내니까 좋아하지? 이거 검사 좀 해봐야 되는 거 아니야?). 더 이상 피망과 함께할 수 없을까 두려웠는데, 피망이 내게 화를 내준 덕에 그것이 괜한 걱정이었음을 알게 되었다. 모든 싸움을 환대라고 할 수는 없지만, 때로 싸움은 극강의 환대가 되어줄 수 있다. 여러 환대의 방법 중 최고의 환대는 싸움이다. 싸움은 끝까지 서로를 마주하고 의식하려는 일이기 때문이다. 너무나 분명하게 엇갈린 상황에서, 혼맹이 분명한 상황에서 서로를 지켜주기 때문이다. 우리는 싸움을 통해 상대의 이야기를 이해하게 된다. 그전에 했던 나의 말이나 행동도 다른 시야에서 볼 수 있게 된다. 마침내 상대와 마주하고 혼을 주고받을 수 있게 되는 것이다.

하지만 싸움은 보통 힘든 일이 아니다. 사용해야 하는 에너지도 크고 감당해야 하는 리스크도 만만치 않다. 피어서포터들의 싸움 동력은 도대체 어디서 나오는 것일까? 청경채가 해준 이야기를 듣고 난 뒤에 나는 그 기원을 알 수 있었다. 이 사람들에게는 뒷배가 있었던 것이었다. 싸움의 관건은 양보에 있다. 한 발짝 뒤로 물러서서 뚫고 나오는 자아를 내려놓는 것, 그래서 내 마음을 상대의 마음에 포개어보는 것[찐]이 싸움의 핵심 기술이다. 이 사람들은 분명 혼맹에 빠진 상태로 이곳에 왔으나, 싸우는 과정에서 충실하게 자신을 마주하고[忠] 자신의 마음을 상대의 마음에 포개는 연습을 하고 있었다. 그 과정에서 자신이 서[恕]하듯이 다른 사람들도 자신에게 서할 것이라고 믿고 있었다. 이 믿음이 이 사람들의 뒷배였다.

　자기 옆에 있는 사람에게 자신의 마음을 접을 수 있고, 자기 옆에 있는 사람도 자신에게 마음을 접을 것임을 아는 사람의 세계를 상상해본다. 이 사람은 자신이 실질적으로 누군가에게, 더 나아가 이 세계에 영향을 미칠 수 있는 존재임을 분명하게 안다. 내가 그 사람을 생각하듯, 그 사람도 나를 생각할 거라고 믿기 때문이다. 그리고 그 믿음 속에서 비선형적인 시간이 흐르게 된다. 이 사람은 자신이 지금 서 있는 자리에서, 이 관계가 어떤 방식으로든 자신의 미래를 구성하리라는 것을 알게 된다. 미래를 위해 사는 것(불안)이 아니라 미래와 함께 산다. 동시에 이 관계가 어떤 방식으로든 다른 사람의 삶을 구성하리라는 것도 알게 된다. 자신은 다른 이의 과거 속에서 여전히 어떤 방식으로든 살아 있을 것임을 느낀다. 과거에 붙잡혀 사는 것(후회)이 아니라 과거와 함께 산다.

　이 사람은 불안과 후회라는 망상에서 허우적거리는 대신, 현재에서 충실히 과거와 미래를 만난다. 그러므로 이 사람에게는 자신이 모든 시간 속에서 두 발을 땅에 딛고 있을 것이라는 확신이 있다. 지금 만나고 있는 공동체가 이 사람을 단단하게 땅 위에 서도록 한다. 따라서 이 사람은 쉽게 관계를 단절하지 않는다. 언제나 긴 호흡으로 세계를 만날 준비가 돼 있다. 그래서 심지어는 잘 모르는 사람에게도 선뜻 선의를 베풀 수 있다. 당장은 아니지만, '언젠가 누군가에게는 나의 마음이 어떤 식으로든 가닿겠지'라고 확신할 수 있기 때문이다. 내가 미치는 영향이 누군가에게로 가고, 누군가에게서 또 다른 누군가에게로 가게 될 것이라고, 그렇게 이 세계가 만들어지는 것이라고 생각할 수 있기 때문이다. 그러니까 서恕란 내가 접어 보낸 그 마음이 내게 영영 돌아오지 않을 수도 있지만, 그것이 이 세계를 아름답게 만드는 데 역할을 다할 거라고 믿는 것이다. 나도 이 세계를 구체적으로 만들어가고 있다고 느끼는 것이다.

공동체에서 한 번 뒷배를 만들었다면, 관계나 공동체가 깨지거나 사라지더라도 뒷배는 계속 남게 된다. 아무리 밉고 이해할 수 없더라도 마음은 계속 접을 수 있기 때문이다. 아무리 꼴도 보기 싫은 사람이더라도 그 사람이 밥을 잘 먹고 다니기를 바라고, 무엇을 하든 잘 해낼 수 있기를 바라고, 무탈한 나날을 보낼 수 있기를 바라게 된다. 그러니 공동체의 뒷배는 나를 위해 기도해줄 사람이 생긴다는 것, 그 마음이 나와 이 세계를 빛내고 지켜줄 것이라고 느끼는 것이기도 하다.

이 감각은 일대일 교환과는 전혀 다르다. 경제적으로

등가교환을 하고 싶은 마음, 상대를 경쟁 상대로 인식하며 눈을 마주하지 못하는 느낌과는 하늘과 땅 차이다. 뒷배가 만들어지는 과정으로서의 공동체는 핵가족과도 완전히 다르다. 공동체에서 뒷배가 생기면 오히려 핵가족 안에서 발생하는 문제가 풀리는 경우도 있다. 시금치는 성실한 가부장인 아버지에게 단 한 번도 자신의 이야기를 제대로 한 적이 없었는데, 존재클럽에서 뒷배를 만듦으로써 처음으로 아버지에게 대들 수 있었다. 아버지는 시금치의 변화가 당황스러우면서도 내심 기쁜 것처럼 보였다. 핵가족의 해체는 핵가족 안에 공동체의 뒷배를 끌어들일 때, 혹은 핵가족 문제를 공동체로 끌고 나올 때 가능하다.

(4장)

입체

베이글과 눈동자

존재클럽에서 나는 고구마, 호박, 양상추, 당근, 오이, 마, 토마토, 시금치, 감자, 청경채, 양파, 배추, 고사리, 적상추, 무우, 피망, 깻잎 등등을 만나며 그들을 이해하기 위해 애썼던 것만큼 나 자신을 이해하기 위해서도 애써야 했다. 친구 개구리가 죽음으르써 내게 일어났던 혼맹이 사실은 은둔고립청년이 겪은 일과 같다는 걸 가장 먼저 알게 되었다. 그때 내게 일어났던 일은 꽤 명확했다. 장례식장에서 그의 현 애인을 보호한다는 이유로 그만 떠나달라는 이야기를 들었고 그때부터 거의 제정신이 아닌 채로 1년을 보냈다. 그런데 은둔고립청년을 만나며 내게 일어났던 일은 전혀 명확하지 않았다. 왜 은둔고립청년을 만나며 은둔고립하게 됐는지 알기 위해 온갖 시도를 다 해봤다. 일찍 일어나면 그나마 마음이 조금 가벼웠기 때문에 새벽에 일어나기 위해 애써보고, 공부를 하면 좀 살 것 같았기 때문에 책 읽을 시간을 최대한 내보고, 돈도 명예도 없는 데서 불만을 느끼나 싶어서 명상을 해보기도 했다. 그러나 내가 시도한 모든 방법은 효과가 없었고 나는 점점 수렁으로 빠져들었다.

컨디션 난조로 모든 일정을 취소했다. 아침에 세미나 하러 문탁네트워크에 도착하니 토할 것 같았고 몸이 아주 좋지 않아 바로 돌아왔다. 체한 지 며칠 됐고 설사도 계속 하고 있다. 우울하고 밥이 넘어가지 않는다. 방금 다이어리를 보다가 이런 상태가 된 지 오래됐다는 것을 알게 됐다. —2024년 8월 29일 일기

쉽게 잠들지 못한다. 핸드폰을 보며 아주 피곤해질 때까지 몰아붙인다. 스스로에게 가학적이다. 그렇지 않으면 불을 끄고 누웠을 때, 존재론적 불안을 느끼는 시간이 길어지기 때문이다. 이 세상도, 나의 존재도 무척 불안정하고 위험하게 느껴진다. 특히 죽음의 위협을 강하게 느낀다. 때로 허무주의에 빠지기도 하고 상실에 대한 두려움이 몰려오기도 한다. 이 세계에 맞지 않는 퍼즐이라 언제라도 튕겨 나갈 것만 같다. —2024년 9월 8일 일기

지금 살펴보면 내가 혼맹에 빠져 있었다는 게 명확해 보인다. 그러나 당시에는 전혀 몰랐다. 혼맹은 자기를 인식할 수 없는 상태이니 당연한 일이다. 당시 내 혼맹에 영향을 미쳤던 상황은 크게 두 가지로 정리해볼 수 있다. 첫

번째는 문탁네트워크의 공동체 회원에서 일반 세미나 회원으로 전환했다는 것이다. 인터뷰와 글쓰기를 더 본격적으로 하기 위해서 나는 2024년에 공동체 생활을 그만뒀다. 내 발로 나온 것이었음에도 불구하고 나를 지지해주던 세계가 사라지고 경쟁 시장에 내쳐진 기분이 들었다.

존재클럽에서 진행했던 프로그램 중에 검은콩이 내게 그 사실을 일깨워주었다. 검은콩은 프로그램에 거의 나오지 않았다. 그날이 내가 그를 본 마지막 날이었다. 검은콩은 날이 선 채로 그날 함께 읽었던 내 책 《어쩌다 유교걸》을 비판했다. 사실상 비난에 가까웠던 것 같기도 하다. 내게 개인이 하고 싶은 것을 마음대로 할 수 없게 한다고, 그것이 사회의 억압과 뭐가 다르냐고 따졌다. 일전에 이미 그가 나를 위협한다고 느낀 적이 있었다. 아마 어떤 주제가 문제인 건 아닐 거라고 생각하면서도, 그가 무시당한다고 느끼지 않았으면 해서 최대한 경청하려고 했다. 다른 참여자들이 나서서 검은콩의 폭발을 막아줬기 때문에 가능했을지도 모르겠다.

검은콩에게 집중하다가 문득 그의 말이 내가 세계에 참여하지 않고 말로만 떠든다는 비판이기도 하다는 것을 깨달았다. 그리고 동시에 그 지적이 꽤 정확하다는 것을 깨달았다. 나는 내 생활에 대한, 내가 맺는 구체적인 관계에 대한 인식이 부족했다. 인문학 공동체에서 생활하면서도 속으로는 '여기도 사실은 정글이야', '이 악물고 살아남아야 해'라고 외곤 했었다. 공동체 생활을 그만둔 뒤에는 상태가 더 심해졌다. 나는 나를 폭력적으로 해고한 편의점 사장을 너무 쉽게 혐오해버렸다. 접촉 사고가 난 뒤에 야비하게 구는 상대방 측에게 모든 잘못을 돌리려고 했다. 거의 모든 사람들이 나의 생존을 위태롭게 한다고 생각했다. 자꾸만 세계에 동참하지 못했다. 아주 쉽게 허공 위로 붕붕 떠올랐다. 그러니까 어쩌면 나는 너무 자주, 너무 쉽게 혼맹에 빠져왔던 것일지도 모르겠다. 그러나 2024년에 내가 빠졌던 혼맹은 다른 때보다 훨씬 강력하고 위험한 것이었다. 그렇게 됐던 건 내가 처해 있었던 두 번째 상황, 은둔고립청년을 만나는 일과 관련이 있었던 것 같다.

검은콩의 여러 말과 행동은 아마도 세상과 눈을 맞추기 위한 노력이었을 테지만, 그것은 내게 분명한 위협으로 다가왔다. 검은콩에게서만 위협받는다고 느낀 게 아니었다. 나는 많은 은둔고립청년을 만나며 괴로웠고 내가 위태롭다고 느꼈다. 당근은 우리가 이야기를 나누는 자리가 안전하게 느껴진다고 말했지만, 사실 내게는 그렇지 않았다. 당근은 자신의 상황에 분개하고 분노하며 이야기하다가 나를 잡아먹을 것 같은 눈으로 바라보았다. 이미 작은 방 안에서 팔을 휘두르거나 벽에 닿도록 의자를 뒤로 빼는 등 커다란 몸짓을 보인 뒤였기 때문에 나는 위험하다고 느꼈다.

고구마와 호박이 어느 날 갑자기 사라져버린 것도 내

게는 충격이었다. 누군가와 그렇게 쉽게 단절돼버렸다는 사실이 나의 존재를 한없이 축소시켰다. 그 일은 내가 과거와 함께 살 수 없도록 만들었고, 대신 과거에 갇혀 후회하도록 했다. 오이에게서 자신의 상태가 급격히 나빠졌다는 이야기를 들었을 때, 나는 밤에 잠을 잘 수 없었다. 일주일 넘게 뭘 먹을 수도 없었다. 그가 조금 괜찮아진 뒤 다시 만났을 때, 그는 지난 과거와 관계를 부정하는 듯했다. 그와 같은 시간과 관계 속에 있었던 나의 존재 역시 부정당한 느낌이 들었다. 감자에게서 온 세상을 혐오하는, 그럼으로써 자신을 혐오하는 이야기를 듣고 오면 아팠고, 괴롭다는 말을 습관처럼 달고 다녔다. 나는 이 모든 순간에 나의 혼을 그들 옆에 두고 왔다. 분명한 건 그들이 의도한 일이 아니라는 것이다. 이들은 나를 위협하려고 하지 않았고, 나의 생존을 위태롭게 하려고 하지 않았다. 중요한 건 그럼에도 이런 일이 일어났다는 것이다.

이쯤에서 꼭 밝혀야 하는 사실이 하나 있다. 내가 혼맹에 빠졌을 때도 이와 같은 일이 벌어졌었다는 것이다. 나는 내 주변 사람들을 위태롭게 만들었다. 개구리가 죽었을 때, 나는 아무도 나를 신경 써주지 않는다며 엉엉 울고 패악질을 부렸다. 그때 엄마가 나를 크게 야단쳤다. 사실은 온 집안 사람이 나의 눈치를 보고 있다고 했다. 밤에 잠은 잘 자는지, 밥은 잘 먹는지, 모두가 나를 들여다보는데 나만 그걸 모른다고 달이다. 나는 정말 모르고 있었다. 충격을 받은 나는 친구들에게도 이 이야기를 했다. 다들 몹시 기뻐했다. 아마도 모두가 기다리고 있었는지도 모른다. 모두가 나를 신경 쓰고 있지만, 오직 나만이 그 사실을 모른다는 걸 내가 알게 되기를 말이다. 은둔고립청년을 만나며 혼맹에 빠졌을 때도 마찬가지였다. 피망이 자기에게 연락을 하지 않았다며 따진 건 그럴 만했다. 나는 그때 정말 많은 약속을 파토냈고, 사람들의 마음을 잘 살필 수 없었으며, 누구도 내게 영향을 미칠 수 없을 것처럼 굴었다. 주위를 보지 못하고 있는 건 나였는데, 애인에게 나를 돌보지 않는다고 화를 냈다.

세계가 내게 위협적이라는 생각, 모두가 나를 봐주지 않는다는 생각은 반쪽짜리 진실이다. 그때 사실은 나 역시 세계에 위협적인 존재다. 나 역시 다른 이들을 보지 않는다. 그러나 혼맹에 빠지면 이 나머지 반쪽을 의식하지 못한다. 세계가 나를 위협하고 외면한다는 생각에 갇히면 나 자신을 몹시 가혹하고 가학적으로 대하게 된다. 그리고 동시에 세계와 타자에게도 폭력적이고 위협적으로 군다. 혼자서 어긋나는 관계란 없다. 혼자서 빠져들 수 있는 혼맹이란 없다. 남을 돌보지 않음으로써 자신을 돌보지 못하고, 자신을 돌보지 못함으로써 남을 돌보지 못한다. 이것이 혼맹의 가장 무서운 지점이다. 절대로 혼자 죽지 않는다. 혼맹에 빠진 이들을 만나며 나 역시 혼을 잃어버렸듯이, 내가 혼맹에 빠져 내 주위 사람들을 못살게 굴었듯이 말이다.

혼맹에 빠진 이들에게 파괴적인 힘이 있다는 것은 숨겨야 할 사실이 아니다. 나는 나를 비롯한 은둔고립청년을 보호받아야 할 아이로 만들지 않을 것이다. 오늘을 내일로 미루려는 경향에도 저항할 것이다. 만약 우리가 돌아가야 할 곳이 없다면, 공허한 미래만 바라볼 것이 아니라면 우리는 지금 우리가 무엇을 주고받고 있는지 말할 수 있어야 한다. 우리의 오늘을 이야기할 수 있어야 한다. 혼맹은, 은둔고립은 한 인간이 성숙하지 못하기 때문에 문제가 되는 것이 아니다. 경제적 손실 때문에 문제로 여겨져야 하는 것도 아니다. 혼맹은 실질적으로 세계를 파괴할 수 있는 위력이 있기 때문에 위험하다.

이제 면에서 입체로 넘어가야 할 때가 됐다. 혼맹—다시 태어나기—재혼맹의 두려움이 반복되는 것처럼 보이지만, 사실은 같은 일이 벌어지고 있지 않다고 여러 차례 이야기해왔다. 여러 차원의 혼맹이, 여러 시공간의 다시 태어나기가, 매번 다른 밀도와 크기의 재혼맹의 두려움이 생성된다. 어떤 원에는 구멍도 뚫려 있고, 어떤 원은 면적이 더 좁아진다. 균일하지 않은 면이 서로에게 쌓이고 쌓인다. 그러다가 마침내 '베이글'이 만들어진다. 다차원의 세계는 SF에만 있는 게 아니다. 바로 우리 자신에게 존재한다. 2장에서 인용했던 〈에브리씽 에브리웨어 올 앳 원스〉의 장면은 영화 초반부에서 조부 투파키가 만들어낸 베이글이 처음 소개되는 순간이었다. 이어지는 대사에서 에블린은 딸의 이름을 부르며 이렇게 묻는다.

애블린　　　그걸 진짜 믿는 건 아니지?

조부 투파키　좋지 않아? 다 부질없는 거면 아무것도 이뤄 내지 못한 괴로움과 죄책감이 사라지잖아. (노래하며) 빨려 들어갔네 모두. 베이글로.

베이글은 온 세계를 빨아들여 파괴한다. 조부 투파키가 만든 검은 베이글은 블랙홀과 비슷하게 생겼다. 베이글로 빨려들어간 존재는 그저 파괴될 뿐이다. 조부 투파키 역을 맡은 스테파니 수는 오디션에서 이 대목을 연기하며 진지한 표정과 헛웃음을 교차시켰다. 그러나 실제 영화에서 그는 눈물을 흘리며 허탈한 표정을 짓는다. 아마도 조부 투파키 캐릭터를 연구하고 난 뒤에, 자신의 엄마에게 베이글을 소개할 때의 감정 상태를 다르게 그릴 수밖에 없지 않았을까 싶다. 후반부에 이르면 조부 투파키가 베이글을 만들게 된 이유를 이렇게 설명하기 때문이다.

조부 투파키　이 베이글을 만든 이유가 뭔지 알아? 모든 걸 파괴하려고 만든 게 아니야. 날 파괴하려던 거지. 들어가면 드디어 탈출할 수 있을까 하고. 죽을 수 있을까 하고.

　　　　　　　　　　　　　　　　4장 입체

조부 투파키는 이 모든 걸 끝낼 수 있을지, 그러니까 혼맹이나 죽음에서 벗어나 진짜 물리적으로 죽을 수 있을지 생각한다. 그가 자신을 파괴하려는 이 과정은 온 우주를 파괴할 만한 강력한 힘을 갖는다. 자신을 비롯한 온 세계가 베이글 안으로 빨려들어간다. 에블린도 그럴 뻔했다. 조부 투파키가 에블린을 찾은 건 단지 엄마이기 때문이 아니다. 여러 차원의 엄마 중 혼맹을 이해할 수 있는 엄마가 바로 에블린이었기 때문이다. 해낸 것이라곤 실패밖에 없다고 생각하는 에블린은 조부 투파키의 마음을 이해할 수 있고, 같이 베이글로 빨려들어가고 싶다고 생각할 수 있는 사람이다.

그런데 어떻게 에블린은 베이글로 빨려들어가지도 않고, 빨려들어갈 뻔한 조부 투파키까지 살릴 수 있었을까? 그것은 다름 아니라, 에블린이 조부 투파키를 살리고 싶었기 때문이다. 조부 투파키를 돕고 싶었기 때문이다. 3장에서 인용했던 공자의 말을 여기서도 다시 한번 쓸 수 있을 것이다. 자기가 서려거든, 남을 설 수 있도록 해야 한다. 자기가 살려거든, 남을 살려야 한다. 에블린이 조부 투파키를 살리는 과정에서 실제로 살게 되는 것은 에블린이다. 혼맹에 빠졌던 에블린이 조부 투파키를 살리는 과정에서 비로소 주위를 돌아볼 수 있게 되기 때문이다. 이것은 구원 신화나 영웅 신화와 다르다. 구원해 줄 수 있는 이도, 구원받을 수 있는 이도 없다. 모든 것을 깔끔하게 해결해줄 수 있는 초인도 없다. 남을 살림으로써 나를 살리고, 나를 살림으로써 남을 살리는 연대만이 여기에 있다.

에블린은 계속 눈을 마주하지 못하고 있었던 딸과 남편, 아버지를 마침내 바라보게 된다. 어긋났던 에블린과 남편의 마음이 만난다. 에블린이 원망했고, 또 멋대로 판단했기 때문에 모든 사건에서 배제돼 왔던 아버지는 마침내 관계에 참여할 수 있게 된다. 에블린은 다른 차원에서 외면했던 수많은 사람들과도 마주 본다. 에블린이 살아난 것처럼 에블린의 여러 차원에 있는 존재들도 함께 살아난다. 이 과정에서 에블린은 자기 이마에도, 다른 사람들의 이마에도 눈알 스티커를 하나씩 붙여준다. 눈알은 에블린이 마침내 주위와 혼을 마주할 수 있게 되었음을 상징한다. 베이글이 온 세계를 작살낼 수 있는 것처럼, 눈동자는 온 존재를 살릴 수 있다.

베이글과 눈동자는 대비되는 모양이다. 베이글은 빛을 자신의 중심부로 흡수한다. 안으로 응집되며 모든 것이 파괴된다. 하지만 눈동자는 자신의 어둠을 밖으로 발산시킨다. 더 많은 어둠을 마주하며 확대되고 생성을 일으킨다. 베이글은 온갖 것을 빨아들여 조금의 빛도 남기지 않으려 하지만, 눈동자는 그저 더 많은 어둠-역동과 앎에 나아간다.

그러나 사실 이 둘은 원래 같은 것이 아닐까? 영화 후반부에서는 조부 투파키는 에블린에게 이런 진심을 고백

한다. 조부 투파키는 에블린을 그토록 찾아 해맨 것은 스스로 죽기 위해서도 아니고, 자신을 이렇게 만든 에블린에게 복수하기 위해서도 아니고, 함께 죽기 위해서도 아니며 이 세계를 파괴하기 우함 역시 아니다. 조부 투파키가 원한 것은 '다른 길Another way'이었다.

조부 투파키 　내가 보지 못한 것들을 당신이 보고…… 다른 길도 있다고 납득시켜 줬으면 했어I was hoping you would see something I didn't… that you would convince me there was another way.

조부 투파키가 에블린에게 자기 베이글을 보여주는 이 여정은 사실은 도움을 요청하는 여정이다. 혼을 마주하고 싶어서 시작한 여정이다. 베이글에는 그런 양면이 있다. 파괴와 동시에 나를 봐달라는 아우성이 공존한다. 그렇기 때문에 조부 투파키를 연기한 배우는 이 베이글을 에블린에게 보여주며 헛웃음을 치는 대신 눈물을 흘려야겠다고 생각했을지도 도른다. 생명의 의지가 없는 이들은 조용히 물리적 죽음을 택하지 베이글을 만들지 않는다. 아이러니하게도 이 파괴는 죽고 죽이기 위한 것이 아니라 살고 살리기 위한 것이다. 그렇기 때문에 베이글은 는동자가 될 수 있다. 아니다. 점에서 선, 면, 베이글을 거쳐 눈동자까지 오는 과정이 사실상 동시적으로 일어난다고 봐

　　　　　　　　　　　　　　　　베이글과 눈동자

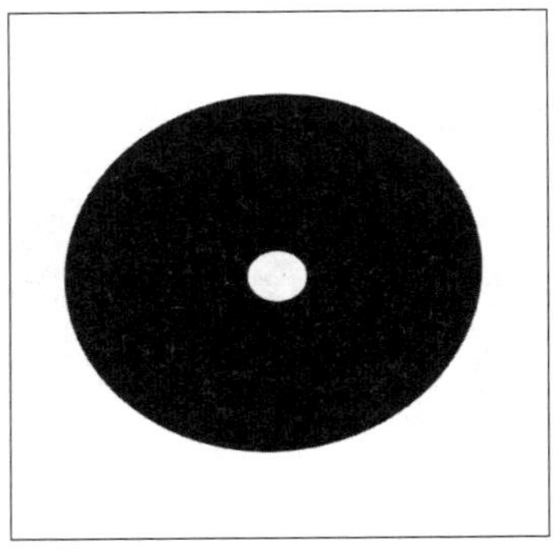

그림 7　　베이글

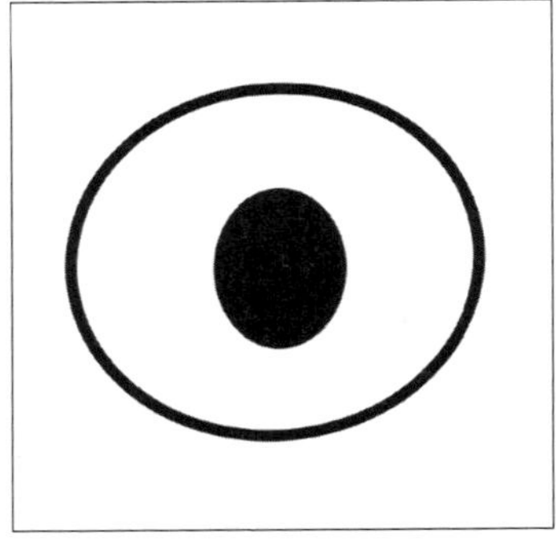

그림 8　　눈동자

도 무방할 것이다. 점이 찍히는 순간 파괴의 힘과 생성의
힘이 동시에 작동한다. 그러니까 점은 베이글이고 눈동자
다. "다른 길"은 이미 우리에게 내재되어 있다.

　　아래 표를 단서처럼 사용해볼 수 있다면 좋겠다. 이를
테면 불안할 때 들여다보며, '불안'이 사실 '역동'을 의미할
수 있다는 사실을 이해해보는 것이다. '실수'는 '은율'이 될
수 있고, '자기 비하'는 '자기 인식'일 수 있으며, '가상세계

에 숨는' 건 '새로운 땅을 다지는' 일일 수도 있다. '누군가를 혐오하는' 건 '그와 구체적인 관계를 맺고 싶어 하는' 것일지도 모르고, '관념을 투영하는' 건 '혼을 마주하고 싶어 하는' 것일지도 모른다.

베이글	눈동자 (another way)
자기비하, 자기혐오	자기 인식, 타자 인식
가상세계에 숨기	새로운 땅 다지기
'비교'하며 작아지기	비교하며 서로에게 지표가 되어주기
생애주기에서 탈락	생애주기에서 이탈
불안	역동
실수	은율
나를 알아줘	네가 궁금해
체념, 허무	도망, 도주
회복	다시 태어남
쉼	죽음, 혼맹
시장경제적인 능력	공동체 감각
공포	사랑 또는 우정
공중에 붕 뜨기	서로에게 무게추 되어주기
내 가치를 입증하기	충만하게 존재하기
혐오	구체적인 관계
관념 투영하기	혼 마주하기

　　　　　　　　　　　　베이글과 눈동자

내가 관심 있는 이야기는, 그래서 이 책에서 하고 싶고 공유하고 싶은 주제는 '어떻게 은둔고립청년이 만들어지는가'나 '은둔고립청년은 제2의 프롤레타리아트다'와 같은 이야기가 아니다. 나는 어떻게 혼맹에 빠진 사람이 세계에 상흔을 남기는지, 그리고 동시에 어떤 전환을 일으키는지에 관해 이야기하고 싶었다. 개구리가 죽고 난 뒤에 나도 모르게 찾아 헤맨 이야기가 이것이었고, 우연히 은둔고립청년들을 만나서 발견하게 된 이야기도 이것이었다. 은둔이나 고립이 누구에게나 올 수 있는 것이라는 말로 이야기를 퉁치고 싶지 않다. 그것은 일견 사실일 수 있으나, 지금 중요한 것은 이 땅에서 어떻게 혼맹이 일어나고 있는지, 거기에 어떤 위험과 가능성이 내재되어 있는지를 살펴보는 것이다.

우리는 죽음과 함께 살아간다. 죽음과 함께 사는 이들은 '지배 계급'을 '전율'하게 하지 못할 것이다. '단결'하지도 않을 것이고, '공공연하게' 입장을 '표명'하지도 않을 것이다. 우리의 '견해'와 '의도'는 '감춰'질 것이다. 그러나 죽음과 함께하는 이 삶의 형식이 "다른 길"을 내재하고 있기 때문에, 그리고 한국에 이 존재가 파다하기 때문에 우리는 또 다른 '유령'이라고 할 수 있다. 지금 내가 할 수 있는 말은 이것 하나뿐이다. 또 다른 유령이 한국을 배회하고 있다.

전환

처음 썼던 목차에는 4장에 몇 개의 챕터가 더 있었다. 1장 〈점〉이 현상을 설명하는 내용이고, 그 뒤로는 그 현상을 뒤집어보는 내용이다. 논리적 구조에 따르면 여기에는 응당 뒤집힌 시각을 도움닫기 삼아 그 다음을 상상하는 내용이 나와야 했다. 쓸 내용도 있었고 하고 싶은 말도 있었다. 그러나 3장을 쓰면서 그 챕터들을 쓰지 않기로 결정했다. 지금 여기서 쓸 말이 아니라고 생각하면서 책을 준비하며 썼던 메모의 4분의 1 가량을 정리했다. 그런데 역시나 문제가 됐다. 편집자 선생님께서 원고를 다 보시고, 무언가 더 필요한 것 같다고 말씀해주셨다.

종종 칸트가 동양에는 철학이 없다고 했다는 말을 떠올릴 때가 있다. 때로는 그 말에 인문학 공동체에서 함께 공부했던 친구들의 얼굴이 겹쳐 보인다. 서양철학과 사회학에는 큰 호응을 하다가도 동양철학 이야기만 나오면 시큰둥한 표정을 숨기지 않았던 얼굴들이. 여기까지 오면 다음은 그들의 시선을 가지고 내 작업으로 다시 돌아오는 일이 된다. 기분이 좋을 때면 "좋을대로 생각하시라지"하며 콧방귀를 뀌고, 기분이 안 좋을 때면 "이게 친구들에게도 의미가 있는 글일까?" 하며 자신감이 떨어진다.

〈들어가며〉에서 밝혔듯이, 내가 하고 싶은 것은 현지의 언어로 현지의 이야기를 하는 것, 그러니까 내재적인 이야기를 하는 것이다. 기미를 읽을 줄 알았던 역사 속 현명한 사람들은, 과거와 현재와 미래가 함께한다는 것을 알았던 사람들은 기미를 포착했다고 해서 단언하거나 예언하지 않는다. 900쪽에 달하는 샹뱌오의 책도 비슷하다. 책을 끝까지 읽어도 자신의 경험을 통해 도출해내는 그럴싸한 이론이라거나 결론이라고 부를 만한 것이 나오지 않는다. 나는 그게 좋았지만, 함께 세미나를 했던 팀원들은 답답해했다. 끝이 부실한 것 같다고 말하기도 했다.

어쩌면 내가 쓰는 이 책도 비슷한 말을 듣게 될지도 모른다. 내가 하고 싶은 이야기는 형이상학적이지 않은 이야기, 조금은 뻔하고 누군가는 이미 알고 있는 이야기, '그래서 어떻게 하라고?' 하는 생각을 불러일으키는 이야기가 될 수 있다. 오늘날 지금 여기의 이야기를 쓰는 것, 내가 발 딛고 있는 땅에 관해서 말하는 것이 가진 리스크다. 내재돼 있는 무언가를 볼 때 가장 중요한 건 그것을 판단하는 대신 알아차리고, 맞고 틀린지를 분별하는 대신 일상에서 그것을 어떻게 만나고 대처할지를 고민하는 것임에도 불구하고.

                                          4장 입체

그렇다면 현명한 옛 사람들은 어떻게 했을까? 기미를 알아차리고 그것을 나의 땅으로 삼는 사람들은 어떻게 할까? 아마도 움직일 것이다. 언어로 형태화하고 이론화하는 것보다 더 중요한 것은 땅을 잘 일구는 것이기 때문이다. 어찌 보면 나는 지금 이 글을 쓰며 무언가를 해보고자 하는 사람이다. 그래서 존재클럽에서는 절대로 하지 않았을 말을, 나의 이런저런 공동체들과 땅을 일굴 때는 기피했을 일을 여기에서 조금이나마 해보고자 한다. 어쩌면 그렇게 해서 쓰게 될 글보다 더 긴 변명의 글을 붙이면서, 나의 인문학 공동체 친구들, 함께 샹뱌오의 책을 읽었던 친구들과도 함께 움직여보고 싶다는 생각도 하면서.

내가 존재클럽에서 멤버들을 만나며 느낀 것, 아직 오지 않았지만 동시에 어쩌면 이미 와 있을지도 모르고 또 영영 오지 않을지도 모르는 것은 다음과 같다.

첫 번째, 고립을 깨달은 것, 혼맹에서 시작해서 재혼맹의 두려움까지 오게 된 것 자체가 능력이라는 것이다. 이 말은 고립을 겪고 난 후에 고립을 능력으로 보고 사회적인 역할을 주자는 말과는 맥락이 다르다. 그보다는 애초에 고립에 빠지게 된 것 자체를 능력이라고 보자고 제안하는 것이다. 은둔고립청년은 지금 이 시대에 어떤 위험이 닥쳤는지를 아는 사람들이다. 그 위험을 몸소 겪고 느끼며 신체가 변화했기 때문에 이전과 같은 방식으로는 살 수 없는 사람들이다. 설사 자신이 무엇을 하고 있는지,

　　　　　　　　　　　　　　　　　　　　　　전환

어떤 역량을 갖게 됐는지 알 수 없다 하더라도 이들이 일종의 선각자라는 사실은 변하지 않는다.

두 번째, 추상적인 '관계'라는 말을 '예禮'라는 구체적이고 현실적인 문제로 가지고 온다면 은둔고립청년의 특이성이 더욱 돋보이게 된다. 은둔고립청년은 예로부터 소외되면서, 예에 참여할 수 없게 되면서 자의식이 비대해지는 '현대인'들과 다르다. 사회적으로 자립할 수 없는, 관계를 통해 땅에 설 수立於禮 없는 이들과 다르다는 말이다. 만약 기대고 기대할 수 있는 상대가 오직 '나'뿐이라면, '나'는 얼마나 나약한 존재고 세상은 얼마나 고약한 곳인지만 알게 될뿐이다. 반면 내가 존재클럽에서 만난 은둔고립청년은 예가 무너진 시대에 다시 예를 세우고 싶어하는 사람들이었다. 아주 구체적인 기술을 통해 사람들 사이에서, 공동체 안에서 연결감 혹은 고양감을 만들어 냈다. 공동체라는 구체적인 세계를 걱정하고 돌보고 꾸리면서 자신의 생명력을 최대로 발휘했다. 이 경우에는 누구를 보고 고립됐다고 말해야 하는 것일까? 예에 참여하며 생명력을 끌어내야 한다는 것을 알게 된 '은둔고립청년'일까? 아니면 고립의 시대에 살고 있다는 것조차 알지 못한 채 자의식만 부풀리는 '현대인'일까?

세 번째, 재은둔고립의 두려움을 알게 된 신체가 갖게 되는 또다른 능력은 불확실성을 다르게 감각하게 된다는 것이다. 불확실성을 예방할 수 있을까? 그럴 수 없다. 그렇다면 불확실성이라는 자극에 휩싸여 극도의 두려움을 갖게 되는 오늘날의 인간을 어떻게 이해해야 할까? 그 두려움으로부터 벗어나는 방법이 물리적인 죽음뿐이라서, 죽기 전까지는 어떻게든 두려움과 정면으로 마주해야 해야 하는 은둔고립청년은 어떤 시간을 갖게 될까? 어쩔 수 없이 어떤 기회를 얻게 된다. 인간이 세계를 통제하고 장악할 수 있다는 오늘날의 신화에서 벗어날 기회 말이다.

인간이 모르는 세계가 풍성해질 때, 인간이 어찌할 수 없는 세계가 있음을 느끼게 될 때 인간의 세계도 풍성해진다. 그렇기 때문에 때로는 두려움도 한 사람의 세계를 풍성하게 만드는 데 도움을 줄 수 있다. 불확실성으로 통칭되는 어떤 일들은 인간 개인의 의지로 해결할 수 있는 문제가 아니다. 그것을 절실하게 알게 된 사람들에게 오히려 중요해지는 것은 '은 우주와 어떤 영향을 주고 받을 것인가'이다. 그러니까 우주에겐 우주의 할 일이, 버섯에겐 버섯이 할 일이, 인간에겐 인간의 할 일이 있다. 우리가 할 수 있는 일을 하자.

은둔고립의 상황에 처하는 일에는 존재 자체가 뒤틀릴 수 있는 가능성이 내재되어 있다. 즉 은둔고립청년은 선각자일지도 모르고, 자의식을 부풀리는 '현대인'과 다른 신체를 갖게 된 인간이자 인간의 시야를 넘어선 감각을 만날 기회를 얻은 존재일지도 모른다. 이렇게 적어놓고 보니 역시나 말이 너무 거창하다. 당장 백스페이스를 누르고 싶은 충동이 강하게 일지만, 참아보기로 한다. 대신 조금 더 소략하게 말해볼 수도 있을 것이다. 은둔고립청년은 두 발을 땅에 딛기 어려운 이 시대에, 어떻게든 땅에 서보려는 사람이다. 땅에 서지 않고는 죽을 수도 있는 섬세하고 예민한 감각을 가진, 혹은 사회에 의해 그렇게 내쫓긴 사람이다.

　은둔고립청년을 만난다는 것은, 혹은 은둔고립청년이 스스로를 이해한다는 것은 어떤 일이 될 수 있을까? 왜 어떤 때에는 은둔고립청년에게 다정하고 따뜻한 말이 유의미하게 사용되기도 하고, 또 어떤 때에는 거꾸로 아무 말도 하지 않거나 심지어 화를 내는 것이 유의미하게 작동하기도 할까? 이것을 정확하게 파악하기 위해서 바른 말, 바른 행동 지침서를 만들어야 할까? 그렇지 않다. 공자가 말했듯이 꾸미는 것은 언제나 다음 일이다(회사후소繪事後素). 다듬어진 말과 계산된 행동이 중요하지 않다는 것은 아니지만, 그럼에도 핵심 문제는 아니라는 뜻이다. 가장 필요한 것은 은둔고립청년이라 불리는 나를, 혹은 내 옆의 누군가를 공부하는 일이다.

　누군가를 이해한다는 것, 공부한다는 것은 그를 파악하고 판단하는 일이 아니다. 공부란 학이시습지, 상대의 모습을 반추하며 시시때때로 그를 나의 삶 위로 옮겨오는 것이다. 나는 그동안 어디에 있었고 지금은 어디에 있는지, 그와는 어떻게 연루돼 있는지를 생각하는 것이다. 그럴 때 나의 몫을 다한다는 것이 무엇일지 고민하고 행동하는 것이다. 누군가가 행사하는 파괴력과 힘을 겁먹고 피하거나 무시하지 않는 것이다. 그럼으로써 상대를 탓하거나 미워하는 마음이 들 때 재빨리 모드를 전환하고, 도리어 이미 상대가 다하고 있을 그의 몫을 봐줄 수 있다. 또 나를 자책하거나 스스로의 무능함에 좌절하게 될 때 나의 몫을 인정해줄 수 있다. 상대의 몫을 진심으로 봐주는 것과 나의 몫을 봐주는 일은 함께 일어난다. 이것이 남을 세움으로써 나를 세우는 일이다. 그럴 때 비로소 불역열호, 지금 우리 존재가 얻을 수 있는 가장 큰 존재적 충만함을 맞이하러 갈 수 있을 것이라고 나는 믿는다.

나의 혼맹에 관하여

이 책을 쓰면서 목차와 내용을 한 번 뒤엎었다. 그 과정에서 내 이야기 대부분을 드러내게 되었다. 내 이야기가 잘 써지지 않기 때문이기도 했다. 여전히 나는 개구리를 생각하며 종종 울곤 하는데, 펜만 잡아들면 눈물이 쏙 들어갔다. 상념에 빠질 때면 머릿속에서 온갖 이야기를 펼쳐놓곤 했는데, 종이만 마주하면 할 말이 순식간에 사라졌다(이 책의 초고는 손으로 썼다). 그러니까 차라리 내 이야기를 뺄 수 있게 되어서 다행이라고 생각했다.

그러나 바뀐 목차로 이야기를 써내려가면서, 내 이야기가 거의 빠진 상태로 이 글이 세상에 나가는 게 조금 이상하다는 것을 깨달았다. 내가 은둔고립청년에 꽂혀서 관심을 갖게 된 이유, 이 현상을 혼맹으로 이해하는 이유, 나의 인터뷰이들에 귀 기울이는 이유, 그 과정이 파괴적이었음에도 계속한 이유는 모두 내가 겪은 일 때문이었다. 아마 내가 이 일을 겪지 않았다면 이런 글을 이렇게 쓰지 않았을 것이다. 나는 작업 내내 엄정한 이론을 펼쳐내는 학자나 관찰 대상과 멀찍이 떨어져 관찰하는 전문가였던 적이 없었다. 그런데 이 책이 그렇게 읽히게 될까 봐 걱정되기 시작했다.

조금 더 노련한 작가였다면 조금 더 세련된 방법으로 책 안에서 이 문제를 해결해갔을지도 모른다. 하지만 내게는 아직 그런 재주가 없기 때문에 이렇게 거칠고 투박한 방법으로 나의 이야기를 삽입하기로 한다. 얼마나 쓸 수 있을지 모르겠지만, 이 원고를 그렇게 썼듯 할 수 있는 만큼 써보려고 한다. 이 이야기는 내가 만났던 고구마, 마, 호박, 토마토, 양상추, 시금치, 당근, 감자, 오이, 청경처, 양파, 배추의 이야기 중 하나다. 다만 글을 쓰는 당사자의 이야기이기 때문에 어쩔 수 없이 질감이 달라서 다른 이야기들과 자연스레 섞이지 못했을 뿐이다.

이 이야기를 책에 직접적으로 적는 것은 처음이라 어디서부터 시작해야 할지 모르겠다. 머릿속으로는 수천 번도 더 처음부터 끝까지 써내려갔던 이야기고, 수천 가지 버전의 이야기가 있기 때문에 더 어려운 건지도 모르겠다. 한 번도 애칭으로 이야기를 시작한 적은 없었으니, 이 글에서는 거기서부터 시작해브는 게 좋겠다. 개구리는 내가 그를 부르던 애칭이다. 솔직히 두꺼비라고 부르고 싶었는데, 애인의 애칭으론 적합하지 않은 것처럼 느껴져서 개구리로 타협을 봤다. 그는 개구리라는 애칭도 그다지 좋아하지 않았으므로 '두꺼비라고 했으면 큰일 날 뻔했군' 하고 생각했던 기억이 있다.

내게 남아 있는 모든 것은 기억뿐이고, 그것도 너무 오래돼서 바랜 기억이다. 애인 사이의 일이 그렇듯이 단둘만 느끼던 감각이 있었기 때문에 누군가와 공유하거나 진실을 다듬어나갈 수도 없었다. 그래서 단단히 왜곡된 기억이다. 심지어 개구리와 관련된 일들 속에서 나는 너무 많이 혼맹에 빠졌기 때문에 이제 와서 바르게 펴보려 해 봐야 소용이 없다. 한 번 접힌 플라스틱 폴더는 다시 평평해지더라도 접힌 자국을 영원히 간직하기 마련이다.

아뿔싸. 또 이렇게 개구리의 이야기로 들어가지 못하고 사설만 길어진다. 차라리 건조하게 우리 사이를 요약해보는 게 좋겠다. 우리는 스무 살에 만나 짧고 불 같은 연애를 했고, 비밀 캠퍼스 커플이었고, 헤어지고 약 4년 뒤쯤 개구리가 자살했다. 나는 20대 중반에 남겨진 개구리를 뒤로하고는 홀로 30대가 되어버렸다. 우리 사이에는 너무 큰 시간의 틈이 생겨서, 이제 더는 개구리가 살아있었으면 어땠을까 하는 상상을 할 수 없게 됐다. 개구리는 30대 커리어우먼에 대한 판타지가 있었는데, 나는 그냥 머리를 틀어올리고는 방구석에 틀어박혀 글만 쓰는 30대가 되었다.

스무 살에 나는 외모 실험에 한창이었는데다 잘 어울리는 스타일도 찾지 못한 상태였기 때문에, 내게는 일종의 외모 암흑기로 여겨지는 시기다. 그런데 개구리는 그런 나를 좋아했다. 추측하기로는 첫눈에 반했던 것 같다. 나는 당시 막 페미니즘의 세계를 받기 시작했지만 동성에게 플러팅을 받아본 적은 없었기 때문에 개구리의 마음을 반년 동안 눈치채지 못했다. 아주 잔잔한 플러팅이었다. 나를 자주 쳐다봤다는 것을 대화 중에 흘리고, 부끄러워하며 인사하고, 가끔 빤히 쳐다봤다. 그러다가 어느 가을날, 조 과제를 하러 친구들과 버스를 타고 이동하다가 내게 전화를 걸어왔다. 나를 보고 싶다고 친구에게 자꾸 말하니, 그 친구가 내게 전화하라고 했다는 것이었다. 개구리는 그 친구의 말에 신이 나서 내게 전화를 한 모양이었다. 전화를 걸도록 종용한 그 친구는 당시 개구리의 성 지향성을 눈치채지 못했을 가능성이 높았고, 그는 헤테로 남성으로서 개구리를 좋아하고 있었다. 그 친구에게는 안타까운 일이지만 그 사건으로 나는 개구리의 마음을 비로소 눈치채고 연애 감정을 갖게 됐다.

그의 플러팅을 눈치채기 전부터 나는 개구리를 좋아하고 있었다. 좋아했다기보다는 존경했다고 보는 게 맞을 것 같다. 개구리는 너무 능숙했다. 나는 장애가 있는 친구 앞에서 늘 얼어버렸지만, 개구리는 아무렇지 않게 그를 대하며 때로는 장애를 가지고 놀리기도 했다. 누군가의 사회적 '취약점'을 조롱이나 비하하는 것이 아니라, 그의 특성을 존중하며 무장해제시키는 놀림이 있을 수 있다는 것을 처음 알았다. 개구리와 함께 있으면 모든 것이 괜찮았다. 누가 어떤 아픔이 있어도, 누가 얼마나 위축돼 있어도, 누군가들이 얼마나 사이가 안 좋아도 개구리가 함께 있으면 모든 게 다 괜찮았다. 개구리는 아무도 품지 않았지만, 아무도 내치지 않았다. 진지한 이야기는 하기 싫다며 도망다녔지만, 친구들이 이야기를 시작하면 먼저 자리를 떠나는 법이 없었다.

그때는 그냥 개구리의 인품이 너무나 훌륭한 줄로만 알았다. 물론 그것은 사실이다. 개구리는 정말로 속이 깊고 따뜻하며, 정의롭고 용감하다. 그러나 동시에 그에게 살면서 바뤄낼 수밖에 없었던 것이 있었을 텐데, 나는 그 부분을 미처 생각해보지 못했다. 물론 나는 아직도 그게 무엇인지 모른다. 개구리가 어떤 약을 왜 먹었는지 모르고, 어쩌다 만두와 맥주만으로 하루에 한 끼를 겨우 때우게 됐는지 모르고, 밖에 나오지 않고 혼자 집에 틀어박혀 있을 때는 어떤 시간을 보냈는지 모른다. 아마 앞으로도 알 수 없을 것이다. 그 아득한 거리가 나를 위축시킨다. 나의 마음과 시간을 별 것 아닌 것으로 만들기도 한다. 그러나 내가 개구리를 스무 살에 만났을 때부터 지금까지, 그를 이해하고 그에게 가까이 다가가고자 했던 나의 모든 20대와 30대가 나를 여기로 데리고 왔다는 것만은 확실하다.

나는 개구리를 처음 만났을 때부터 그의 그늘 아래서

　　　　　　　　　　　　　　　　　　　　나가며

살았다. 개구리가 죽기 몇 달 전, 문득 그가 죽을지도 모르겠다는 느낌이 들었다. 그가 죽었을 때, 내게는 이전과는 차원이 다른 그늘이 드리워졌다. 1년 동안은 정수리가 뻥 뚫린 채 지냈다. 한여름에 기모바지를 입고 목도리를 두르고도 뼈가 시렸다. 개구리가 어디에 있는지 느낄 수 있었다. 가끔은 내 방 벽 한켠에 있었고 가끔은 김치냉장고 뒤에 있었다. 1년이 지나고 어느 날 어디에도 개구리가 없다는 것을 불현듯 느끼게 된 순간이 있었다. 그러자 순식간에 정수리가 닫혔고 사방에 서려 있던 추위가 사라졌다. 나는 우리가 어떤 식으로든 연결돼 있었다고 생각한다. 그리고 지금도 여전히 그렇다고 생각한다.

그의 그늘이 얼마나 멋진 곳이었는지, 그리고 동시에 얼마나 파괴적인 것이었는지는 이 책 전체에 걸쳐 조금씩 흔적을 남겨뒀다. 아직 그 이상은 쓸 수 없을 것 같다. 개구리와 나만의 비밀로만 남겨두고 싶은 것인지도 모른다. 우리는 평생에 걸쳐 한 사람 한 사람을 이해하게 된다. 때로 헤어지고 잃어버렸을지라도, 그는 내 삶 안에서 살아 있게 된다. 그래서 나는 그를 이해하기 위해 세계를 이해하려 노력한다. 개구리가 죽은 직후 꿈에 찾아왔었는데, 그때 내게 했던 말은 "예뻐졌네"였다. 아무렴. 앞으로도 스무 살 때보다 안 예쁠 일은 없을 것이다. 다음에 개구리를 만나면 다른 말을 듣고 싶다. 잘하고 있다고, 그 길이 맞다고, 언제 밥 한번 먹자고.